高职高专"十二五"规划教材

上海"十二五"重点图书出版规划项目

连锁企业商品管理

沈荣耀 徐为明 主编

图书在版编目(CIP)数据

连锁企业商品管理/沈荣耀,徐为明主编. —上海:立信会计出版社,2012.2(2021.7重印)

高职高专"十二五"规划教材.连锁经营管理系列

ISBN 978-7-5429-3281-5

Ⅰ.①连… Ⅱ.①沈… ②徐… Ⅲ.①连锁商店—采购管理—高等职业教育—教材 Ⅳ.①F717.6

中国版本图书馆CIP数据核字(2012)第013617号

策划编辑　赵志梅
责任编辑　赵志梅
封面设计　周崇文

连锁企业商品管理
LIANSUO QIYE SHANGPIN GUANLI

出版发行	立信会计出版社			
地　　址	上海市中山西路2230号	邮政编码	200235	
电　　话	(021)64411389	传　真	(021)64411325	
网　　址	www.lixinph.com	电子邮箱	lixinaph2019@126.com	
网上书店	http://lixin.jd.com	http://lxkjcbs.tmall.com		
经　　销	各地新华书店			
印　　刷	常熟市华顺印刷有限公司			
开　　本	787毫米×1092毫米 1/16			
印　　张	18	插　页	1	
字　　数	332千字			
版　　次	2012年2月第1版			
印　　次	2021年7月第4次			
印　　数	6 301—7 400			
书　　号	ISBN 978-7-5429-3281-5/F			
定　　价	38.00元			

如有印订差错,请与本社联系调换

"连锁经营管理"专业系列教材编委会

主 任 冯伟国

副主任 乔 刚　曹 静

编 委（以姓氏笔画为序）

　　　　王胜桥　冯国珍　刘 斌　池丽华
　　　　汪 明　沈荣耀　易艳红　周 勇
　　　　郑 蓓　赵文竹　徐慧群　曹 静

序 Preface

"连锁经营管理"专业是 20 世纪 90 年代我国内地商业营运模式发生重大变革,并在上海市首先出现"连锁经营"模式的背景下,由上海商学院于 1998 年率先创设的,旨在培养商业管理高技能人才的高等教育专业。2001 年,该专业获批为上海市第一批高职高专教育教学改革试点专业,当年 10 月,经上海市教委报教育部批准为全国第二批高职高专改革试点专业。该专业在建设过程中,首创实质性"产学研"全面结合模式,联手行业专家首创全国连锁企业的行业标准,首创培养"连锁经营"高技能人才的主干课程系列教材,教学成果被全国有关高校广为应用,继荣获 2005 年高等教育上海市教学成果一等奖之后,又荣获 2005 年高等教育国家级教学成果二等奖。

随着连锁业态在我国各行各业的广为呈现,其内涵越来越清晰,模式越来越丰富,管理手段越来越先进和高效,有关研究也越来越深入。因此,高等教育必须对社会经济的发展予以及时反映,也应当在研究的基础上预判其发展趋势并通过教育教学和对企业实践的指导做出正确引领。

本系列教材由《连锁经营管理原理》、《连锁店营运管理》、《连锁企业商品管理》、《连锁店开发与设计》、《连锁企业物流与配送管理》、《特许经营原理与实务》、《连锁企业信息管理》和《连锁企业人力资源管理》组成,由上海市人力资源和社会保障局组建的上海商贸类专业理事会秘书长曹静老师领衔的专业教学团队具体开发和提升,其编写具有以下特点:

1. 基于校企合作、双证融通,彰显出鲜明的高等职业教育属性。上海是全国商业发达城市,志在打造国际贸易中心。根据近年的市场调研,在上海商业从业人员中,大专以上文化程度者尚不足20%;目前大专层次的毕业生首次就业对应的职场岗位一般是店长助理、店长或营运助理、部门主管;其对应的职业资格等级证书可以是上海市人力资源与社会保障局颁发的"营业员"(三级),也可以是该局颁发的"营销师"(三级)。为此,根据社会企业对高职毕业生的人才培养规格要求,我们先期做了三项"提升"工作。首先是在集团常务副理事长、上海商学院副院长冯伟国教授主持下完成了《各级各类职业教育协调发展研究》[1],作为上海市教委委托的《上海市中长期教育改革和发展规划纲要(2010—2020)》重点子课题,明确了职教、普职渗透、双证融通、校企合作、集团化办学、中高职贯通等关键词的内涵,对"协调发展"有了思想理念上的"提升"。其次是在集团理事长、原上海商学院院长方名山研究员的主持下,联手百联集团有限公司等行业专家完成了上海市人力资源与社会保障局委托的"营业员(五级)和营业员(食品)(四、三级)职业提升项目";"营业员(日用百货、五金建材、家用电器)(四、三级)"职业开发项目;"营销师(三、二、一级)职业开发项目"和"营销师(国际商务)(四、三级)职业提升项目",在完善和健全商贸类职业资格等级证书内涵上实现了"提升"。然后在上述基础上,完成了有关专业教学方案[2]以及核心课程标准的"提升"。进而得以基于校企合作、双证融通,组编体现培养高素质、高技

---

[1] 2011年荣获上海市第十届教育科学研究二等奖。
[2] 2011年荣获上海市第十届教育科学研究三等奖。

能人才需要的适用教材。

2. 吸纳了我国近年来连锁经营发展的最新理念和典型案例。连锁经营管理自20世纪90年代在我国内地出现以来,获得了突飞猛进的发展,特别是近10年来,各种零售业态和新型的连锁业种不断涌现,连锁经营管理的侧重点和发展趋势也有了新的变化。行业的迅速发展要求教材也必须不断地进行更新。本系列教材在原有教材第一版和第二版的基础上,进行了较大的调整,将近年来连锁经营发展的最新理念、趋势和典型案例融入其中,联合行业、企业专家,共同进行教材提纲的讨论和教材内容的编写,既兼顾教材必须具备的基础知识和原理内容,又具有一定的操作实战内容。

3. 体现了下衔中职、上接本科的职业教育协调发展的思想,是对国家和上海市中长期教育改革和发展规划纲要精神的贯彻和创新实践。由上海商贸职业教育集团牵头,集聚20多家校企单位、百余名专家学者研制和论证完成了包括"连锁经营管理"专业在内、体现"中高职教育有效衔接"思想的8个商贸大类专业教学方案,对各阶段人才培养规格、对应的职场岗位(群)、对应政府主导的职业资格等级证书(含等级)以及课程体系作了具体规划。同时通过对应用型本科的办学定位和人才培养规格研究和实践,勾勒出本科人才乃至未来向专业硕士人才提升的教育教学发展空间。目前,通过依法自主招生,已经在中职与高职教育的有效衔接、专科层次向应用型本科有效提升等方面开始了实质性的改革实践,本系列教材是这种改革探索的继续,也是这种改革探索的成果固化和推进的必要保证。

课程建设是专业建设的重要内容之一,是专业建设改革的核心,是教学研究的重要平台;教材建设是课程教改的重要内容之一,但由于教材编写总有一定的滞后性,同时教师在使用教材过程中也会有不同的把握和处理,因而对教材的认识也应当有较正确的尺度,即:它既是教材,又是学材;既是教学的依据,又是教学中举一反三的起点;既有以往经验成果的积聚意义,又有未来发展的局限性。而且,在主编负责制的教材编写过程中也难免会有不足和疏漏之处,这些都将在教学实践中逐步完善,同时也希望使用者批评指正。

上海商贸职业教育集团秘书长
上海商学院高等技术学院院长 乔 刚

2011 年 9 月

前言

商品管理是连锁企业营运管理的重要内容,连锁企业的很多核心业务围绕商品管理展开。连锁企业商品管理能力在很大程度上决定了连锁企业的核心竞争力,也决定了连锁企业的盈利能力。

国内连锁企业通过二十多年的发展,商品管理技术日趋成熟。但时代在变迁,技术在发展,为了适应市场的不断变化,连锁企业商品管理技术也在不断的发展更新,并融入了更多的信息技术发展成果。因此,商品管理,特别是直接面对消费者的连锁企业商品管理,有了更多的技术性和可论述性。

商品管理贯穿于产品生产出来以后至消费者手中的整个流通过程,对于产品的生产及后续流通过程中的管理属于商品学和商品流通学范畴,这两门学科从商品本身的性质和商品宏观流通的角度着手,对商品处于不同流通环节的状态、商品使用价值的实现和商品交换价值的实现过程进行细致分析与描述。"连锁企业商品管理"本质上不脱离商品流通学科的范畴,也专注于如何更好地实现商品交换价值,更多地体现商品在流通末端通道,即在连锁零售企业的管理状态,并就连锁企业商品管理技术进行细致描述,这一点有别于商品流通学专注于对商品流通渠道的研究,更与商品学关注于商品使用价值和商品本身特性、特点相区别。

本教材具有如下特点:

1. 教材内容创新性。在我们以往开发的连锁类教材体系中,商品管理往往包含于连锁企业营运管理、连锁企业采购管理等教材中,使商品管理教学内容颇显琐碎凌乱,不成体系,且无法与连锁企业重要管理职能相对应,随着我们对连锁营运体系认识的加深,在改革教学内容体系的基础上,形成完整的商品管理教学思想,并在教材中体现出来,表现出很强的创新性。可以说,就教材开发领域,连锁企业商品管理是具有独创性的教材。

2. 实践性强。商品管理技术本身具有较强的实践性,教材很好地强调了这种实践性,通过大量案例、资料佐证教材理论,通过每章节大量调研总结等实践操作安排强化学生品类管理操作能力。

3. 资料丰富翔实。结合本教材实践与理论并重的特点,通过大量案例和资料(以引导案例、专栏资料等形式出现)对理论内容引申阐述,以此加深学生对教材内容的理解,完善教材本身的体系结构。

4. 易教学性。本教材每章节内容安排和编写形式包括:学习目标、引导案例、内容、小结、思考题、实践应用。在教学过程中,根据教材安排,教师能很容易地完成教学任务,取得良好教学效果。

5. 教材内容符合行业实际情况。本教材的编写虽然没有行业人员直接参与,但编写过程中对行业中多家企业进行了大量访问与交流,包括与品类管理软件开发企业和品类管理咨询公司的大量接触交流,对连锁企业商品管理的实践进行了大量调研。

6. 反映商品管理技术的最新发展情况。教材对商品管理最新技术的应用情况,品类技术在本土企业的应用情况,商品管理技术最新发展等方面进行了广泛全面的阐述,力争向教材使用者展示品类技术的最新发展动态。

本教材是上海商学院多位教师多年心血的结晶。参加编写的人员主要有沈荣耀(第一、第二、第三、第五、第六、第八章)和徐为明(第四、第七、第九、第十章)。同时,本教材部分章节的内容是在曹静老师和殷延海老师前期专业资料的基础上形成的。

在本教材编写的过程中,我们查阅了很多国内外公开出版物和网络资料,参考了部分企业内部管理文件,在此一并致谢。

由于连锁企业商品管理理论和实践的迅速发展,教材在内容上可能会存在一定的滞后,不能反映连锁企业商品管理的最新动态,本教材仅作为一种探索。由于时间仓促及作者水平有限,书中不足之处恳请广大读者批评指正。

编 者

2012 年 1 月

目 录
<<< Contents

第一章　导论 ·· 1
　学习目标 ··· 1
　引导案例 ··· 1
　第一节　商品概述 ·· 2
　第二节　商品管理的对象和内容 ··· 4
　第三节　商品管理组织机构 ·· 5
　第四节　商品管理原则 ·· 8
　第五节　商品管理流程 ·· 11
　本章小结 ··· 14
　思考题 ·· 15
　实践应用 ··· 15

第二章　商品分类与组合 ··· 18
　学习目标 ··· 18
　引导案例 ··· 18
　第一节　商品组合概述 ·· 21
　第二节　商品分类的方式 ··· 24
　第三节　商品组合的方法 ··· 27
　本章小结 ··· 30
　思考题 ·· 30
　实践应用 ··· 31

第三章　品类管理 ·· 32

　学习目标 ·· 32

　引导案例 ·· 32

　第一节　品类与品类管理 ·································· 34

　第二节　品类管理组织机构的建立 ·························· 39

　第三节　品类市场分析 ···································· 46

　第四节　品类结构分析 ···································· 51

　第五节　建立品类模板 ···································· 56

　第六节　品类实施推广 ···································· 82

　本章小结 ·· 85

　思考题 ·· 86

　实践应用 ·· 86

第四章　商品采购管理 ······································ 89

　学习目标 ·· 89

　引导案例 ·· 89

　第一节　商品采购组织 ···································· 91

　第二节　商品采购计划 ···································· 93

　第三节　商品采购绩效考核与评价的指标体系 ·············· 112

　第四节　商品采购绩效考核与评估的方式和技巧 ············ 115

　第五节　付款业务控制 ···································· 118

　第六节　采购回扣的产生原因和杜绝措施 ·················· 121

　本章小结 ·· 126

　思考题 ·· 127

　实践应用 ·· 127

第五章　商品价格管理 ······································ 130

　学习目标 ·· 130

　引导案例 ·· 130

　第一节　企业商品价格管理基础 ···························· 131

第二节　商品定价管理 …………………………………… 134
　　第三节　变价管理 ………………………………………… 147
　　本章小结 …………………………………………………… 150
　　思考题 ……………………………………………………… 150
　　实践应用 …………………………………………………… 150

第六章　**新品引进和滞销品管理** …………………………… 152
　　学习目标 …………………………………………………… 152
　　引导案例 …………………………………………………… 152
　　第一节　新品引进 ………………………………………… 153
　　第二节　滞销品管理 ……………………………………… 165
　　本章小结 …………………………………………………… 175
　　思考题 ……………………………………………………… 175
　　实践应用 …………………………………………………… 176

第七章　**自有品牌管理** ……………………………………… 177
　　学习目标 …………………………………………………… 177
　　引导案例 …………………………………………………… 177
　　第一节　自有品牌基础知识 ……………………………… 178
　　第二节　自有品牌供应商管理 …………………………… 188
　　第三节　自有品牌营销策略 ……………………………… 193
　　本章小结 …………………………………………………… 199
　　思考题 ……………………………………………………… 199
　　实践应用 …………………………………………………… 199

第八章　**商品陈列** …………………………………………… 203
　　学习目标 …………………………………………………… 203
　　引导案例 …………………………………………………… 203
　　第一节　商品陈列基础 …………………………………… 205
　　第二节　商品陈列的要求和原则 ………………………… 206
　　第三节　商品陈列的基本类型 …………………………… 210

第四节　商品陈列的方法 ……………………………………… 212
第五节　商品的陈列技术 ……………………………………… 217
第六节　商品陈列的表现手法 ………………………………… 220
第七节　商品陈列的位置设计 ………………………………… 223
本章小结 …………………………………………………………… 226
思考题 ……………………………………………………………… 226
实践应用 …………………………………………………………… 226

第九章　商品促销 …………………………………………………… 228
学习目标 …………………………………………………………… 228
引导案例 …………………………………………………………… 228
第一节　促销概述 ……………………………………………… 229
第二节　促销流程 ……………………………………………… 238
本章小结 …………………………………………………………… 247
思考题 ……………………………………………………………… 248
实践应用 …………………………………………………………… 248

第十章　商品库存管理 ……………………………………………… 249
学习目标 …………………………………………………………… 249
引导案例 …………………………………………………………… 249
第一节　商品库存管理的内容系统 …………………………… 251
第二节　库存管理技术 ………………………………………… 253
第三节　商品库存补货策略 …………………………………… 261
本章小结 …………………………………………………………… 268
思考题 ……………………………………………………………… 269
实践应用 …………………………………………………………… 269

参考文献 ……………………………………………………………… 271

第一章 导 论

学习目标

1. 掌握商品概念。
2. 了解商品管理研究对象。
3. 掌握商品组织机构。
4. 掌握商品管理原则。
5. 了解商品管理流程。

【引导案例】

开超市的关键是商品

张先生在南方某城市工作了近5年,一直在该市某大型超市工作。该超市生意一直很红火,张先生见此情景,心里盘算着回到老家后也开这样的一家超市,于是就留心学习。当他觉得自己了解得差不多了,并且通过一定的关系,在老家银行贷了款,就在老家所在的城市选定了店址,开起了自己心目中所想的超市。

毕竟张先生有一定的实践经验,超市开张后,生意还不错。可惜没过多久,问题就出现了。有些货品完全卖不动,有的货品却老是缺货,还有一些商品在质量上出现各种问题,如此一来,不仅生意直线下降,就连资金周转都出现了困难。

面对此情此景,张先生感到手足无措,隐隐约约觉得自己开店铺是不是打错了主意。

资料来源:高彩凤编著的《店铺商品管理进、销、存》,中国发展出版社,2009年11月。

第一节 商 品 概 述

一、商品的含义

产品是能够满足人们需求的被生产出来的物品。产品的特征一是实用性,即能够满足人们的某种需求;二是凝聚了社会必要劳动,即是由劳动者劳动生产出来的。商品则是通过市场实现交换,进而满足人们某种需要的劳动产品。商品除了具有产品的特征外,还需有经市场交换的特征,即在市场上交换的产品才是商品,自产自用的产品不能称为商品。在人类社会发展过程中,先有产品的出现,后来随着生产能力的提高和专业分工的出现,人们把自己生产的多余产品和别人生产的产品进行交换,这些被交换的产品才是商品。畜牧业和农业的分离是人类历史上第一次社会大分工。专门从事生产工具制造的手工业逐渐从农业中分离出来,从而出现了农业和手工业相分离的人类历史上第二次社会大分工。这次社会大分工出现了专门以交换为目的的商品生产。为适应商品生产和交换的发展需要,社会中开始出现了专门从事商品买卖的商人阶层,于是又有了人类历史上的第三次社会大分工。此时,专门用于交换的产品即为商品。虽然,在人类历史上,用于交换的产品都是商品,但只有在商人阶层产生后,专门从事商品流通的渠道才建立起来。商品是通过市场实现交换,进而满足人们某种需要的劳动产品,是价值和使用价值的统一体(见图1-1)。

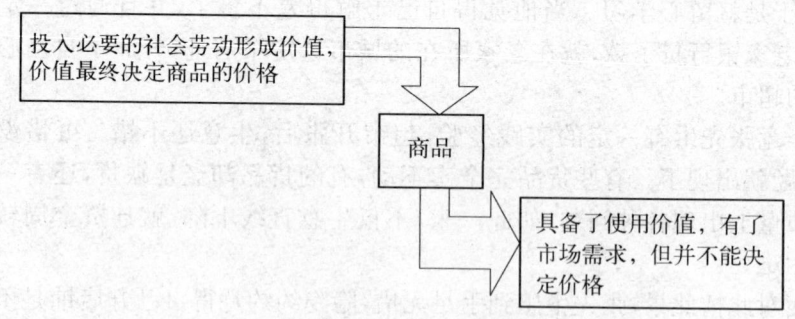

图1-1 商品的价值与使用价值

商品的价值是指凝结在商品中无差别的人类劳动。无差别的人类劳动则以社会必要劳动时间来衡量。因此,价值是商品社会属性的表现。

商品的使用价值是指能满足人们某种需要的属性,即商品的有用性。使用价值是由具体劳动创造的,并且具有质的不可比较性。比如人们无法判断布料和塑料哪个使用价值更大。使用价值是价值的物质基础,和价值一起,构成了商品二重性。

马克思指出:"商品的使用价值为商品学这门学科提供材料。"与此对应,商品的价值是在交换中体现出来的,在流通渠道末端的商品管理也即商品价值的最终实现过程为本教材提供了材料。

二、商品的特征

所有的有形物品都可视为一般物品,而由人投入劳动,并加以创造或生产的物品为产品,而用来交换的产品则为商品(见图1-2)。商品相较于一般物品与产品,具有以下特征:

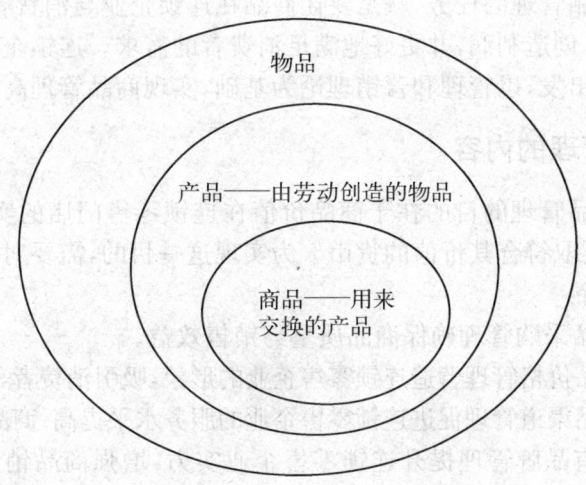

图1-2 商品与物品、产品之间的关系

(1) 商品首先必须是劳动产品。换句话说,如果不是劳动产品就不能成为商品。比如,自然界中的空气、阳光等,虽然是人类生活所必需,但这些都不是劳动产品,所以它们不能称为商品。

(2) 商品必须要用于交换。商品总是与交换分不开的。也就是说,如果不是用来交换,即使是劳动产品,也不能称为商品。比如说在古代,传统的男耕女织式的家庭生产,种出来的粮食和织出来的布,尽管都是劳动产品,但只是供家庭成员自己使用,并不是用来与他人交换的,因而就不是商品。

(3) 具有社会使用价值,就是说要对他人或社会有用。没有用就不会发生交换,有用才能发生交换。

第二节 商品管理的对象和内容

一、商品管理的对象

连锁企业商品管理以商品的价值在连锁零售企业最终实现为研究对象。商品的特征在于交换,产品通过交换传递到消费者手中,才能实现其价值。产品实现价值的过程需要通过流通渠道来完成,整个流通渠道由或长或短的交易环节组成。连锁零售企业作为直接面对消费者的商业零售单位,是完成商品交易的最后环节,并最终使商品的价值得以实现。

连锁企业商品管理的任务,就是要让商品在连锁企业与消费者的交易过程中,更好地完成交易,创造利润,并更好地满足消费者的需求。连锁企业商品管理需从商品的社会特性出发,以管理和营销理论为基础,实现商品管理高效化的目标。

二、商品管理的内容

连锁企业商品管理的目的在于商品价值在连锁零售门店的实现,即把商品销售给消费者,并换取符合其价值的货币。为实现这一目的,需要对商品进行全方位的管理,具体包括:

(1) 通过商品采购管理确保商品质量与销售效益。

(2) 通过商品价格管理营造连锁零售企业的形象,吸引消费者,促进商品销售。

(3) 通过商品渠道管理促进连锁零售企业的服务水平提高,商品销售利润增长。

(4) 通过自有品牌管理提升连锁零售企业实力,增强商品销售能力和零售企业渠道管理能力。

(5) 通过商品陈列扩大商品的销售数量,提高利润水平。

(6) 通过促销管理强化企业形象,促进销售。

(7) 通过商品库存管理降低储存成本和资金积压成本。

三、商品管理与商品学和商品流通学的区别

(一) 连锁企业商品管理与商品学的差异

如前所述,商品学是基于对商品的使用价值的研究,即研究商品的自然属性。如通过对商品按功能等方式分类,研究如何保证商品在流通销售过程中保持其使用价值,商品销售给消费者后,消费者能因其使用价值获益。所以商品学的研究内容是商品分类编码、商品的成分、结构和性质、商品质量、商品标准、商品检验、商品

包装、商品储运等,与商品使用价值有关,其目的在于维持商品对人有益的自然属性。

连锁企业商品管理是对商品价值实现的研究,它不是针对商品价值实现的全部环节的,而只局限于商品价值实现的最终环节,即通过连锁零售企业向消费者销售商品以实现商品价值过程的研究。内容集中于如何对商品进行品类管理、采购控制、价格管理、流通渠道管理、自有品牌管理、陈列管理、促销管理、库存管理等,通过各种方式促进商品销售,实现商品价值。

(二)连锁企业商品管理与商品流通学区别

商品流通学与连锁企业商品管理一样,都是研究商品价值的实现过程,即商品如何通过流通交换过程实现其价值的。不同之处在于,商品流通学更关注于对商品价值实现过程的整个渠道研究,内容包括商品流通产生的原因、流通过程、流通组织、零售业态、批发业、市场交易组织以及商流过程中产生的物流、信息流等。连锁企业商品管理的研究对象与商品流通学存在两个明显差异:

(1) 连锁企业商品管理的研究只限于商品流通的最终环节,即将商品交易给消费者的环节,而商品流通学研究的是整个商品流通的全部环节。

(2) 商品流通学研究的是商品流通的环节和流通企业的组织结构,而连锁企业商品管理研究的是促进商品销售的方法和对商品本身的管理行为(见图1-3)。

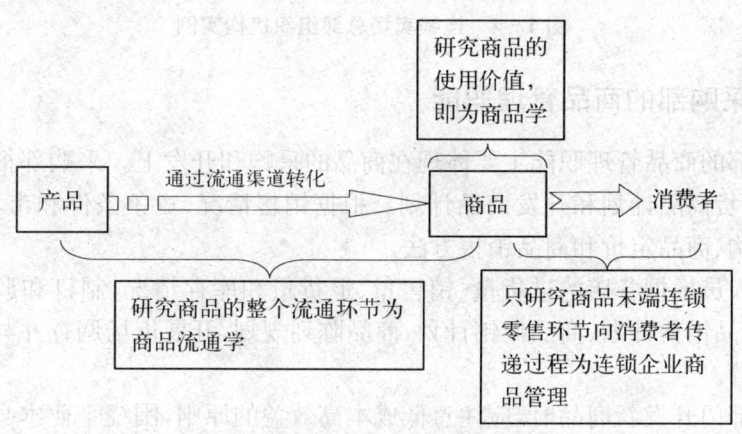

图1-3 连锁企业商品管理与商品学、商品流通学的差异

第三节 商品管理组织机构

连锁零售企业的经营主要围绕商品销售展开,因此,连锁系统的各职能部门工

作职责或多或少与商品管理有所联系。连锁企业由总部和门店组成。门店主要负责商品销售,其大部分的经营管理行为都与商品销售有关。总部由各职能部门组成,不同业态业种的连锁企业总部组成各有不同,如一个以商品销售为主的连锁企业,总部一般包括发展部、营运部、采购部、企划部、人力资源部、财务部和行政管理部门(见图1-4)。其中营运部、采购部直接负有商品管理职责,财务部则对商品管理具有间接监管的职责,企划部对商品负有间接管理推广的职责。

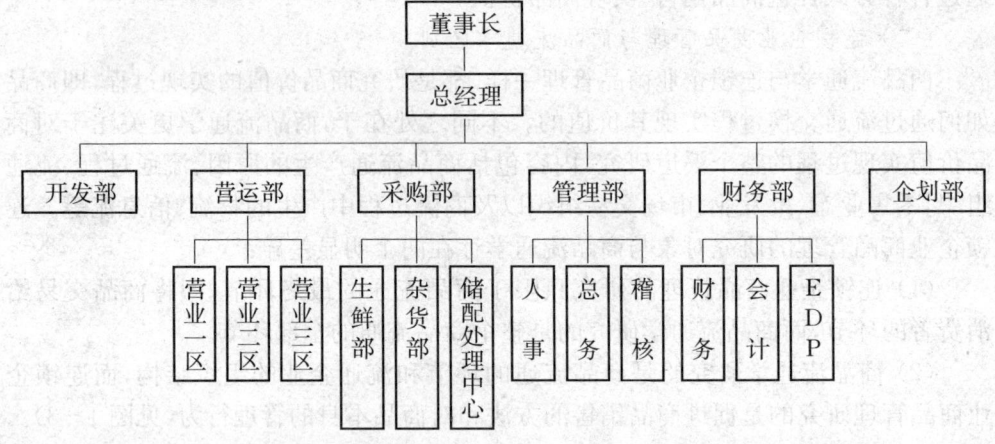

图1-4 连锁卖场总部组织机构实例

一、采购部的商品管理职能

采购部的商品管理职能主要体现在商品的采购和开发上。采购部根据市场定位,制订进货商品计划和开发商品计划。根据销售情况、竞争条件和市场变化,调整商品结构、商品定价和商品销售方法。

采购人员根据各店的进货量、销售量、退货量和库存情况,制订和调整商品采购计划、商品销售计划、商品促销计划,商品陈列规划,开展市场调查并与相关部门交流信息等。

采购部门开发新商品时,应注意低成本高效益的原则,围绕企业本身独特的商标和商品的开发要求展开。同时,商品开发必须符合企业所处业态业种的经营特点和市场定位,坚持为企业创造高毛利、高周转,树立企业形象,创造企业自有品牌,为顾客服务等原则。

商品开发有以下几种形式:

(1) 共同开发。向生产厂商提出新产品性能、规格、质量等要求,同厂商共同开发,依市场需求购进,风险由厂商承担;还可以选择没有竞争利害关系的同业者,开展联合开发。

（2）独自开发。连锁公司负责原材料、设计等，委托厂商加工，产品全部收购，风险自负。

（3）特色商品开发。连锁公司在掌握市场需求信息和开展充分的需求预测的前提下，为适应多样化需求和丰富商品品种，对生鲜商品等，可考虑开发一些定期定量直接配送商品和适量的半加工小包装商品。

二、营运部的商品管理职能

营运部在有的企业又称销售部、营业部等，主要负责公司整体营业管理工作，分析销售数据，制订销售策略、计划，指导分店营业工作，促进销售增长；对分店经营管理中存在的问题提出观点和建议，规范营业管理制度；协调分店之间及分店与其他职能部门的工作，向公司领导反馈分店经营管理情况；为分店培养管理型人才。其职能包括：① 各分店营业目标和总的营业目标的拟定及督促执行；② 对分店的经营进行监督和指导；③ 编制营业手册并监督、检查其执行情况；④ 营业人员调配及工作分派；⑤ 门店经营情况及合理化建议的反馈与处理。可以说，营运部的工作是围绕商品销售管理展开的。

三、商品部制下的商品管理组织机构

在部分连锁零售企业，商品管理统一由商品部负责，商品部不但承担商品采购的职能，还承担商品销售的职能，也即相当于采购部门与营运部门的综合（见图1-5）。

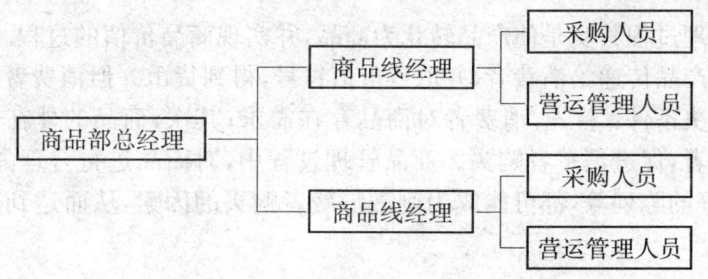

图1-5 商品部组织结构

商品部由商品部总经理领导，根据企业所销售商品范围，下设商品线经理，每位商品线经理负责一类商品。以卖场为例，可以设生鲜部经理、服装部经理等。商品线经理的职责有：① 掌握和预测竞争环境和社会经济环境；② 预测商品的销售量；③ 将所预测的销售量转化为库存水平；④ 对下属采购人员和营运销售人员进行管理；⑤ 对销售情况作出评估。

商品线经理下设采购人员和营运人员。其中采购人员负责以下事务：① 确定库存金额；② 将库存金额计划转化成单个商品项目计划,负责决定将有限的资金在商品单品间分配,以形成良好的商品组合；③ 执行商品采购业务。

当商品由采购人员采购回来后,由营运管理人员在营业场所完成商品管理的最后环节——组织商品销售。营运人员的工作职责包括：① 与采购人员协同确定库存数量计划,特别是具体花色品种的数量计划；② 对营业员的具体商品销售工作进行管理指导；③ 了解消费者对所销售商品的反映；④ 做作好商品销售的服务工作。

第四节 商品管理原则

连锁企业商品管理应遵循以下原则。

一、以消费者为核心原则

连锁企业商品管理最根本的目的在于扩大商品销售以寻求利润,而商品的接受方为消费者,商品是否能得到消费者的青睐在于其是否符合消费者的需求。因此,消费者的需求才是连锁企业商品管理的核心,对商品的任何管理行为都应以此为前提。

二、价值实现原则

商品管理过程其实是使产品转化为商品,并实现商品价值的过程。通过交换,连锁企业把产品传递给消费者,并取得价值符号,得到货币。但消费者选购商品需要一定的先决条件：首先,消费者对商品存在需求；其次,商品的外在表现形式能够吸引消费者,促进消费者购买。商品管理过程中,对商品进行合理的定价、妥善的包装、良好的陈列等,都可能成为刺激消费者购买的因素,从而达到商品价值实现的目标。

三、商品齐全原则

商品齐全原则是指特定业态下,零售门店商品品种数量应符合该业态的特点,尽量做到齐全。不同业态门店商品的齐全是相对的,大卖场商品达到齐全程度需要几万个单品且陈列数量达到一定标准,而便利店商品齐全只要满足消费者对便利商品的需求,几千个单品数就足够。便利店销售的快餐等便利性商品,在大卖场就不需要陈列。同样,同类业态门店在不同区域,对商品齐全的要求也不同,如建于医院内、远离生活小区的标准超市与生活小区的标准超市商品结构存在明显差异,对商品齐全的要求也不一样。所以,商品齐全原则要综合考虑业态、商圈环境、连锁企业风格等不同特点来界定。

四、优选商品原则

讨论连锁企业商品给企业带来的利润时,经常会用到80/20法则。80/20法则又称为帕累托法则、帕累托定律、最省力法则或不平衡原则、犹太法则。此法则是由约瑟夫·朱兰(Joseph M. Juran)根据维尔弗雷多·帕累托当年对意大利20%的人口拥有80%的财产的观察而推论出来的。这一理论提出后,人们发现在社会经济的很多领域都存在类似的现象,在零售领域也如此。连锁企业商品销售过程中,少量商品为企业带来大部分利润,大部分商品则只能作为企业货架满陈列的背景,只带来少量利润,这已成为连锁企业的普遍现象。因此,连锁企业在进行商品管理时,应充分利用80/20法则,对重点商品重点管理,淘汰盈利能力最差的商品,引进市场前景好的商品,以增强企业的销售能力和盈利能力。对此要做到以下几点:

(1) 通过对销售数据的分析,发掘出销售数量大、销售金额大和销售利润高的商品。

(2) 从相对无限的商品中优选出相对有限的商品。

(3) 在优选出的商品基础上,进行合理的商品组合与品类管理。

(4) 充分考虑企业情况、市场状况与商圈特点,确定商品的最佳结构比例。

(5) 动态地理解和应用在实践中总结出来的结构比规律。

(6) 切忌单纯经营20%或30%高销售额的商品。

专栏1-1

80/20法则

80/20法则的来源

80/20法则,是20世纪初意大利统计学家、经济学家维尔弗雷多·帕累托提出的,他指出:在任何特定群体中,重要的因子通常只占少数,而不重要的因子则占多数,因此只要能控制具有重要性的少数因子即能控制全局。这个原理经过多年的演化,已变成当今管理学界所熟知的80/20法则——即80%的公司利润来自20%的重要客户,其余20%的利润则来自80%的普通客户。

有人说:"美国人的金钱装在犹太人的口袋里。"为什么?犹太人认为,存在一条78:22宇宙法则,世界上许多事物,都是按78:22这样的比率存在的。比如空气中,氮气占78%,氧气及其他气体占22%;人体中的水分占78%,其他为22%等。他们把这个法则也用在生存和发展之道上,始终坚持80/20法则,把精力用在最见成效的地方。美国企业家威廉·穆尔在为格利登公司销售油漆时,头一个月仅挣了160美元。此后,他仔细研究了犹太人经商的80/20法则,分析了自己的销售图表,发现他80%的收益却来自20%的客户,但是他过去却对所有的客户花费了同样多的时间——这就是他过去失败的主要原因。于是,他要求把他最不活跃的36个客户重新分派给其他销售人员,而自己则把精力集中到最有希望的客户上。不久,他一个月就赚到了1 000美元。穆尔学会了犹太人经商的80/20法则,连续九年从不放弃这一法则,这使他最终成为凯利-穆尔油漆公司的董事长。

不仅犹太人是这样,许多世界著名的大公司也非常注重80/20法则。比如,通用电气公司永远把奖励放在第一,它的薪金和奖励制度使员工们工作得更快、也更出色,但只奖励那些完成了高难度工作指标的员工。摩托罗拉公司认为,在100名员工中,前面25名是好的,后面25名差一些,应该做好两头人的工作。对于后25人,要给他们提供发展的机会;对于表现好的,要设法保持他们的激情。诺基亚公司也信奉80/20法则,为最优秀的20%的员工设计出一条梯形的奖励曲线。

80/20法则不仅在经济学、管理学领域应用广泛,它对我们的自身发展也有重要启示,让我们学会避免将时间和精力花在琐事上,要学会抓主要矛盾。一个人的时间和精力都是非常有限的,要想真正"做好每一件事情"几乎是不可能的,要学会合理分配我们的时间和精力。要想面面俱到还不如重点突破。把80%的资源花在能出关键效益的20%的方面,这20%的方面又能带动其余80%的发展。

80/20法则能做什么

80/20法则是如此普遍,凡是认真看待80/20法则的人,都会从中得到有用的认识,有时甚至因此而改变命运。

运用80/20法则有两种方法:80/20分析法和80/20思想。

80/20分析法检验两组类似数据之间的关系,并用来改变它们所描述的关系。一个主要用途是去发现该关系的关键起因——20%的投入就有80%的产出,并在取得最佳业绩的同时减少资源损耗。

假如20%喝啤酒的人喝掉70%的啤酒,那么这部分人应该是啤酒制造商注意的对象。尽可能争取这20%的人来买,最好能进一步增加他们的啤酒消费。啤酒制造商出于实际理由,可能会忽视其余80%喝啤酒的人,因为他们的消费量只占30%。

同样的,当一家公司发现自己80%的利润来自20%的顾客时,就该努力让那

20%的顾客乐意扩展与它的合作。这样做，不但比把注意力平均分散给所有的顾客更容易，也更值得。再者，如果公司发现80%的利润来自20%的产品，那么这家公司应该全力来销售那些高利润的产品。

80/20分析法的第二个主要用途是对80%的投入只产出20%的生产状况进行改进，使之发挥有效作用。

不同于线性思维，我们应该系统并谨慎地应用80/20分析法，因为线性思维会导致对80/20原则的误解，也可能会导致滥用。"不要轻易地认为某一变量是关键的原因是其他每个人都会关注……这就是线性思维。80/20分析法赋予的最有价值的洞察力总是检验别人都忽视的非线性关系。"

80/20思想如果运用到日常生活中，它能帮助你改变行为并把注意力集中到最重要的20%的事情上。80/20思想的行动结果就是使你以少获多。使用80/20思想，你必须不断自问：20%凭什么因素能导致80%？不要想当然地认为是你知道的答案，还是用点时间好好想想。一份真正的深刻领悟需要上百份的知觉和感觉上的理解。

80/20原则与商务

将80/20原则应用于商务的主要思想就是怎样以最少的资金和努力来获取最大的利益和价值。通过实际应用这个原则，任何个人商务都能获益无限。原则最重要的用法是"明确你在何处获利，同样重要地明确你在哪里失利。每个实业家都认为他们已经知道，可他们几乎都错了。如果他们有正确的概念，那么整个经营面貌将大为改观"。

该策略就是找出自己目前正在盈利的地方，它可以是一件产品，一个市场，一种顾客类型，一门技术，一个销售渠道，一个部门，一个国家，一笔交易，一名员工或一个团队。充分关注它们并找出自己没抓住的环节加以解决。

资料来源：智库百科 http://wiki.mbalib.com/wiki/20：80原则。

思考：结合以上阅读材料，请说明80/20法则在商品销售中的运用。

第五节 商品管理流程

有效的商品管理追求的是在经营过程中以最小的成本达到最大的商品销售额，为达到这一目标，必须考察商品管理的整个流程，并进行过程管理。连锁企业商品管理是一个持续完整的过程。商品管理的具体环节包括：商品计划、商品采购、商品导入、销售管理、商品库存管理和商品信息反馈（见图1-6）。

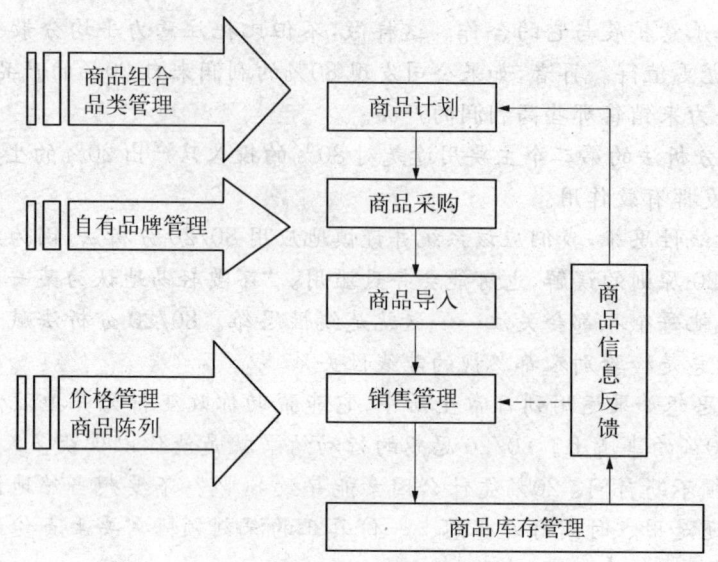

图1-6 连锁企业商品管理流程

以上各流程环节将在本书后面章节中论述。

专栏1-2

零售企业全过程商品管理

全过程商品管理,是沃尔玛、家乐福、麦德龙这些欧美零售企业最重要的经营技术,是企业核心竞争力的体现。

全过程商品管理的概念

全过程商品管理(Merchandising Management),是欧美零售企业日常的核心经营活动。它是指一个零售商从分析顾客的需求入手,对商品组合、定价方法、促销活动,以及资金使用、库存商品和其他经营性指标作出全面的分析和计划,通过高效的运营系统,保证在最佳的时间、将最合适的数量、按正确的价格向顾客提供商品,同时达到既定的经济效益指标。

计划管理

全过程商品管理特别突出强调的就是计划管理,不论是商品的组合、定价、促销还是采购、存货管理等都有很强的计划性,应严格充分执行,而且还要在实际工作中不断提高计划的准确性。

采购管理

应用全过程商品管理,零售业的采购人员在决定是否购买某个商品之前,就必须作出判断,这个商品是否适合本企业经营。如果零售企业让供应商先把商品拿来试卖,卖了再给钱,卖不了就拉回去,这首先是对自己不负责任,对好的供应商也是不公平的。

全过程商品管理,将商品的流转问题放在采购之前解决,这是我们目前还没有达到的,通过科学的对商品的分析,综合计划存货周转、资金使用等项目,使每一个商品都有极大的流动性,是对采购工作的具体要求。

我们现在存在和应注意的一些问题主要如下:

(1) 品种选择不够科学。全过程商品管理强调提前替顾客选择。每一件摆在货架上的商品,都是针对目标顾客消费习惯精心选择的结果。从零售的角度来看,这些商品都有严格设定的角色,有明确的经营目标。

(2) 如何建立科学合理的采购体系。应用全过程商品管理方法,可以建立一套科学、高效、廉洁的采购体系。因为按照这种方式,采购不再是绝对依靠个人判断的事情,而是依靠科学的分析先制订合理的计划,个人工作的主要任务是如何达成计划。采购人员按商品组合计划采购和销售商品,每一类商品都有合理的角色,合适的销量、库存、毛利等指标。历史数据的更新加上不断改进的方法,计划本身也会越来越完善。个人随意性缩小了,主动性和积极性被有效引导到如何保证企业利益目标上。

当我们的采购体系最大限度地依靠这样的系统,采购经理被激发作理性的商业决策,公司的综合经营效益就得到充分保证。

(3) 如何理解实现购销分离的实际意义。现代商业的专业分工在不断深化,从商品计划的制订到商品的采购、组合和配送,直到销售终结,都有专业的部门和专业人员按统一经营管理原则,各司其职,专业化完成。这种专业化运营方式带来了零售业的高效率和低成本。

购销分离是已被国际大型零售企业成功实践证明了的一种先进的经营管理体制,是零售企业提高竞争能力的主要途径。它通过把购、销这两个零售环节,特别是在大型连锁集团经营战略的框架下,各行其道、协调运转,使人、财、物资源得到最佳合理配置,进而降低管理成本。购销分离实际上是一种集权式管理,它便于企业管理层严格监管、控制商品购销的全过程,有效地防止经营漏洞、杜绝采购中的不正之风,提高效率,降低采购成本。

存货管理

控制存货的管理可以从三方面来抓:

一是用 20/80 分析法来对商品和供应商作出贡献分析,采取末位淘汰的方式减轻库存压力。

二是建立一种综合指标来分析商品经营效益,把毛利率和存货周转同时考虑,这个指标称为毛利存货周转回报率,用企业综合毛利率乘以存货年周转次数得出。

这个分析系统的优点就是它可以应用在任何一个品类上,数字性强、约束力明显。

三是计算机功能管理,通过 EOS 电子订货系统,实现对商品进销存的即时管理,加强对数据库的分析和利用,充分发挥监控作用,随时查阅单品业绩,做到以销定进、合理库存,提高库存补充管理。

定价与促销管理

零售企业都在探讨如何让消费者没来过的都来,来过的常来、多买,而且我们也都知道印 DM、发广告,也知道用各种名目让供应商掏钱补偿。但是我们往往忽略一些看似平常的反馈,我们该如何应对呢?仔细研究你会发现,让他们得出这一结论不是因为家乐福、沃尔玛卖的什么好东西我们没有,而是我们卖的很多低端的东西他们没有,消费者在判断一个店的整体品位形象时,依靠的是其最低端的商品。在价格方面,也存在着类似情况,绝大多数消费者说某某店的价格高(低),往往是把少数他们熟悉的商品加起来得出的结论,只占一个零售企业经营商品中的一小部分。

另外,在价值导向型顾客占据消费者主流的情况下,必须有大量的各类商品以有竞争力的价格出售,尽管如此,价值型导向的顾客并不只看重价格,他们对低价位和高品质有着同样的兴致,"物美价廉"是他们的所求。由于这一市场容量和增长潜力很大,他们已经成为市场低迷时最有希望的市场,同时,在制定有针对性的方案时还需要谨慎,原则上,价格应尽可能地反映新产品的质量,而在一定的价格上新产品为顾客提供的价值应尽可能最好。关于促销,让利是很有诱惑力的,但频率不能太高,营销渠道必须广泛。

在抓好计划、采购、存货、定价与促销的基础上,对于计算机管理、经营数据分析、信息收集、服务管理、管理技术培训以及全过程商品管理的决策等方面还需给予足够的重视,作为全过程商品管理的各项功能性分支,均需建立健全,避免流于形式、似是而非。资料来源:李嘉峰:亚泰纵横,联商网 http://www.linkshop.com.cn/web/Article_Jygl.aspx?ArticleId=649

本 章 小 结

产品是能够满足人们需求的被生产出来的物品。商品则是通过市场实现交换,进而满足人们某种需要的劳动产品。商品的价值是指凝结在商品中无差别的人类劳动。商品的使用价值是指能满足人们某种需要的属性,即商品的有用性。商品相较于一般物品与产品,具有以下特征:首先商品必须是劳动产品。其次,商品必须要用于交换。再次,商品具有社会使用价值,就是说要对他人或社会有用。

连锁企业商品管理以商品的价值在连锁零售企业最终实现为研究对象。连锁企业商品管理研究内容则包括：商品采购管理、商品价格管理、商品渠道管理、自有品牌管理、商品陈列管理、商品促销管理、商品库存管理、新品引进和滞销品淘汰。

连锁零售企业的经营主要围绕商品销售展开，因此，连锁系统的各职能部门工作职责或多或少与商品管理有所联系。连锁企业由总部和门店组成。门店主要负责商品销售，其大部分的经营管理行为都与商品销售有关。总部由各职能部门组成，营运部、采购部直接负有商品管理职责，财务部则对商品管理具有间接监管的职责，企划部对商品负有间接管理推广的职能。

连锁企业商品管理应遵循的原则有：以消费者为核心原则；价值实现原则；商品齐全原则；优选商品原则。连锁企业商品管理是一个持续完整的过程。商品管理的具体环节包括：商品计划、商品采购、商品导入、销售管理、商品库存管理和商品信息反馈。

思考题

1. 简述产品与商品的区别。
2. 商品具有什么样的特征？
3. 连锁企业商品管理与商品学和商品流通学有何区别？
4. 描述连锁企业各职能部门、门店在连锁企业商品管理中所起的作用。
5. 商品管理具有哪些原则？
6. 描述商品管理的具体流程。

实践应用

商品管理的价值在哪里？

以下为某商品管理专家离职后对商品管理岗的思考：

这几天，我静下心来思考，商品管理岗位的稀缺，就说明这个岗位是能创造价值的，那么它的价值体现在哪个地方呢？我觉得这是一个值得我们探讨的话题。于是我就参考我的工作经验，对商品管理的价值做一简单的剖析，目的还是在于抛砖引玉，请各位圈内的朋友一起来讨论，以期对这个问题形成一个共识。

进入商品管理领域后，我进入的第一家公司，是一家规模较小的鞋业公司，一年才几千万元的营业额。在我去之前的商品管理，对内就是仓储管理，对外就是跟单。我去之后，折腾出一套简单的分析表格出来，对商品的进销存做定期分析，结果老总高兴得不得了,经常主动催我要报表。所以对于这家公司来说,商品管理的价值就是:你能定期提交进销存报表,只要数据准确、提交及时。到现在为止,我相信依旧有很多公司对商品管理的要求也是仅限于此。

第二家公司是国内比较知名的鞋业公司,是一家靠做加盟发家的公司,那时的年销售额就已经是十几个亿了。这家公司的老总非常重视商品管理,把商品管理提升到战略管理的层面上,公司还制定出商品"精深梳理"的管理战略。在这个战略的支撑下,产品生命周期的每个节点,都有明确的操作流程和考核标准。这个管理战略的终极目标就是保持物流与现金流的平行顺畅。比如当时公司对直营区有这么一条铁规:新品上市后40天内销售不达标的款式,会马上从终端把整个款撤出来,投放到特卖场去销售。

在这家公司,直营区商品管理的价值就是:通过对产品周期的有效管控,在追求销售目标的同时,保障GP和库存的合理性。如三大目标互有冲突,则提供利益权重取舍方案,为公司获取利益最大化。

对于加盟区,公司配置了加盟客服的岗位,这个岗位也是以商品管控为主,其价值体现在:监控→分析→诊断→方案→协助执行,目的就是让加盟商的产品实现良性运作。

这个公司是靠加盟发家的,他们做加盟的秘诀只有一个:就是想办法让加盟商赚到钱。当全国大多数加盟商都赚到钱的时候,公司就壮大了。我经常在招聘网站上看到一些公司招加盟客服的岗位,有很多的主要要求都是:对账,催款……看了后,只能苦笑。

后来进入第三家公司。这是一家做"概念营销"的公司。公司的经营理念被提炼成一句话,每天都能听到老总在讲:我们不是卖鞋子的公司,我们是一家卖潮流的公司。支持"概念营销"的,首先就是"视觉营销"。做商品的为终端配货时,会根据终端的陈列面去考虑配套主题和系列的完整性,甚至每个陈列面的主色是什么、有多少款是这个颜色的都要去计算,很辛苦,也很锻炼人。这家公司的卖场陈列一直被很多商场看好和表扬。但风光背后的辛苦,陈列师清楚,商品管理人员更清楚。商品管理人员还有其他任务:配合运营部门和陈列师做商品的二次设计和三次设计。二次设计:就是在新品上市后,经过一段时间的销售,会出现断色断码情况,这时要规整商品,重新做主题和系列设计。三次设计是指:这个公司有很多品牌,每个品牌的定位都很清晰,有的是个性化,有的走流行路线,还有的做大众款,还有晚宴系列,少女系列等。商品管理人员会观察每个终端的客群特性,把这几个品牌做组合,上班族多的地方以什么品牌为主?小区的组合又怎样?品牌在卖场既能独立又不孤立,一段时间调整一次,就是那些货,却有新货不断的感觉。工作很累,也很好玩。

在这家公司,商品管理的价值就是:使终端从产品上市到退市,既能满足不同客群的需要,又自始而终保证"概念营销"的实现。这个品牌的"概念营销"很成功,品牌创始人后来把公司卖给了一家鞋业大鳄,卖了六个亿。创建这个品牌花了大约六年的时间,一年差不多赚一个亿。

第四家公司是服装奢侈品运营公司。公司的老总是一个品牌打造大师,几片布料组成的衣服,被他卖出几万几十万的价格,而且商品的毛利和周转率之高会让很多只能赚库存的公司汗颜。

在这家公司,商品只是一个载体,公司售卖的是这个载体传递的品牌价值观和品牌文化。在这里,商品管理的价值就是:依靠商品增值体系,通过体验去影响顾客的认知,由此改变顾客的购买决策,最终形成对品牌的黏性。

以上是我针对自己工作经验的总结,在结束此文前,我讲一段小插曲。一个做HR的朋友向她的老总推荐我。HR朋友对她的老总说:这个人很有能力的。老总问:你根据什么说他有能力?HR朋友说:他给两家杂志写商品管理的专栏(朋友夸张了)。老总摇头,说那不算能力,他如果能把写的全部实现,才是真的能力。我知道这件事情后,非常感谢这个老总,这个老总让我明白了商品管理的另一个价值点:实现。

于是,我在一次和好友彭总讨论商品管理的时候,我提出一个观点:商品管理的本质就是实现价值传递。

彭总说,别那么玄,讲直白一些。

我说:就是我把商品给你,你把钱给我。

彭总听完,哈哈大笑。

资料来源:joseph. teng,联商论坛,http://www.linkshop.com.cn/club/archives/2011/412737. shtml。

讨论题:

1. 商品价值最终如何实现?
2. 商品价值实现的方式是统一的吗?还是各有不同?请以作者的经历来说明。

第二章　商品分类与组合

学习目标

1. 掌握商品组合的含义。
2. 了解商品分类的方式。
3. 掌握商品组合的方法。
4. 了解品牌组合管理。

【引导案例】

超市商品构成实战案例探析

　　国内某民营连锁A超市位于一个社区内,超市经营面积约2 500平方米,而在距离A超市约2 000米还有一家大型购物广场,经营面积约10 000平方米,主营一般大众市民家庭日常生活必需品及家电、服装等百货,由于购物广场商品品种丰富,几乎涵盖A超市经营的所有品类,部分顾客甚至舍近求远前往消费,A超市的交易单数与客单价双双下滑。原来,A超市筹建时的商品配置表约90%是直接复制过来的,由于当初商品构成整体缺乏战略性思考定位,开业3个月后虽有微调但商品淘汰更新速度过慢,仍与目标消费群的需求相差甚远,因此,销售业绩下滑无可避免。

　　毕竟顾客到超市是买东西的,如果顾客不想买的东西一大堆,想买的东西没有,顾客只有无奈选择到其他超市购买。而A超市当初销售下降时,误以为采取降价或血拼价格的战术就能奏效,能够夺回失去的市场份额,岂料精明、理性的顾客除了冲着A超市部分特价或负毛利商品购买外,整体销售额增长仍然回天乏力。这时,A超市才真正意识到问题的严重性与复杂性!此时,A超市总部才决定成立紧急调研小组,由采购部、运营部、市场部相关主管组成,亲自蹲点并展开深入调研和分析。由于A超市在当初筹建时,对新店前期市场调研分析、市场定位、商品构成定位等均没有经过周密、细致的调研分析，进驻前仅向当地辖区派出所了解商圈人口数量及家庭户数等数据就已进驻，驻店采购员由于对当地市场渠道不熟悉，尤其对某些重点地方特色品类或品牌认识不足，在招商采购洽谈时如招商条件、入场费用、结算方式等令当地供货商觉得太苛刻而没有合作，因此，也造成部分当地顾客比较欢迎的品牌或地方特色品类没有引进；其次是A超市开业后的初期即3～6个月内没根据社区商圈消费特点、购买力、顾客喜好等对商品构成进行优化并强化重点品类，因而没有形成自己独特的商品特色。

A超市调研小组首先对目标市场商圈的消费人口、家庭规模、收入水平以及文化、消费习惯、地域等方面的差异进行了分析总结，并结合竞争对手的优、劣势与5WH分析重新定位。将原中档商品的比例由70%调整为60%，放弃原经营的低端品类，将中档偏高品类提高到30%（主要为婴儿奶粉、进口食品、进口个人清洁护理类）以满足或贴近小资家庭对生活品位的需求，并兼营10%高档商品。同时要求采购部引进商品及物价部定价时需严格遵守上述内容，并确定了以生鲜"菜篮子"为龙头，对A超市每一个部门或部门下的中分类商品定位均须围绕门店市场定位来展开。例如，生鲜部的定位是中高品质、新鲜、吸客、聚客、保销售，生鲜部门中的蔬菜、鲜肉、水产、水果等均是社区民生必需品，每一个品类定位也会有分别，如蔬菜的定位是低毛利、聚客、保销售，蔬菜是商圈内顾客每天频繁消费的民生必需品，顾客每天都会购买。因此，每一个品类必须保持20%～30%的低价以保持低价形象，而水果的定位则是吸客、聚客、保毛利、保销量。

调研小组结合POS系统的1～6月的动销商品分析发现，有22%的商品处于滞销或零销售状态，缘于在做商品结构设定的时候没有结合当地消费习惯做综合的考量。调研小组调出A超市近几个月来的销售总额的同比、环比分析等进一步数据分析发现，A超市销售额下降幅度最大的是食品部，占下降总额占46%，其次是非食品部，下降占36%，生鲜部占18%。于是调研小组重点对食品部、非食品部的商品构成进行重新分析，如食品部分别对各个类别如饼干、糖果、粮油、饮料、奶粉、保健品、凉果蜜饯等中分类进行畅滞商品销售排名以及销售额与毛利率的交叉分析，如发现休闲食品品类经营过深，品牌过多、过杂，予以优化并淘汰约50%单品数。

调研小组分析认为，商圈内家庭基本为中等收入，注重生活品质与食品安全，对品牌尤其是市场一二线品牌忠诚度较高。在购买食品时多数顾客会较关注食品保质期限,是否有QS标志,调研小组分析认为,原有的商品构成广度过大,深度不足,没有经营重点,似乎"什么都想卖,但什么都卖得不好"!而且,满足社区家庭需要的便利性品类不足,中心价格带与商圈的购买水平偏离,部分品类的定位完全与市场偏离。例如,家用照明灯具顾客需要购买而超市未经营;个人护理类的品牌构成为卡尼尔、采诗、丁家宜等为年龄介于16~28岁的少女与年轻女性为主,而该社区的主流女性消费群却主要为家庭主妇,年龄段为25~35之间,因此,此类商品构成完全偏离市场需要,当然是费力不讨好而滞销了。家庭主妇由于受家庭的压力、子女教育、工作压力等,往往偏爱祛皱、美容类产品,她们往往比年轻女性顾客群体更依赖于个人保养类产品,因此,对此类商品构成应有所偏重。

　　总部调研小组于是确定先收窄A超市商品构成的广度,重点强化以生鲜区蔬菜、面包、鲜肉、水产、熟食等作为聚客、保销售的龙头。主力商品构成主要为社区居民日常生活密切相关的品类,并重点强化与扩充"便利性"品类的深度,纠正以前A超市似乎什么都想卖,而实际什么也卖不好的现象。调研小组结合现品类分析中一些周转较慢的类别如工艺品、家具、汽车饰品、居家装饰品等进行删除;而对社区居民一些日常生活密切相关的花卉肥料、家用小五金(家用照明灯具等)、婴幼儿食品、婴幼儿用品等进行重点布局。

　　通过A超市的POS系统的动销分析还发现,婴儿食品如奶粉的销售一直不理想,而A超市门店经营者曾建议对婴儿食品区进行压缩,难道婴儿食品(奶粉等)不适合A超市经营?调研小组结合商圈消费群体分析发现了一个有趣的现象:据小区物业管理处调研发现,社区内刚成家的年轻夫妇约占60%,且入住均逾1年以上,说明商圈内的顾客对婴儿食品、用品等需求潜力应较大,为何A超市婴儿食品类反而出现滞销呢?原来都是品类构成不合理惹的祸!A超市的婴儿奶粉类别中,如圣元、雅士利、南山、伊利等全是清一色国产奶粉,虽然有些品牌奶粉销售差,但厂家肯投放费用,每月如TG台促销费、排面促销费等赞助可观,令A超市将最好的货架陈列资源"卖"给了该厂家。现商圈内许多有条件的父母希望提供最好的营养给小孩,据粗略统计该社区中年轻的父母有超过30%以上相信或已购买进口奶粉,这部分顾客往往购买潜力非常大,他们几乎是集体在A超市选择了"罢买"!还有一个重要因素是婴儿纸尿片,一线品牌不足如帮宝适暂未合作,且定价高于市场价,二三线品牌太多,也促使顾客选择到其他超市消费的原因。为此调研小组也计划重新规划引进进口奶粉如惠氏、美赞臣、多美滋等,并将婴幼儿纸尿片的品牌构成、价格带进行了重新梳理,同时规划将婴幼儿食品、用品(如纸尿片、奶瓶等)组成婴幼儿专区以促使顾客连带就近购买。

A 超市首先对商圈目标消费群重新定位,结合竞争对手及商圈顾客消费特点,并参考 POS 系统销售数据进行了细致、周密的分析,对原商品构成不合适的品类坚决删除,紧紧围绕社区居民购物的便利性,尽可能为社区居民提供日常生活最密切相关的生活必需品,从而与目标市场定位协同一致。其实,在商品构成策略方面,不仅要考虑商品的种类与档次,还要进一步考虑商品线的宽度与深度。虽然超市的商品构成正确,并不能确保在激烈竞争中一定能获胜,但它无疑是超市经营中不可或缺的"基石"!

资料来源:超市168网,http://www.chaoshi168.com/source/shownews.asp?newsid=2668。

第一节 商品组合概述

一、商品组合的含义

所谓商品组合是指一个商场经营的全部商品的结构,即各种商品线、商品项目和库存量的有机组成方式。

若从三维空间上考虑,商品组合有三度,即宽度、深度和高度。

所谓宽度,具体地说就是指各种类型的商品的配制。每一类商品就是一条商品线,如男装店里可能有西装、衬衫、领带和袜子等几条商品线。

所谓深度就是指商品线中款式的多寡,如不同的颜色、尺寸、面料等便构成深度。

所谓高度是指陈列商品的库存量。

比较一下超市和家具商店的商品组合就可以说明商品组合的概念。一家超市具备多种不同系列的商品,包括各种椅子,但却没有太多的样式和颜色,这家超市的品种宽度很广,品种深度却不够。如果你想购买一把椅子,超市可能只提供一种或两种规格,每种规格的存货可能只有一把或两把。一个家具专卖店不会备多种商品种类——因为它只是经营家具。但是,它会有很多种椅子供顾客选择。这些椅子会有多种样式,而且,每种样式都会有数件存货。

企业经营商品的集合，即商品组合。商品组合一般由若干个商品系列组成。

所谓商品系列是指密切相关的一组商品。此组商品能形成系列，有其一定的规则。有的商品系列，由于其中的商品均能满足消费者某种同类需求而组成，如替代性商品（牛肉和羊肉）；有的商品系列中商品必须配套在一起使用或售给同类顾客，如互补性商品（手电筒与电池）；有的可能同属一定价格范围之内的商品，如特价商品。商品系列又由若干个商品项目组成，商品项目是指企业商品销售目录上的具体品名和型号。

二、商品组合的目的

零售业极度变革之下，为改善商品管理方法，计算机系统是相当重要的管理工具。为了将商品分门别类予以归纳，在电脑系统里利用编号原则，有秩序、有系统地加以整理组合，以利于各种销售数据资料的分析与决策，这便是商品组合分类的真正用意。商品组合分类是针对公司的营业方针所采取的商品策略。根据此策略，再依据商品群的固有特性组合为大分类与小分类。依据大小分类的销售资料，分析解读公司营运状况，达到管理的目的。

三、商品组合的原则

商品组合时应遵循的原则有：正确的产品，正确的数量，正确的时间，正确的质量，正确的状态以及正确的价格，以下分别对这六个原则作详细的说明。

1. 正确的产品

正确的产品是指商品组合合理，可以完全满足顾客的正常需求。正确的产品首先是指在整个计划中商品组合合理，产品的广度和深度的结合可以完全满足顾客的需求；其次是选择的产品是在国家法律、法规所允许销售的商品范围内；最后是这些商品符合本企业的价值观，企业形象及企业政策，这点对于企业品牌会有很大的影响，所以一般著名的企业都会把不符合企业政策的产品置之门外，即使那是一个畅销商品。在沃尔玛发生的一件事就是很好的例子。当时有一张很畅销的碟片，但由于带有明显的不雅及暴力成分被拒绝进店，因为这与公司的价值观相悖，直接影响整个企业在公众心中的健康形象。

2. 正确的数量

正确的数量是指所提供的商品数量合理，商品的广度和深度的结合平衡，在满足顾客选择性需求的同时，又不会造成品种过多和重复。首先，对于顾客来说，品种过多或重复都会使顾客无法有效地进行购买决策，或花费太多时间做决策而没有足够的时间购买其他商品，两者都使企业损失销售机会。其次，门店的销售空间和人力资源是有限的,过多或重复的单品会造成资源浪费和增加运营费用。最后,单品过多或重复的结果是某些商品滞销,造成库存过多。所以,商品的数量一定要根据顾客的实际需要及门店的实际面积结合决定,并分解到具体的小分类中,保证整体的数量及各小分类的数量分配都是最优化和平衡的。

3. 正确的时间

商品组合计划必须正确掌握时间性,符合以下方面的要求:

首先是季节性,整个商品组合必须有明确的季节性,商品本身向顾客传递着强烈的季节信息。例如,在夏天来临的时候,商店内有充足的沙滩用品和消暑产品摆放出售,这种季节性的气氛能有效地引起顾客购买的冲动。

其次是对市场趋势和市场变化的捕捉,商品组合符合市场的潮流趋势、顾客的喜好变化等,并且对一些突发事件有及时和积极的应对。例如,在 SARS 暴发的时候,在第一时间增加口罩,消毒水等相关产品。另外,对一些特别的事件有充分的准备,如在奥运会前,配合奥运主题的商品都全部准备好。

最后是要在合适的产品市场生命周期引进新商品。不是任何新产品都适合马上引进的,而是要由零售企业的目标顾客对新产品的认知及接受程度决定,否则会由于没有有效的需求造成新产品滞销,库存积压。例如,对于一些技术含量较高的电器产品,在刚投入市场的时候,大型超市就不适合马上引进。由于此时只有少量非常关注新技术、追求新体验的消费者会购买这类新商品,而通常大型超市的目标顾客并不是这类消费者,而且大型超市在人员及环境两方面都可能不具备进行介绍和推广这类新产品的条件,所以大型超市应在产品的成长期引进,此时产品已被普遍认知,目标顾客开始产生需求并且不需要太多的介绍即可进行选择和决策。

4. 正确的质量

这里所说的质量包括了产品的安全性、可靠性及质量等级三方面。

首先,零售企业销售的任何商品都必须保证对消费者的生命和财产不存在安全隐患,所以在选择商品的时候必须要对产品的安全性进行评估,要求供应商提供相关的证明文件、安全认证等。例如,电器产品就必须要有国家的 3C 认证,有时企业还可以对产品安全提出更高的要求以保障顾客及企业的利益。随着食品安全事件的不断发生,消费者对食品卫生关注程度越来越高,零售企业在选择食品的时候更应该保持严格的标准,避免出现类似的事件,这对顾客和企业本身都是一种负责任的做法。

其次,产品使用功能及可靠性也需进行评估,如果产品本身存在缺陷,无法在合理的时间内提供其所宣称的功能,作为负责任的零售商,就不应该让这类商品流入自己的门店,损害消费者的利益和企业的形象。

最后,对于产品的质量等级的选择,采购经常会陷入一种误区,认为质量越高越好,其实选择什么质量,还应考虑产品的性价比,以及消费者的需求。沃尔玛在刚进入大连市场的时候,采购人员认为,袋装酱油虽然符合产品的质量要求,但相对级别太低,顾客不会购买,所以没有把袋装酱油引进店内,但是顾客实际上需要和接受这种品质的产品,最后在顾客强烈要求下引进了袋装酱油。结果发现这个产品不但满足顾客的需求,而且也有不错的销售表现。所以,对产品等级的选择必须针对目标消费者的需求,而非采购人员单方面的意愿。

5. 正确的状态

这里的状态是指产品的自然状态或物理状态。很多产品由于其本身的特点,对储存和售卖环境、销售人员有特殊的要求,那么采购人员在选择商品的时候需考虑门店的环境、设备、人员、安全、陈列、空间等各方面是否有能力销售该商品。例如,店内是否有足够冷藏柜存放冷冻食品,产品的包装是否适合店内的陈列要求,是否有效地预防偷盗的发生,是否会影响门店的营运效率、增加费用等。另外,产品的包装及标签等都应该符合相关的法规,并且能够保证产品质量在正常情况下保持稳定。

6. 正确的价格

整个商品组合的定价应该从顾客、竞争对手、供应商价格政策以及企业自身的定价策略四个方面考虑。这里有两点要特别注意:第一点是定价的时候要考虑顾客对该商品的价格敏感度以及该商品需求的价格弹性(价格变化对销售的影响程度);第二点是不但要考虑单个商品,而且要考虑整个类别的整体价格形象和综合利润率,对不同角色的商品应有不同的定价机制,在保证良好价格形象的同时保持合理的利润水平。

以上六个正确是相互结合、缺一不可的,商品管理人员在做商品组合计划及日常管理过程中都应该遵循这六个基本原则。而顾客需求是这些原则产生的基础,所以采购人员无论何时都要遵守顾客导向的大原则。

第二节 商品分类的方式

一、商品群分类法

商品群是依照商品观念所集合成的商品群体,它也是商场商品分类的重要依据。

1. 主力商品

主力商品是指所完成销售量或销售金额在商场销售业绩中占举足轻重地位的商品。

连锁企业主力商品的增加或减少,经营业绩的好坏直接影响商店经济效益的高低,决定着商店的命运。它的选择体现了商场在市场中的定位以及整个商场在人们心目中的定位。主力商品的构成一般可以考虑以下几类:

(1) 感觉的商品。在商品的设计上、格调上都要与商场形象相吻合并要予以重视。

(2) 季节的商品。配合季节的需要,能够多销的商品。

(3) 选购性商品。与竞争者相比较,易被选择的商品。

2. 辅助商品

它是与主力商品具有相关性的商品,其特点是销售力方面比较好。

其主要为:

(1) 价廉物美的商品。在商品的设计和格调上可不必太重视,但对于顾客而言,却在价格上较为便宜,而且实用性高。

(2) 常备的商品。对于季节性方面可能不太敏感,但不论在业能或业种上,必须与主力商品具有关联性而且容易被顾客接受的商品。

(3) 日用品。不需要特地到各处去挑选,随处可以买到的一般目的性商品。

3. 附属品

它是辅助商品的一部分,对顾客而言,也是易于购买的目的性商品。其主要为:

(1) 易接受的商品。在卖场中,只要顾客看到,就很容易接受而且立即想买的商品。

(2) 安定性商品。具有实用性,但与设计、格调、流行性无直接关系的商品,即使卖不出去也不会成为不良的滞销品。

(3) 常用的商品。在顾客需要时可以立即指名购买的商品。

4. 刺激性商品

为了刺激顾客的购买欲望,可以针对上述三类商品群中,选出重点商品,必要时挑出某些单品来,以主题系列的方式,在卖场显眼的地方大量地陈列出来,借以带动整体销售效果的商品。

其主要为:

(1) 战略性商品。配合战略需要,用来吸引顾客,在短期间内以一定的目标数量来销售的商品。

(2) 开发的商品。为了考虑今后的大量销售,商店积极地加以开发,并与厂商配合所选出的重点商品。

(3) 特选的商品。利用陈列的表现加以特别组合,具有强诉求力且易于冲动购买的商品。

二、根据消费者的消费习惯归类

不同行业有不同的分类方法。在零售业,最好按照消费者的消费习惯归类,把消费者可能购买的关联性产品放在一起。

1. 大分类的分类方法

在大型连锁企业里,大分类的划分最好不要超过十个,比较容易管理。不过,这仍须视经营者的经营理念而定,业者若想把事业范围扩增到很广的领域,可能就要使用比较多的大分类。大分类的原则通常依商品的特性来划分,如生产来源、生产方式、处理方式、保存方式等类似的一大群商品集合起来作为一个大分类。例如,水产就是一个大分类,原因是这个分类的商品来源皆与水、海或河有关,保存方式及处理方式也皆相近,因此可以归成一大类。

2. 中分类的分类方法

(1) 依商品的功能、用途划分。依商品在消费者使用时的功能或用途来分类,比如说在糖果饼干这个大分类中,划分出一个"早餐关联"的中分类。早餐关联是一种功能及用途的概念,这些商品给消费者提供一顿"丰富的早餐",因此在分类里就可以集合土司、面包、果酱、花生酱、麦片等商品来构成这个中分类。

(2) 依商品的制造方法划分。有时某些商品的用途并非完全相同,若硬要以用途、功能来划分略显困难,此时我们可以就商品制造的方法近似来加以网罗划分。例如:在畜产的大分类中,有一个称为"加工肉"的中分类,这个中分类网罗了火腿、香肠、热狗、炸鸡块、熏肉、腊肉等商品,它们的功能和用途不尽相同,但在制造上却近似,因此"经过加工再制的肉品"就成了一个中分类。

(3) 依商品的产地来划分。在经营策略中,有时候会希望将某些商品的特性加以突出,又必须特别加以管理,因而发展出以商品的产地来源作为分类的依据。例如:有的商店很重视商圈内的外国顾客,因而特别注重进口商品的经营,而列了"进口饼干"这个中分类,把属于国外来的饼干皆收集在这个中分类中,便于进货或销售的统计,也有利于卖场的陈列。

3. 小分类的分类方法

(1) 依功能用途分类。此种分类与中分类原理相同,也是以功能用途来作更细分的分类。

(2) 依规格、包装形态来分类。分类时,规格、包装形态可作为分类的依据。例如:铝箔包饮料、碗装速食面、6 kg 米,都是这种分类原则下的产物。

(3) 以商品的成分为分类依据。有些商品也可以商品的成分来归类,例如,100%的果汁,凡成分 100%的果汁就归类在这一分类。

(4) 以商品的口味作为分类的依据。以口味来做商品的分类,例如"牛肉面"也可以作为一个小分类,凡牛肉口味的面,就归到这一分类来。

第三节　商品组合的方法

对于经营商品项目众多的连锁企业,最佳商品组合决策是一个十分复杂的问题。许多连锁企业在实践中创造了不少有效方法。随着技术的进步与发展,使用系统分析方法和电子计算机,为解决商品组合优化问题提供了良好的平台。下面介绍几种经过实践证明是行之有效的方法。

一、商品组合基本方法

1. 按消费季节的组合法

如在夏季可组合灭蚊蝇的商品群,辟出一个区域设立专柜销售。在冬季可组合滋补品商品群、火锅料商品群。在旅游季节,可推出旅游食品和用品的商品群等。

2. 按节庆日的组合法

如在中秋节组合各式月饼系列的商品群,在老人节推出老年人补品和用品的商品群,也可以根据每个节庆日的特点,组合适用于送礼的礼品商品群等。

3. 按消费的便利性的组合法

根据城市居民生活节奏加快、追求便利性的特点,可推出微波炉食品系列、组合菜系列、熟肉制品系列等商品群,并可设立专柜供应。

4. 按商品的用途的组合法

在家庭生活中,许多用品在连锁企业中可能分属于不同的部门和类别,但在使用中往往就没有这种区分,如厨房系列用品、卫生间系列用品等,都可以用新的组合方法推出新的商品群。

二、商品组合优化方法

1. 商品环境分析法

商品环境分析法是把连锁企业的商品分为六个层次,然后分析研究每一种商

品在未来的市场环境中,它们的销路潜力和发展前景,其具体内容有:

(1) 目前连锁企业的主要商品,根据市场环境的分析,是否继续发展。

(2) 连锁企业未来的主要商品,一般是指新商品投入市场后能打开市场销路的商品,零售店应确定引进或更新的速度。

(3) 在市场竞争中,能使连锁企业获得较大利润的商品,零售店应确定比例。

(4) 过去是主要商品,而现在销路已日趋萎缩的商品连锁企业应决定采取改进、缩小或淘汰的决策。

(5) 对于尚未完全失去销路的商品,连锁企业可以采取维持或保留的商品决策。

(6) 对于完全失去销路的商品,或者经营失败的新商品一般应进行淘汰或转产。

2. 商品系列平衡法

商品系列平衡法是国外比较流行的一种商品组合优化的方法。它是把连锁企业的经营活动作为一个整体,围绕实现连锁企业目标,从连锁企业实力(竞争性)和市场引力(发展性)两个方面,对连锁企业的商品进行综合平衡,从而做出最佳的商品决策。

商品系列平衡法可分四个步骤进行:

(1) 评定商品的市场引力(包括市场容量、利润率、增长率等)。

(2) 评定连锁企业实力(包括综合生产能力、技术能力、销售能力、市场占有率等)。

(3) 作商品系列平衡象限图。

(4) 分析与决策。

3. 四象限评价法(波士顿矩阵法)

这是一种根据商品市场占有率和销售增长率来对商品进行评价的方法,是由美国波士顿咨询公司提供的一种评价方法。

由市场占有率和销售增长率这两个指标,以及它们的组合,就会有四种组合方式,形成四类商品。用图形表示,就构成四象限图。如图2-1所示。

第1类商品,是市场占有率高,销售增长率高的明星类商品。很有发展前途,一般处于生命周期的成长期,它是连锁企业的名牌或明星商品。对这类商品,连锁企业要在人、物、财诸方面给予支持和巩固,保证其现有的地位及将来的发展。

第2类商品,是市场占有率高,销售增长率低的金牛类商品,能带来很大的利润,是连锁企业目前的主要收入来源;一般处在生命周期的成熟期阶段,它是连锁企业的厚利商品。对这类商品应采取努力改造、维持现状和提高盈

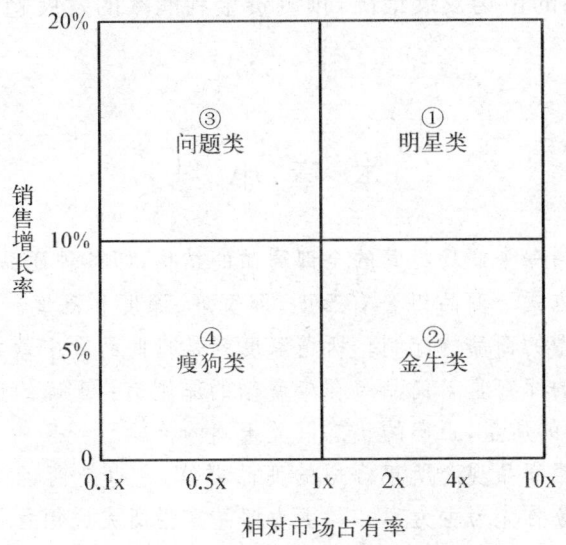

图 2-1 波士顿矩阵图

利的对策。

第 3 类商品，是市场占有率低，销售增长率高的问题类商品。这类商品在市场中处在成长期阶段，很有发展前途，但连锁企业尚未形成优势，带有一定的经营风险，因此叫风险或问题商品。对这类商品应该集中力量，消除问题，扩大优势，创立名牌。

第 4 类商品，是市场占有率和销售增长率都低的瘦狗类商品。这类商品无利或微利，处于衰退期，是连锁企业的衰退或失败商品，应果断地有计划地淘汰，并作战略上的转移。

4. 资金利润率法

这是以商品的资金利润率为标准对商品进行评价的一种方法。

资金利润率是一个表示商品经济效益的综合性指标；它既是一个表示盈利能力的指标，又是一个表示投资回收能力的指标，它把生产一个商品的劳动耗费和劳动占用与连锁企业的经营管理成果结合在一起，是连锁企业生产和经营两个方面经济效益的综合反映。

应用这种方法，把商品资金利润率分别与银行贷款利率、行业的资金利润率水平、同行业先进连锁企业商品的资金利润率、连锁企业的经营目标及利润目标相对比，达不到目标水平的，说明盈利能力不高。

还可以把连锁企业各种商品的资金利润率资料按连锁企业经营目标及标准进

行分类,结合商品的市场发展情况,预测资金利润率的发展趋势,从而作出商品决策。

本 章 小 结

商品组合是指一个商场经营的全部商品的结构,即各种商品线、商品项目和库存量的有机组成方式。商品组合有三度,即宽度、深度和高度。所谓宽度,具体地说就是指各种类型的商品的配制。所谓深度就是指商品线中款式的多寡。所谓高度是指陈列商品的库存量。商品组合应遵循的原则有:正确的产品,正确的数量,正确的时间,正确的质量,正确的状态以及正确的价格。

商品群是依照商品观念所集合成的商品群体,它也是商场商品分类的重要依据。商品群的划分首先为主力商品。主力商品是指所完成销售量或销售金额在商场销售业绩中占举足轻重地位的商品,包括感觉的商品、季节的商品、选购性商品。第二类为辅助商品,它是与主力商品具有相关性的商品,其特点是销售力方面比较好。其重点为:价廉物美的商品、常备的商品、日用品。再次为附属品,它是辅助商品的一部分,对顾客而言,也是易于购买的目的性商品。其重点为:易接受的商品、安定性商品、常用的商品。最后为刺激性商品,是为了刺激顾客的购买欲望,可以针对上述三类商品群中,选出重点商品,其重点为:战略性商品、开发的商品和特选的商品。

按照消费者的消费习惯归类,可分为:大分类、中分类和小分类商品。

商品组合基本方法有按消费季节的组合法和按商品的用途的组合法。商品组合优化方法则有商品环境分析法、商品系列平衡法、四象限评价法(波士顿矩阵法)和资金利润率法。

思考题

1. 描述商品组合的三个维度。
2. 商品组合的原则是什么?
3. 商品群主要划分为哪几类?各类的重点是什么?
4. 中分类的划分依据有哪些?
5. 描述商品组合的基本方法。
6. 说明商品平衡法的四个步骤。

 实践应用

便利店商品组合考察

学生6~8人一组,组成便利店商品组合考察小组。确定学校所在地的某一便利店为主要考察对象。对便利店商品进行考察,最终完成一份考察报告。考察报告应具备以下内容:

1. 该便利店的商品群,说明每一商品群的作用及重点。
2. 以消费者消费习惯为依据,给便利店商品进行分类。对大、中、小分类的商品说明其划分依据,对便利店销售的意义。
3. 考察便利店商品的组合方法、优化方法。

评价标准:

便利店商品组合考察报告评价表

评价指标	具体评价	得分
报告内容全面		
语言符合专业要求		
逻辑思路		
实践性		
对专业的理解		
合计		

教师对每位同学实训各项指标进行评价打分,每项指标分值最高为20分,最低为0分,最后合计为本次实训考察的成绩。

第三章 品 类 管 理

学
习
目
标

1. 掌握品类与品类管理的基本概念。
2. 了解品类管理执行机构。
3. 掌握品类市场分析方法。
4. 掌握品类结构分析方法。
5. 了解品类模板的建立。
6. 掌握品类的实施推广。

【引导案例】

香港华润超市品类管理分析

品类管理是使商品组合更为科学有效的管理手段,通过优化商品的组合,有效利用有限的空间资源,使销售利润达到最大化,并提高毛利,降低库存。品类管理较传统的商品管理更为科学化、规范化。品类管理工作主要通过数据(字)化的管理手法,对商品品种和货架空间进行管理。

1. 为何要引进品类管理

目前,香港华润超市经营的商品有 7 000 多种,共分为 300 个小类,对商品管理基本上还是以经验化管理为主。一间新超市开业前,先由发展部初步设计商品的摆放位置,开铺组再根据商品销售的整体情况,确定商品的陈列位置及陈列面的多少。但是,接下来的商品管理工作主要由超市主管负责,超市主管则根据市场需求及个人经验管理商品。随着时间的变化,超市商品陈列亦随着超市主管的替换而变动,逐渐形成每间超市都有自己的"陈列"特色。时间一长,货架管理没有一套统一的、规范化的管理方法,将会对经营管理造成影响。因此,提高整体管理水平已经迫在眉睫。

2. 品类管理从何入手

华润超市是通过与极具实力的 AcNielsen 公司合作开展了品类管理工作，主要包括培训、测试及全面实施三个阶段。

品类管理对华润超市来说还是一个新概念，负责这项工作的多数同事经验较少，有些甚至对基本概念很模糊，因此，员工的培训工作非常重要。为此，公司与 AcNieLsen 先后合作举办了数次专题培训，为品类管理的实施奠定了基础。

香港华润公司实施品类管理的前期准备工作主要包括四个方面：
（1）对所有门店的面积及货架进行测量，合理、有效地分配空间资源；
（2）根据门店坐落的地点和效益状态进行分类；
（3）根据门店商品销售数据，对门店的商品组合重新进行评定；
（4）确定不同的门店销售不同等级的商品。

3. 品类管理中的困难是什么

品类管理是多部门参与的跨部门工作，需要采购、管理、发展及电脑等多部门间的合作与协调，因此，建立部门间良好的沟通机制，以公司利益为共同目标开展工作是十分重要的。

这还是一项长期的工作，它的效益体现在落实和执行的过程之中。华润超市在品类管理推广工作中也发现一些超市主管仍没有认识到品类管理工作的重要性，或在具体落实、执行工作中忽略了一些必要的看似细小的工作。如补货不及时，造成超市缺货现象；没有严格按照货架陈列规定摆放商品等问题。品类管理在超市的推广是否成功，直接反映了超市员工的工作态度。员工做事是否用心，是否认真，是否做到从严细化管理等，都反映了员工对品类管理的认识，反映了他们按品类管理的要求自觉做好工作的意识。

4. 何谓成功的品类管理

成功的品类管理意味着科学化的货架管理取代经验化管理。按品类管理要求，店内的货架数目确定后，哪一种商品组合达到最大效益，要由品类管理小组确定并统一下发货架陈列图，同时定期进行评估工作。这里，要求超市主管根据货架陈列图进行商品的管理。届时，同类别、同等级的超市，其货架陈列也将统一并标准化。而对现有的、不需额外投资的店铺，开展品类管理，不仅可以增加超市的销售额、降低库存，而且可使其内部管理及实际运作更规范、更科学。

资料来源：《2002 年中国连锁经营年鉴》。

第一节　品类与品类管理

一、品类概述

1. 品类的概念

"品类"与零售实践中长期使用的概念,如"商品"、"单品"等存在本质区别,在此,首先需要明确品类的概念。按照国际知名的 AC 尼尔森调查公司的定义,品类即"确定什么产品组成小组和类别,与消费者的感知有关,应基于对消费者需求驱动和购买行为的理解"。家乐福则认为"品类即商品的分类,一个小分类就代表了一种消费者的需求"。

商品品类必须以消费者对同类商品在某些特性上的共同认知为前提,以便根据市场需求确定商品组合销售,故品类应该为在消费者心目中在某一或某些特性上一致的、能够相互替代的同类商品,且这些同类商品能让销售者更好地锁定目标消费者,更好地对该商品管理以便促进销售。

2. 品类构成要件

品类构成要件是指形成品类所必须满足的条件,品类的构成要件如下:

(1) 消费者心目中对某类可替代商品的某些购买考虑因素的共同认识。品类形成的前提就是消费者对同类可替代商品形成一定的共同印象。如同样两件衣服,一件是国际知名品牌限量版服饰,另一件是没有品牌的廉价衣服,它们具有本质相同的使用价值,从商品分类的角度,它们是同类商品,但在消费者的心目中,这两件衣服从品牌、定价、质量等各方面完全不存在任何相似性,销售的时候无法把它们同时陈列,甚至不能出现在同一个销售场所,所以虽同为衣服,但并不是同一品类商品。

(2) 同品类商品必须是相互关联或可互相替代的。如相同档次及类似价格的品牌西服与西裤,可视为一个品类商品,两者存在相互关联性。蒙牛和伊利的常温奶可以看作一个品类的商品,两者存在可替代性。

专栏3-1

基于购物篮分析的顾客回头率管理创新

购物篮分析与应用,是直面品类的问题。很多时候我们发现,卖场好卖的品类在亏损,好卖的牌子在亏损,好卖的 DM(直邮广告)商品在亏损。这个时候换一种思路可能会改变这种局面。

很久之前日本有一家松本清药局,也和大家面临同样的问题:好卖的品类也亏损。老板就去收银台旁边观察顾客,观察他们的购物篮,然后分析、更换品类与品项。之后门店的销售逐年增长。

为什么要进行购物篮分析?购物篮分析实际上是舍与得的问题。通过低价吸引顾客消费,进而增加关联商品的销售,购物篮分析就是读懂顾客的消费潜规。

我们一般采用收银小票关联首推模式。第一步就是找出关联商品,提升关联商品的销售。例如王小姐在卖场购买了尿布,她还有可能会购买奶粉等相关品类。关联商品就是推荐商品,在王小姐购买了尿布之后,收银小票可以同时打印出奶粉的优惠券推荐她去消费。第二步,我们需要和关联商品的供应商进行谈判。第三步,行动。购买尿布的顾客买单时,打印关联商品优惠券,提高回头率和客单价。

另外一个策略是,锁住顾客心,提供与"他"相关的商品。很多连锁企业,会员营销成了鸡肋,因为没效果,太花钱。怎么锁住顾客心呢?关键就是通过会员顾客的购物篮分析,提供或者推荐与"他"有关的商品。

资料来源:中国时尚品牌网。刘文烽(北伦国际零售管理研究机构总监),http://www.chinasspp.com/News/detail/2009-11-9/80353.htm。

(3) 同品类的商品可以通过定价、展示、促销等方式共同进行销售管理,达到规模效应,增强对消费者的吸引力。

3. 品类形成要素

品类的形成要素是指构成品类的商品在消费者心目中所表现出的共同特性,这些共同特性因素使消费者相信同品类下的商品在某些方面存在同质性,是相互关联或可以相互替代的。品类的形成要素主要有商品的用途、价格、品牌形象和质量等(见图3-1)。

(1) 用途。只有相同或相互关联用途的商品才能够形成品类。例如,衣服、裤子、鞋子等,存在一定关联性,某些零售商或供应商在定义品类时将其归为同一品类。而衣服和椅子由于在用途上完全不相干,无论如

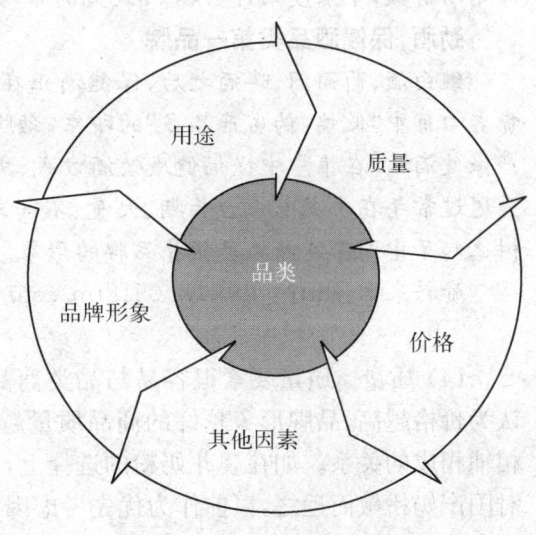

图3-1 形成品类各要素

何也不会被归为一个品类的商品。不同的商品由于认识的差异,用途相关性的确定(也即品类定义)上存在区别,如有的商家会把类似档次的衣服和裤子定义为同一品类,也有的商家会把衣服和裤子定义为不同的品类。

(2) 价格。价格是很多消费者选择商品时的重要考虑因素,所以价格也是商品形成同一品类的重要参照因素。同样是汽车,10万元价位和100万元价位的汽车在较为细分的层面上显然不是同一品类的商品。

(3) 品牌形象。品牌形象与品类商品之间存在密切联系。相同用途的商品,由于品牌形象的差异会形成不同品类,不同品牌的商品,由于品牌形象的相似性会成为同一品类商品。比如很多消费者会把宝马和奔驰联系起来,认为这两个品牌的汽车在档次、价格等方面存在相似性,是同一类车,销售者可把这两个品牌商品视为同一品类。但即使是同样用途的汽车,消费者也往往不会把奇瑞和宝马联系在一起考虑。

专栏3-2

品类第一品牌

汇源,果汁品类第一品牌

在中国果汁品类中,汇源可以称得上是品类老大,汇源发展至今有15年的历史,一直专注果汁品类领域,通过长期的聚焦发展,汇源已经在消费者心目中逐渐建立起"果汁专家"的品类地位认知。首度推出100%果汁品类,赢得46%的纯果汁市场份额,中浓度果汁占据39.8%的市场份额。

劲酒,保健酒品类第一品牌

继白酒、葡萄酒、啤酒之后,保健酒正在成为酒业第四势力。针对保健酒在消费者心目中"低端、伪劣产品多"的印象,劲牌首倡"中药现代化","按做药的标准生产保健酒"。在推广中提倡健康饮酒方式、文明饮酒习惯(劲酒虽好,可不要贪杯)。并通过常年在中央电视台长期、大量、不间断的广告投放,成功地在消费者心目中树立起了中国保健酒品类领导品牌的形象。

资料来源: http://www.0518tm.com/news/newsshow363.html。

(4) 质量。质量要素很容易与品类商品的其他要素联系起来,如消费者一般认为价格越高,品牌形象越好的商品质量越好。质量与其他要素之间形成了一种相辅相成的关系。如在婴儿奶粉的选择上,由于受毒奶粉事件的影响,城市消费者对国产奶粉敬而远之,以前作为优先考虑因素的价格不再受城市消费者的重视,所有价格相对较低的国产奶粉都被视为相同品类的低质量商品,消费者凭印象而不会去实际调查确定产品的质量(毒奶粉事件中出事范围的普遍性和受处理厂家的狭窄性、奶制品安全事故的频发性,使得城市消费者无法建立对国产婴儿奶粉的信心)。国外品牌的奶粉由于绝大部分没有卷入国内毒奶粉事件,价格相对国内品牌奶粉偏高,而被认为非同品类商品。消费者也会根据质量之外的其他因素如奶粉营养成分等把国外奶粉再细分为不同品类。

(5)其他因素。不同商品具有的一些特征也可能成为品类形成因素,如绿色环保、产地、企业公益行为、某类商品的特性(如前述奶粉的营养成分)等。

二、品类管理

1. 品类管理定义

尼尔森(Nielsen Marketing Research)在 1992 年对品类管理(Category Management)的定义为:品类管理是经由零售商与制造商共同合作,将每一个品类视为一个策略事业单元来经营,经由传递产品的消费者来提升价值,来创造更佳经营成果的流程。

品类管理是以品类为策略性事业单元,在零售商与供应商有效合作的基础上,通过数据收集与分析,充分挖掘与满足消费者需求,从而达到优化盈利能力的零售管理流程。

2. 品类管理特征

(1)品类管理的基本单元是按一定标准确立的商品品类,而不是某个单品或某个商品品牌。

(2)品类管理应在零售商与供应商通力协作下完成。

(3)品类管理是建立在数据收集与分析应用的基础上,必须由现代信息技术为支撑。没有有效的数据收集与分析系统,就无法通过对商品销售数据收集和对消费者行为模式数据的收集分析发现消费者的实际需求与偏好,也就无法开展建立在消费者需求基础上的品类管理。

(4)品类管理的最终目标是在满足消费者需求基础上寻求经营优势和利润。满足消费者需求是实施品类管理的基础目标,寻求经营优势和新的利润增长点是品类管理的最终目标,前者是后者的前提和保障。

(5)品类管理最终表现为一种零售管理流程。

三、品类管理的支撑要素

国内有学者认为,品类管理通常包括相互关联的六个要素,其中两个零售商策略和业务流程被认为是最基本的要素,是日常品类管理操作的核心工作,因而被称为品类管理的"核心要素"。其他四个品类要素:品类评估、信息技术、合作关系、组织执行能力在支持零售商策略和业务流程过程中扮演重要角色,是品类管理得以顺利实施的要素,称为"保障要素"[①]。也有学者认为品类管理包含六大要素:策略、经营流程、评量表、组织能力、资讯科技和交易伙伴的合作关系[②]。

1. 零售商战略

零售商战略是指零售企业根据自身经营状况和发展定位,以消费者及市场需求为基础,对企业组织架构、经营理念和管理方法与技术全局性规划与战略性布局,企业后续经营活动围绕既定战略展开。

品类管理的实施首先需要连锁零售企业在战略层面上做出推行的决定。零售商对自身经营情况做出评估,认识到开展品类管理对自身核心竞争力发展的有利之处,在战略上做出开展品类管理的决定,并以此战略为始,在经营过程中长期执行品类管理策略,品类管理才能在企业内部真正推行。

2. 作业流程

流程(Process),中文也译作"过程"。业务流程是一组将输入转化为输出的相互关联或相互作用的活动。"流程"的定义包括了六个要素:输入资源、活动、活动的相互作用(即结构)、输出结果、顾客、价值。

结合品类管理研究其流程,可以认为品类管理业务流程是通过投入零售商采集的商品销售信息和消费者购物信息及品类管理所需的其他资源,通过对所销售商品进行系列管理的行为,最终达到满足消费者需求,更好地为消费者提供品质服务的目的。业务流程是品类管理能够正常开展及取得良好效果的保障。

3. 品类评估

品类评估不仅是对商品销售情况的评估,而且是对消费者的消费特性与品类商品的联系性、商品以往的销售记录与特点等各个方面对品类商品进行评估,通过品类评估能够保证品类管理的后续作业流程有一个合理的逻辑起点,所有的品类管理作业流程建立在一个对品类商品正确认识的基础上。

品类评估通过品类评估表实现,评估表的设计原则为:要结合公司整体的任务、目标和策略,针对供应商、零售商和消费者三者的期许来均衡设计。奖励条款的修改不再只看销售量,应以整体业务、毛利额和来客购买率等所有相关数据一同做评估,以各个阶段的数据来确定品类管理的成效。总之,奖励条款的修改重点是说明品类管理的绩效非短时间可回馈,如高层主管没有先前的强力支持和认知,而先修改奖励措施,那品类管理的评估很可能无法达到最终目标[③]。

---

① 中国连锁经营协会.品类管理理论与实战[M].北京:中国商业出版社,2009:15.
②③ 王正萍.品类管理的基本要素及执行重点[J],信息与电脑,2003(7).

4. 零供合作关系

零售商与供应商之间的关系在国内大多处于紧张状态,双方利益未能统一,并不是说零供之间的关系不可调和,而是处于优势地位的一方不愿放弃短期既得利益追求长期合作产生的利益。品类管理则相反,需要零售商与供应商之间存在良好合作关系来保障。

零供之间良好的合作关系主要体现在对商品和消费者消费信息的共享,货架排面的共同管理、促销活动的合作等方面。良好的合作关系能够让双方确定更符合市场需求的商品组合,降低经营成本,提高经营效益。

5. 组织执行能力

品类管理的实施需要企业有良好的组织执行能力。如前所述,品类管理首先是企业高层决策的结果,只有得到最高管理层的重视推荐,品类管理才能在整个组织体系中有效贯彻。其次,应明确组织机构及职能主体,通过一定的组织程序来执行,有明确的实行目标。

6. 现代信息技术

现代信息技术是品类管理的技术支撑。品类管理的实施离不开对商品和消费者信息的掌握分析,也离不开零售商与供应商之间信息的互换交流,这都需要计算机通信技术来完成。

第二节 品类管理组织机构的建立

一、企业现状确认

实施品类管理前,首先要对企业目前的状况进行评估调查,以确认是否能够开展品类管理,如不能,差距在何处,如何弥补。对现状的确认内容如表3-1所示。

表3-1 实施品类管理前企业内部状况评估表

评估项目	内容
开展品类管理的目的	满足消费者需求; 增强利润; 增强盈利能力和核心竞争力。

(续表)

评估项目	内 容
公司对实施品类管理的适应能力	是否有变革组织、流程和管理控制系统的意愿； 以前是否有变革的经验； 对变革的牵制因素； 相关部门的准备； 是否有投入时间与资金的准备。
企业管理层的执行意愿	管理层是否有实施品类管理的认识与决心； 对品类管理的了解； 对实施品类管理的信心； 是否能全程支持实施品类管理； 对投入资金与时间的容忍程度。
人力资源储备状况	是否有品类经理人才储备； 是否有能培养成品类经理的人才储备； 薪资与评价体系是否符合品类管理的目标要求。
信息技术系统	现有的信息管理系统状况是否能支持品类管理； 品类管理中会遇到哪些与信息技术相关的问题； 企业数据与信息质量、及时性、全面性如何； 与供应商如何交流数据信息。
门店的执行力	门店对实施品类管理的意愿； 门店对品类管理的理解及对品类管理意义的理解； 门店是否有精力与时间投入品类管理，配合系统品类管理工作。
与供应商的关系	是否已经实施 VMI（供应商管理库存）； 关键品类供应商是否支持企业实施品类管理； 与供应商之间的关系如何。

二、人员架构

品类管理人员架构＝公司领导＋采购＋营运（市场）＋IT＋门店＋其他。品类管理需要企业组织机构中部门的支持，几乎各个部门都不能置身事外（连锁零售企业组织机构如图 3-2 所示），企业领导的重视支持和倡导是品类管理的推动力。采购部门是新品引进和与供应商接洽的直接执行者，营运部门直接对品类进行经营及销售，包括按品类拟定促销计划等，IT 部门是品类管理的信息支持者，是品类管理顺利开展的技术支持力量，门店是品类管理最终得以实施的直接执行者，见图 3-3。

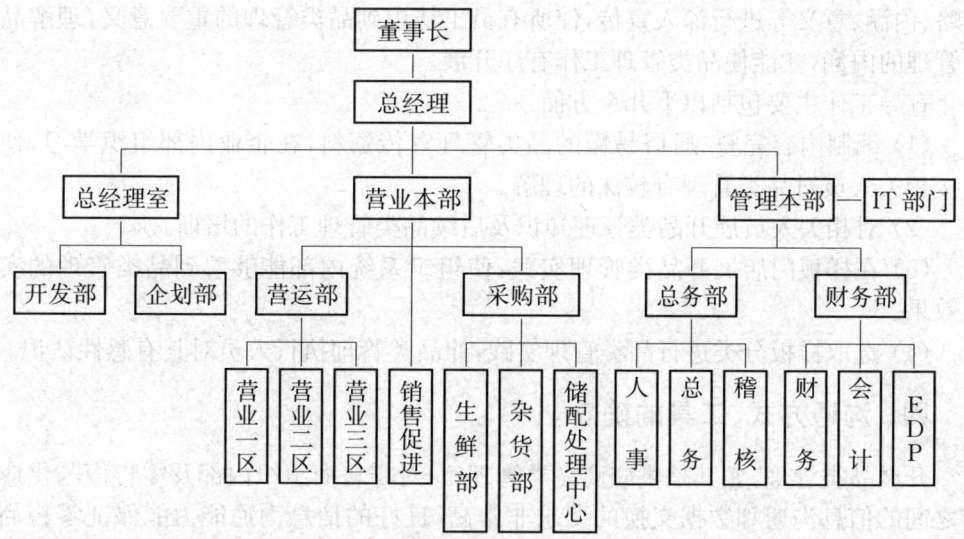

图 3-2　实施品类管理所涉企业部门

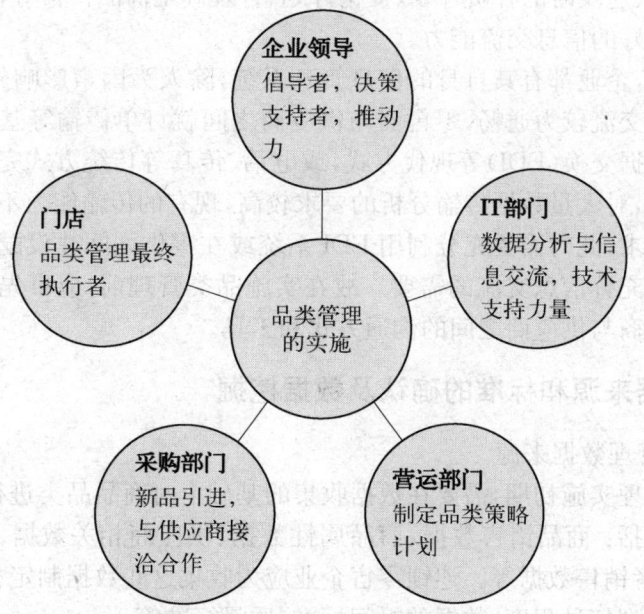

图 3-3　品类管理组织支持结构图

三、品类管理政策宣导

连锁零售企业要确保品类管理的顺利实施,必须在组织体系内部对品类管理策略、内涵、意义等进行深入宣传，使所有员工认识到品类管理的重要意义，理解品类管理的内涵，才能使品类管理工作有序开展。

宣导工作主要包括以下几个方面：

（1）编制内容完整、通俗易懂的品类管理宣传资料，在企业内部组织学习，使直接相关人员对品类管理有较深的理解。

（2）对相关人员展开品类管理知识及后续品类管理工作的培训。

（3）在样板门店展开品类管理实践，使组织系统内部能够看到品类管理的实施效果。

（4）选取样板分类进行品类管理实践，让品类管理执行人员对其有感性认识。

四、沟通方式、工具的确立

开展品类管理，尤其是供应商品类管理后，对零售商组织内部及零售商与供应商之间的信息沟通和数据交换的要求非常高，良好的信息沟通能力能保证零售商和供应商在大量翔实销售及市场数据的基础上对品类进行深入分析，决定品类策略，包括制订快速及时的补货计划、促销计划、合理确定商品价格等，品类策略的执行也有赖于良好的信息交流能力。

目前，零售企业都有其自身的信息管理系统，除人为因素影响外，依托信息管理系统的内部交流较为通畅，零售商与供应商之间就订单传输等基础信息交流也能通过电子数据交换（EDI）等现代方式，或电话、传真等传统方式完成。问题在于实施品类管理，对大量数据传输分析的要求较高，现有的传输能力不一定满足零供充分合作的要求，此时需要充分利用EDI系统或在零供之间建设配套甚至相同软件系统来满足充分信息交流的需要。故在实施品类管理前，应事先确定零售商组织内部及零售商与供应商之间的沟通方式和工具。

五、数据来源和标准的确认及数据挖掘

1. 品类管理数据来源

在品类管理实施初期，需要在数据收集的基础上对商品品类进行分析，所收集数据的来源包括：商品销售数据、商品属性数据、供应商相关数据、消费者消费特点数据、竞争者销售数据等。连锁零售企业应为收集这些数据制定相应标准，比如确定数据详细到何种程度、数据的时间标准、质量标准等。

2. 数据挖掘

数据挖掘一般是指从大量的资料中自动搜索隐藏于其中的有着特殊关联性的信息的过程。资料挖掘通常与电脑科学有关，并通过统计、在线分析处理、情报检索、机器学习、专家系统（依靠过去的经验法则）和模式识别等诸多方法来实现上述

目标。数据挖掘过程由以下三个阶段组成：① 数据准备；② 数据挖掘；③ 结果表达和解释。数据挖掘可以与用户或知识库交互。

对连锁企业来说，在品类管理的过程中，通过对品类商品以往的销售数据、消费者行为习惯等数据进行深度挖掘，找出品类特征，依此来制定品类策略，追求良好的销售效果和消费者满意度。

3. 商业领域中的数据挖掘分析方法

在实际的商业领域应用数据挖掘的方法和技术越多，其得出结果的精确性就越高。因为对某一种方法或者技术不适用的问题，其他方法很可能奏效，这主要取决于问题的类型以及数据的类型和规模。数据挖掘方法有很多种，在这里重点分析商业领域中最常用的几种方法，即关联分析、序列分析、分类与预测以及聚类分析。

（1）关联分析。关联分析是指寻找在同一事件中出现的不同项的关联性，即确定关联规则，挖掘的一般对象是事务数据库。关联分析的目的是为了发现事务数据库中不同商品之间是否存在某种关联关系。通过关联规则找出顾客购买行为模式，如购买了某一商品对购买其他商品的影响，从而应用于商品货架设计、存货安排以及根据购买模式对顾客进行分类等。此外，关联规则还可应用于附加邮递、目录设计、追加销售、仓储规划以及基于购买模式对顾客进行划分等方面。

（2）序列分析。序列分析与关联规则类似，但它寻找的是事件之间时间上的关联性。例如，商场中60%的客户在购买商品A后隔一段时间，有80%会再购买B，即序列模式是 A>=B。显然，通过序列模式分析，企业可以发现客户潜在的购买模式。时间序列分析广泛应用于各种大型商业、医学、工程和社会科学等领域，有效地促进了这些行业的发展。

（3）分类与预测。分类与预测是通过对当前数据集合的描述来识别未知数据的归属，或预测未来数据的发展趋势。针对数据库中的每一类数据，挖掘出关于该类数据归属及发展趋势。一般地，分类分析是一个两步过程：第一步，建立一个模型，描述指定的数据类集或概念集；第二步，使用模型进行分类分析，进一步预测。分类与预测通过对大量销售数据的分析，确定特定顾客的兴趣、消费习惯、消费倾向和消费需求，进而推断其下一步的消费行为，据此有针对性地采取营销策略和改进服务质量，从而节省营销成本，获得良好的营销收益。

（4）聚类分析。聚类就是按照事物的某些属性把事物聚集成类。当要分析的数据缺乏描述信息，或者无法组成任何分类模式时，就采用聚类分析的方法。聚类之前，类的数量及类的特征都是未知的。聚类分析应遵循同类内相似性最大化、类间相似性最小化的原则，使得每个组内的对象具有很高的相似性，而与其他组中的对象则不相似。用聚类分析可以帮助企业了解顾客的特征，典型的结果是将顾客分成新顾客、忠诚顾客、流失顾客、无规律购买顾客、新吸引的顾客等,便于企业针对不同群体的特征,设计出不同的营销策略,更大程度地满足消费者个性化需求①。

专栏 3-3

啤酒和尿布的故事

在一家超市里,有一个有趣的现象:尿布和啤酒赫然摆在一起出售。但是这个奇怪的举措却使尿布和啤酒的销量双双增加了。这不是一个笑话,而是发生在美国沃尔玛连锁店超市的真实案例,并一直为商家所津津乐道。沃尔玛拥有世界上最大的数据仓库系统,为了能够准确了解顾客在其门店的购买习惯,沃尔玛对其顾客的购物行为进行购物篮分析,想知道顾客经常一起购买的商品有哪些。沃尔玛数据仓库里集中了其各门店的详细原始交易数据。在这些原始交易数据的基础上,沃尔玛利用数据挖掘方法对这些数据进行分析和挖掘。一个意外的发现是:跟尿布一起购买最多的商品竟是啤酒!经过大量实际调查和分析,揭示了一个隐藏在"尿布与啤酒"背后的美国人的一种行为模式:在美国,一些年轻的父亲下班后经常要到超市去买婴儿尿布,而他们中有30%~40%的人同时也为自己买一些啤酒。产生这一现象的原因是:美国的太太们常叮嘱她们的丈夫下班后为小孩买尿布,而丈夫们在买尿布后又随手带回了他们喜欢的啤酒。

资料来源:http://baike.baidu.com/view/7893.htm。

专栏 3-4

零售企业用数据挖掘提升管理水平

近日,在中国零售业信息化高层论坛上,一些企业管理者对于目前中国零售企业信息化的现状给出了这样的评价:投资不少,但能使用的只有10%。一个客观事实是,信息化的价值没有完全凸显,信息化建设也没有全力推进零售企业的发展。

专家指出,对于零售连锁企业管理者而言,整合、规范企业的业务流程,高效、准确传输连锁体系内的庞杂数据;利用IT支持连锁企业的多元化经营,提高顾客管理服务价值;提高连锁扩张效率,让IT能为企业管理创新和升级提供强劲支撑平台,才能打造智慧卖场,保持企业的领先优势。

1. 数据里淘金

在市场营销专家吴勇毅看来,数据挖掘已成为企业的制胜法宝。"在日新月异

---

① 中国流通研究网,http://www.kesum.com/Article/ltqyyj/glzdqy/200905/104882.html。

的海量数据里迅速提取有价值信息并尽快做出反应,是改善零售企业管理水平、提高竞争效率的基石。"

吴勇毅介绍,从信息化技术应用的程度上看,我国一些零售企业普遍在操作层面采用的信息化技术比较多,比如收银、收货、库房管理等初级环节,而在管理层的应用情况,一般主要是在销售统计分析方面采用一些IT技术,而在决策层的应用是最少的,仅应用在采购和资金利用的环节。

专家以POS机为例说明。一些零售企业仅将POS机当作收银结账设备来使用,而没有利用POS系统诸多的其他功能,如数据的实时收集与分析。"实际上通过该功能,可帮助零售企业控制库存、降低风险,从而达到优化经营的目的。"

"从另一方面看,目前一些零售连锁企业经营决策面临的一大软肋不是缺少数据,而是数据太多,面对这些只是静态、孤立、无多大参考意义的初级品的信息数据,如何通过系统功能来有效利用和整合,发掘有价值的数据,给公司决策层提供支持,已成为摆在管理者面前的难题。"吴勇毅说。

2. 整合内部信息

"我国零售连锁企业另一大软肋就是企业已存在的各个系统软件各行其是,难于融合,竞争力不强。"专家介绍,近几年,我国企业信息化建设的迅速发展,以知识管理为核心的全新智能管理系统日渐盛行,一些零售连锁企业已经引进、实施企业资源计划、客户关系管理等信息化管理系统,然而由此不同系统间交互逐渐增多,易形成信息孤岛,各业务模块协同应用比较差,难以用一套系统来实现数据统一。

"可见零售连锁企业发展或并购时,企业管理者面临的重大的挑战之一是如何整合企业内部不同信息系统,使之充分融合协同,互为促进。"专家称,如何在零售连锁企业快速发展或资本运作的大潮下使信息技术跟上企业发展的要求、节省资源、融合各系统以帮助企业进行更高效的管理决策,实现企业IT价值的最大化,是每个零售连锁企业管理者都要面对和急需解决的重大课题,也是未来连锁零售企业信息化建设的发展热点和基础。

整合企业不同管理软件、协同它们共同运作已是大势所趋,是零售连锁企业提升自己核心竞争力、二次腾飞的关键。专家认为,未来零售企业管理系统将向综合协同管理平台大步前进,通过类似"门户技术"对不同业务系统进行整合。

3. 记录消费者习惯

最近IBM发布的一则新闻引起了业内广泛关注。IBM宣布,为德国某零售集团建立了首套"未来智能型商店"。该系统采用IBM无线卷标系统,建置全自动、自助式购物商场,也就是顾客可以利用店内陈列的"聪明货架"与无线卷标系统联机,可实时获得产品相关讯息。IBM还为该集团的超市设置"蔬果辨识机"自动秤,只要把蔬果产品放置于自动秤上,蔬果辨识机即能自动辨识蔬菜与水果的名称、重量与价格,并自动结账。

"'聪明货架'与无线卷标系统的结合,可以协助店家以无线的方式,自动地记录消费者使用习惯与需求,同时自动计算货量,侦测失窃商品,实时以系统通报进行补货与调度服务人员。这些新科技的设置,除了为消费者带来新的便利服务,更重要的是它为店家与零售业者开创一种全新先进的营运模式,用 IT 智慧打造智慧卖场,可谓是划时代的创造。"专家如是说。

此外,IBM 也和苏宁电器推出了长远独家战略合作的"蓝深计划",双方计划在未来 5 年,共同打造一个"智慧的苏宁"作为双方合作的新目标。据介绍,"蓝深计划"共投资 3 亿元,从系统优化、数据挖掘分析、财务组织优化和仓储配送等多个方面同时发力,全面整合提升企业的管理体系和信息化系统。

专家称,用 IT 智慧打造智慧卖场将是未来国内零售连锁企业的发展主流方向。零售企业管理者要为此做好准备,全面打造企业自己的智慧系统。

来源:中国质量报。

第三节 品类市场分析

市场分析是根据已获得的市场调查资料,运用统计原理,分析市场及其销售变化。从市场营销角度看,它是市场调查的组成部分和必然结果,又是市场预测的前提和准备过程。

连锁企业日常经营活动经常涉及市场分析,而品类管理则完全建立在市场分析的基础之上,以消费者对品类商品的实际感知为驱动力。

一、顾客分析

顾客分析是确定品类目标顾客的基础,是对品类商品定价、确定商品陈列方案、确定促销计划的依据。

顾客信息见表 3-2。企业应根据实际需要确定所要收集的顾客信息。

表 3-2 顾客分析应收集的顾客信息

信息类别	信 息 内 容
基本的顾客个人数据	顾客姓名、工作单位、业务部门、通讯地址、电子邮件、电话、传真、性别、国籍,等等。
顾客财务状况	年收入、收益。

(续表)

信息类别	信息内容
顾客交易情况	产品情况、收入情况、利润情况、支付方式、支付行为。
网络沟通情况	IP地址、登录页面、点击流、访问时长。
电话沟通情况	客服呼叫中心数据报告、销售电话。
其他沟通情况	邮递邮件、回复反馈。
顾客满意程度	分别对产品、服务、公司。
顾客消费偏好	价格、品牌、质量、服务等。

二、竞争店分析

连锁企业都在开展竞争店分析,但很多企业走入了一个误区,以为竞争店分析只是抄一下竞争店的商品价格,然后再相应调整自己门店的价格。其实竞争店分析不只是对价格的分析,而应包括很多方面。

1. 竞争店分析的职能部门

(1) 采购部门。采购部门负责商品性的市场调研,包括商品构成调查分析、卖场营销调查和根据分析结果制订品类采购计划。采购部门以定性分析为主。

(2) 营运部门。营运部门负责价格性市场调查,包括竞争店单品价格调查报告、价格带调查报告、来客数、客单价调查报告等,属定量分析。

2. 竞争店调查内容

竞争店调查内容见表3-3。

表3-3 竞争店调查项目表

调查项目	具体内容	执行人员
价格市调	按品类5%第三商品的市调(每天或隔天) 常规性价格市调(每两周或每月)	营运部一线员工
价格带(商品结构)	采购部根据商品结构调整需要(一般按季度),委托门店进行竞争店价格带、价格线(商品结构)市调	一线员工
卖场营销市调	商品结构侧重、营销结构侧重、卖场活性、营销结构、客流分析	管理层人员
竞争店经营情况市场调查	收银台、来客数、估计客单价、目的性购买比率 分析自己门店与对手门店在日常经营上的差异与对策	店长、主管

连锁企业在市场调研的基础上应对竞争店整体情况进行分析,见表3-4。

表3-4 竞争店整体情况分析表

分 析 项 目	分 析 内 容
竞争店经营结构及理念	以来客数、客单价判断
竞争店商品结构及卖场营销	品类的宽度和深度 品类价格带的构成 动态促销模式 卖场设计模式等
竞争店商品品类功能	目标性品类: 　目标品类与对手相比竞争力组合? 　如何调整改进? 常规性商品: 　常规性主营品类怎样做才能比较竞争店形成差异化优势? 补充性商品: 　哪些补充性品类可考虑调整更新?
竞争店作业流程	上货: 　开店时上货何时结束?高峰期上货何时结束? 　开店时上货与高峰期上货有何区别? 销售方法: 　高峰与低峰期的销售有何不同? 　清货与甩卖的时间。 　面对面销售的时间。
竞争店促销分析	周段促销: 　促销主题选择 　促销强度分析 时段促销: 　每日促销主题 　每日促销商品选择 　时段促销商品选择

三、消费者消费决策过程分析

分析消费者消费决策过程,发现消费者消费偏好及消费者对商品品类特点的需求,能指导品类管理的正确实施。

消费者购买决策过程如图3-4所示。应充分考虑在消费者消费决策过程中的各种影响因素。

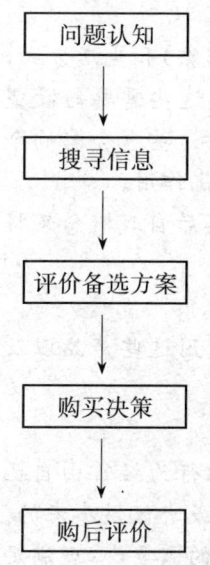

消费者认识到自己有某种需要时,是其决策过程的开始,这种需要可能是由内在的生理活动引起的,也可能是受到外界的某种刺激引起的。

信息来源主要有四个方面:个人来源,如家庭、亲友、邻居、同事等;商业来源,如广告、推销员、分销商等;公共来源,如大众传播媒体、消费者组织等;经验来源,如操作、实验和使用产品的经验等。

消费者得到的各种有关信息可能是重复的,甚至是互相矛盾的,因此还要进行分析、评估和选择,这是决策过程中的决定性环节。

消费者对商品信息进行比较和评选后,已形成购买意愿,然而从购买意图到决定购买之间,还要受到两个因素的影响:① 他人的态度;② 意外的情况。

评价包括:① 购后的满意程度;② 购后的活动。消费者购后的满意程度取决于消费者对产品的预期性能与产品使用中的实际性能之间的对比。

图 3-4 消费者消费决策过程

专栏 3-5

霍金斯的消费者决策过程模型

什么是霍金斯的消费者决策过程模型?

美国消费心理与行为学家 D·I·霍金斯的消费者决策过程模型是关于消费者心理和行为的模型,被称为将心理学与营销策略整合的最佳典范,它为我们描述消费者特点提供了一个基本结构与过程或概念性模型,也反映了今天人们对消费者心理与行为性质的信念和认识。

霍金斯的消费者决策过程模型图如下:

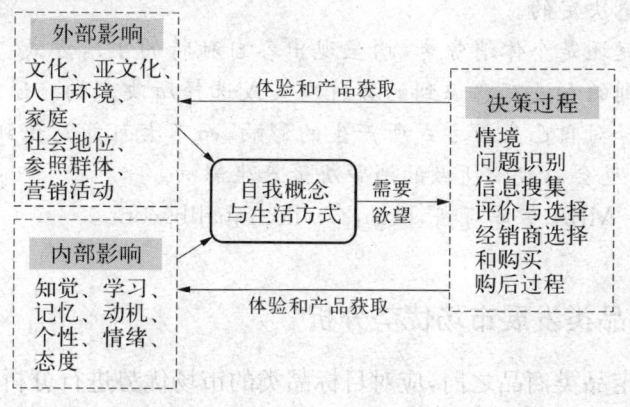

霍金斯模型内容分析

霍金斯模型认为，消费者在内外因素影响下形成自我概念（形象）和生活方式，然后消费者的自我概念和生活方式导致一致的需要与欲望产生，这些需要与欲望大部分要求以消费行为（获得产品）的方式得到满足与体验。同时这些也会影响今后的消费心理与行为，特别是对自我概念和生活方式的调节与变化作用。

消费者在内外因素影响下首先形成自我概念或自我形象。其后自我概念又将通过生活方式反映出来。

自我概念是个体关于自身的所有想法和情感的综合体。

生活方式则是你如何生活。涉及你所使用的产品，你如何使用这些产品以及你对这些产品的评价和感觉。

主观因素（自我概念）的两个部分：内部因素和外部因素。

内部影响因素驱动：你是一个非常注重自我感觉的人，你的行为经常由自己独立决定，不依赖外界的影响。外部世界对你来说常常是不存在或者仅供参考的。消费对你来说意义完全在于满足个人的各种需要，比如生理缺损的需要，心理满足的需要和个人成就的需要等等。你在消费时关心的仅仅是你的付出是否可以得到满意的回报。

外部影响因素驱动：你是一个非常注重你在别人心目中形象的人。你很在意别人对你的评价，因此你的行为常常由别人是否喜欢你这样做来决定，而不是自己真实的感受。即使有时候，感到别人需要你做的并非自己愿意做的，你也会极力压抑自己的感受去顺从别人，因为只有得到别人的肯定，你才会感到安全。你需要在别人的肯定中获得自己存在的感觉。而你购物的行为完全是为了证明自己，更多的满足你人际交往的需要，地位价值被证明的需要，爱的需要和温暖、友谊的需要。你在消费时关心的是你这样做别人会怎么看待你。生活方式的选择折射出了自我概念，我们所选择购买、使用的产品以及如何评价它们，最终是由对事物、对自己的综合想法和情感决定的。

无论是家庭还是个体消费者，均呈现出各自独特的生活方式。一个人的生活方式是由意识到的和没有意识到的各种决策或选择所决定的。通常，我们能够意识到我们的选择对自己生活方式所产生的影响，而不太可能意识到我们现在和欲求的生活方式，也会对我们所做的消费决策产生影响。

资料来源：MBA智库百科，http://wiki.mbalib.com/。

四、目标品类发展市场优势分析

在初步确定品类商品之前，应对目标品类的市场优势进行分析，以增加品类策略成功的可能性。如在确定奶制品类商品时，要分析其品牌、品质、口味、营养成分、包装、价格、消费者的偏好、消费习惯、市场规模、增长潜力等各方面的因素，选择具有市场优势的品类商品。

第四节 品类结构分析

一、商品价格带分析

1. 价格带的含义

价格带，是指同品类商品中的最低价格和最高价格之间的差距。一个门店某个品类商品价格带越宽，说明适应的不同类别的销售人群越多，数量也越多。但价格带也并不是越宽越好，如超市服装，本身定位是平价，如果价格带设定为几十元到几万元，则高端价格带的服装无法卖出，因为超市本身的消费人群定位与商品价格带不符。同时一个价格带在较宽的基础上，不同价格数量太多，也会让消费者无所适从，不利于销售。

专栏 3-6

红葡萄酒的价格带分析

红葡萄酒，A 终端有 5 个规格，分别是 5 元、10 元、20 元、30 元、50 元；B 终端也有 5 个规格，分别是 8 元、10 元、15 元、20 元、30 元。经过价格带对比后我们发现：

（1）A 终端的价格带（5~50 元）比 B 终端宽（8~30 元）。

（2）如果供应商的红酒价格在 10 元左右，那么在 A、B 两个终端都会面临较强的竞争，而如果你拥有 5 元以下或者 50 元以上的商品，就可能争取到另外的市场空间。

比如，备有 3 个单品的小规格葡萄酒，可满足一个人想喝酒、一次性喝光、又不想大喝时的需求；同时在其附近增加 4 个左右的单品，来满足两口之家或两人日常性喝酒的需求；30 元一瓶的葡萄酒则作为日常性消费，品目数不可拉大，可控制在 1~2 个单品，满足家庭聚会。

如此，便勾画出了超市对葡萄酒的基本需求。超市采购会根据自己店面的定位选择商品，高档超市可能增加非日常性酒的种类，折扣店可能针对日常性消费（大家庭大喝时）备齐低价位区品种。

资料来源：王蓁.供货结构如何呼应零售商的价格带[J]，销售与市场，2005，30.

2. 品类管理与商品价格带分析

价格带分析往往集中于某小分类商品,品类管理的对象是具有共同特征,以消费者感知为基础划分的一个宽泛的商品组合。如果把一个品类的所有商品放在一起分析其价格带,由于商品种类较多,且在自然属性上存在很大差异,价格定位差距也较大,则无法形成有效的价格带,会引起价格带分析的混乱。所以在品类管理过程中进行商品价格带分析,应根据实际情况,把品类商品根据商品自然属性细分后再分析。

3. 价格带分析过程

价格带分析流程如图 3-5 所示。

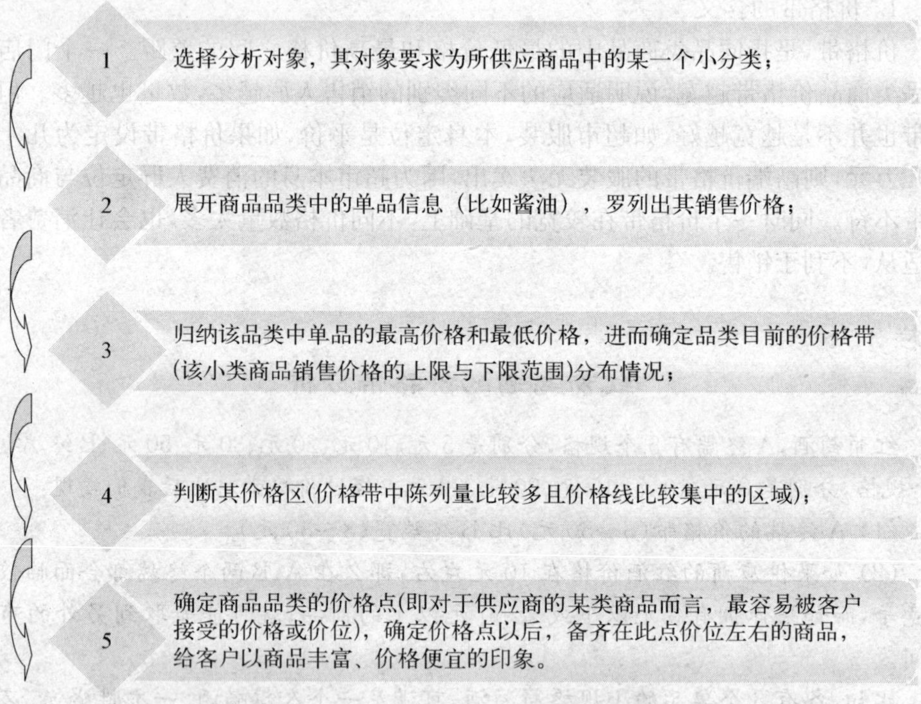

1	选择分析对象,其对象要求为所供应商品中的某一个小分类;
2	展开商品品类中的单品信息(比如酱油),罗列出其销售价格;
3	归纳该品类中单品的最高价格和最低价格,进而确定品类目前的价格带(该小类商品销售价格的上限与下限范围)分布情况;
4	判断其价格区(价格带中陈列量比较多且价格线比较集中的区域);
5	确定商品品类的价格点(即对于供应商的某类商品而言,最容易被客户接受的价格或价位),确定价格点以后,备齐在此点价位左右的商品,给客户以商品丰富、价格便宜的印象。

图 3-5 商品价格带分析流程

专栏 3-7

价格带的胜利

金融危机来临,纵使大家都在头疼于高价原料库存与削价打折出货之间造成的利润损失和现金紧张,依然有人利用经济下行制造出的消费恐怖气氛,攫取到越来越少见的暴利,比如山寨机、山寨本。

所谓山寨本,学名上网本,发端于 2007 年年底华硕集团推出的易 PC。这是一款典型的"做减法"的产品,针对特定的人群调整硬件配置,只满足基本或单一的功能,价格也只有 2 999 元。

这款由华硕老板亲自督阵的新品,最初只想针对不懂电脑的孩子和老人,满足年龄段两端的特殊需求。不料推出后却一炮走红,居然赢得电子产品消费中坚——白领和时尚人群的青睐,风靡神州,实在令人跌破眼镜。

从营销角度看,易 PC 的胜利,是价格带的胜利。

价格带是零售学上的概念。从这个角度看问题,不是因为它更科学(显然,完全把易 PC 的胜利归结于价格,从 4P 角度看是站不住脚的),而是因为它更贴近市场。毕竟,大部分消费品都要通过终端零售出去。

超市纵向的货架上,一定陈列着不同价位的产品,满足顾客的各种需求。店长决不能容忍顾客到了店里却找不到合适的商品,空手而归。要知道,零售额=进店率×成交率×客单价。

如果把笔记本摆上货架,我们会发现,经过摩尔定律多年的摧残,一线大厂的笔记本从万元以上的价位,一路跌到 4 000 元左右。而在 2005 年的时候,低价鼻祖——神舟的老总吴海军曾说过,3 999 元是笔记本的底价。

4 000 元之所以是品牌笔记本的成本底线,是因为顾客脑中传统的笔记本,应该要有英特尔迅驰处理器,512 M 以上的内存,至少 60 G 以上的硬盘,预装 Windows XP 系统,14 英寸的液晶屏幕,8X DVD 的光驱。诸如此类的配置,以目前的供应链,做到 4 000 元以下,必然是偷工减料的。

可是为什么一定要这么高的配置呢?业内人士都知道,电脑这个玩意儿,有很多功能你一辈子都用不上。对大部分人来说,电脑是"品质过剩"的产品。只不过它打着高科技的旗号,消费者没注意而已。

如果生产一种"品质"刚刚好的产品,价格能降下来吗?

易 PC 做到了。它只满足最基本的需求,上上网、看看视频、聊聊天,足矣。于是成本一下子就拉了下来。

同样的成功,如家早就赢得过。它把酒店的早餐、娱乐等非必要功能全部取消,一下子把价格拉了下来。而更早的营销经典则是美国西南航空的低价航线。

实际上,跟如家一样价格的旅店和招待所,在各大商旅城市多得是,为什么他们没有成功?

一是他们没有全国性的连锁品牌。你出差到了一个地方,知道哪家定价 200 元左右的旅馆好?小心黑店!

二是如家把自己从旅馆和招待所的定位中摘了出来。在顾客眼中,如家是经济型"酒店",是星级酒店那一类的,只不过是个简装版或缩水版的,骨子里也透着一种高贵,怎么能同灯光昏黄的招待所相提并论?

物超所值。这就是如家给人的感觉。近几年在全球范围内崛起的消费品牌,如ZARA、H&M,莫不如此。经济寒冬中,顾客的荷包缩水,我们的价格也该动动窝了。不过注意:价格带的玩法不是简单地打价格战。它需要更透彻的消费者洞察。

资料来源:http://www.study365.cn/Article/yxch/200903/82553af879db334c.html.

二、商品品牌结构分析

1. 商品品牌结构概述

品牌结构是指企业的品牌组合之间的结构。它具体规定了各品牌在企业品牌战略中的作用和地位,明确界定了企业不同品牌之间和不同产品市场背景之间的关系。这一定义主要从供应商品牌的角度出发的,就零售商来说,品牌结构应为零售商所销售的品类商品的品牌组合之间的结构(包括零售商自有品牌)。品类商品需要合适的品牌结构,以洗衣粉为例,对零售企业来说,两个不同品牌的洗衣粉在价格结构、利润空间等方面存在很大相似性,同时销售这两个品牌的商品似没必要,但不同品牌的洗衣粉都有自己的忠诚顾客,为了使店内商品涵盖更大的顾客群,满足不同消费者的需要,门店必须陈列这类日常消耗品的主要品牌产品。

2. 品牌结构类型

品牌结构类型如表3-5所示。

表3-5 品牌结构的类型

品牌结构类型	定义	典型例子
共享式品牌结构	共享式品牌结构指的是多种类型的产品共同使用一个品牌名称的方式。由于共享式的品牌在各种产品上均烙上了统一的企业或文化背景,因此有利于新的产品类别共享已经建立市场影响力的产品和品牌形象资产,节省导入期的营销成本和缩短导入期的时间长度。	家电类产品多属这一类型,如海尔的产品有电视机、洗衣机、冰箱等很多门类。
独立式品牌结构	独立品牌一般是与特定商品或商品的功能、属性等有很强的对应联想,或者是有很强的文化个性风格的品牌。这类品牌一般不宜进行品牌延伸。因为品牌延伸所赋予品牌的新的内涵很难让消费者认同,而且原来已经建立的品牌形象也会因为新的形象的"掺杂"而被消费者认为已经"贬值",因此会给企业造成"赔了夫人又折兵"悲剧。	万宝龙、555香烟、耐克、雪碧、第五季等就属于独立品牌。

(续表)

品牌结构类型	定义	典型例子
母子式品牌结构	母品牌可以延伸出子品牌。其可延伸范围最广，限制也最小，不过一般也不宜进行跨行业的延伸。因为一般来说，母品牌其实就是企业形象式品牌，它的主要对外功能就是为子品牌或副品牌提供信赖的背景形象。母子式的品牌结构模式一般适用于较为传统和成熟，而产品质量又不太容易分辨的行业，以及较为大型和已经具有较高知名度的企业。	例如 P&G 宝洁这个企业品牌就为飘柔、潘婷、海飞丝、玉兰油等子品牌提供优质的品质形象，而子品牌则重点塑造产品特点和品牌文化形象。
主副式品牌结构	主副式的品牌结构一般是为了区分具有一些不同功能、特点和级别的同类产品或不同的形象风格而采用的品牌结构模式。	例如，海尔—小王子、本田—雅阁、白沙—金世纪等就属于主副品牌模式[①]。

3. 决定品牌结构的因素

决定品牌结构的因素分外部因素和内部因素，外部因素有社会文化背景、市场竞争焦点、市场及消费者成熟程度，内部因素有公司和品牌的历史沿革、企业家因素、企业文化(见图3-6)。

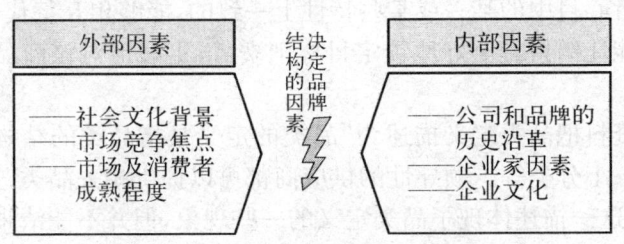

图3-6 决定品牌结构的因素

三、商品动力坠力分析及评估

商品动力坠力分析即对品类商品从品牌、质量、特性(如食品的口味、玩具的设计等)、外观、包装、使用价值、对消费者的迎合程度等各方面分析上述因素所表现的特征对商品销售是有利还是不利。通过对品类内商品的具体分析，勾勒出品类商品销售动力与坠力全貌。

---

① 百度百科, http://baike.baidu.com/view/1391342.html?fromTaglist。

四、商品促销状况分析

就品类之间,品类内部商品之间的促销模式、促销规模、促销资源投入、促销效果等方面进行分析。

五、商品陈列空间分析及评估

对商品陈列空间所陈列的品类商品情况,包括排面、陈列数量、单位面积盈利能力、单品销售数量、促销陈列效果、不同位置陈列效果、品类陈列空间新品销售效果、滞销品数量等情况进行分析评估。

第五节 建立品类模板

一、品类定义

1. 品类定义的概念

明确品类定义,首先应明确品类的概念。如前所述,品类必须以消费者对同类商品在某些特性上的共同认知为前提,以便根据市场需求确定商品组合销售,故品类应为在消费者心目中的某一或某些特性上一致的,能够相互替代的同类商品,且这些同类商品能让销售者更好地锁定目标消费者,更好地对该商品管理以便促进销售。

国内一些资料把品类定义描述为"品类的定义是指品类的结构,包括次品类、大分类、中分类、小分类等。领导性的供应商都可以提供相关品类甚至非相关品类的品类定义"。这一描述体现了品类定义的一些现象,但并不能清晰揭示品类定义的特征。品类是商品销售者或开发者根据自身经营的实际需要,以消费者的需求为指导对商品进行的分类,以满足市场的需求。

品类定义具有如下特征:

(1) 品类定义是一种主动性的概念,即需由执行品类定义的主体、零售商或供应商去完成的一种主动行为。而品类是一个静态概念,带有一定的学理性和研究性,客观描述同品类商品的共同理论特征。

(2) 品类定义的行为主体为商品销售者或开发者,其作为经营者出于满足消费者需求和更好经营的目的,对商品进行分类定义。

(3) 品类定义的行为内容为出于品类管理后续作业的需要,对所经营的商品以一定的标准加以分类,并对之进行文字描述。

2. 品类定义的内容

品类定义的内容如图3-7所示,包括品类描述和品类结构。

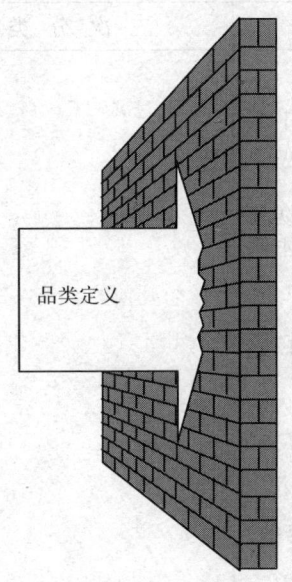

图3-7 品类定义的内容

表3-6为国内某连锁企业品类描述与品类结构实例。

表3-6 品类描述与品类结构实例

香皂/浴液		
产品定义	包括的产品	不包括的产品
香皂是指那些混合水分之后会产生泡沫以作为清洁或洗涤之用的物料,而这种物料是含有油质或碱性的。	件装香皂(包括药皂) 液体香皂/浴液	洗衣肥皂/减肥皂 清洁动物用的香皂 泡泡浴液体(Bubble Bath发泡剂) 重量少于30 g的香皂
分　类		
一次分类	二　次　分　类	三次分类
形状	块状	
	液体 包括沐浴露、沐浴泡沫、沐浴啫喱、洗手碱液。	洗手 主要用作洗手用途。 洗身 用浴缸或淋浴时使用。 洗身和洗发 可同时用作洗头及沐浴用。

(续表)

分类		
一次分类	二次分类	三次分类
功效	美白 　　指逐渐令皮肤变白,包括品名中有"增白、嫩白、美白、雪肤、白里透红、雪颜、润白、净白"等字眼的产品。 防紫外线 　　指有隔离紫外线作用的产品,包括品名中有"防紫外线、防晒"字眼的产品,通常此类产品有注明SPF值。 敏感肌肤 　　指特别为敏感肌肤而设的产品,包括品名中有"脱敏、防敏感"等字眼的产品。 抗衰老 　　指品名中有"抗皱、活肤、修复、防皱、新生、重生、活力"字样的产品。 控油、去油 　　指品名中有"控油、去油、去油光、去脂、清透平衡"字样的产品。 滋润 　　指品名中有"滋润、滋养、清润"字样的产品。 营养 　　指品名中有"营养、维生素、维他"字样的产品。 保湿 　　指品名中有"保湿、水分、补水"字样的产品。 毛孔收紧 　　指品名中有"毛孔收紧、毛孔、毛孔细致"字样的产品。 紧肤 　　指品名中有"紧致、收紧、提升、紧肤"字样的产品。 排毒 　　指品名中有"排毒、清毒、螨"字样的产品。	
配方	除菌 　　产品正面主要描述应包含"杀菌、除菌、祛菌、抗菌"等字样。例如:卫宝、滴露、舒肤佳。 清爽 　　产品正面主要描述应包含"爽肤、清凉、薄荷、冰爽、冰凉、舒爽、自然清香"等字样。绿茶应全部归为该类。	

(续表)

一次分类	二　次　分　类	三　次　分　类
配方	滋润 　　产品正面主要描述应包含"润肤、滋润、护肤、柔润、柔肤、嫩肤、莹润"等字样。	
	美容	美白 　　产品正面主要描述应包含"美白、净化"等字样。 敏感肌肤 　　产品正面主要描述应包含"敏感肌肤"的产品。 药物 　　产品正面主要描述应包含"硼酸、止痒、硫黄、健肤、药用、药剂成分、消毒祛痱"等字样。 香味 　　产品正面主要描述"香水、香水皂、香型"等字样。 其他 　　非上述类或没有特殊功能描述的产品。

注意：核数时根据产品主要描述分类，如产品出现多重描述，按描述中第一顺序归类。
例如：(1) 金银花止痒清爽沐浴液，按描述第一顺序归入"药物"。
(2) 百花恋护肤爽肤止痒滋润白肤沐浴液，按描述第一顺序归入"滋润"。
(3) 婴儿产品根据正面主要描述的内容按现有定义分别归类，除此以外的婴儿产品归入"滋润"。

一次分类	二次分类	三次分类
目标市场	婴儿 成人 儿童	
包装	纸 硬纸盒 泵装 胶袋 瓶装 试用装（一般在 10 ml 以下） 其他（非上述类）例如：胶盒	

（续表）

客户特别要求	SAFEGUARD舒肤佳，LUX力士（合资），HAZELINE夏士莲，FA花牌的香皂和浴液要按不同颜色分开处理。
Units 统计单位	核数单位：一件/一瓶 报告单位：kg/SU

3. 影响品类定义的因素

（1）消费者需求。有学者认为，消费者需求简而言之就是消费者的一种期望，而这种期望一定是针对消费者日常行为中的某种存在的问题。因此需求的定义应该是消费者日常行为过程中针对问题的一种期望。现代社会由于信息的发达和消费者选择机会的增多，消费者需求日益呈现多样性的特征，且要求也越来越高。消费者不再因为基本的生存需要而被动接受已存的商品，而是通过对大量带有个性色彩的商品的比较，寻找契合自己需求的品类产品。

专栏 3-8

马斯洛需求层次理论

马斯洛将消费者的需求分为五个层次。

1. 生理需要

基本的生理需要的满足，包括食物、饮水、住所、睡眠、氧气和性交，即通常所谓的衣食住行。这些生理性的需要在人的所有需要中占绝对优势。

2. 安全需要

具体包括安全、稳定、依赖、免受恐惧、焦躁与混乱的折磨，对体制、法律、秩序、界限的依赖等。

3. 归属和爱的需要

渴望在团体和家庭中有自己的位置，渴望归属感，爱与被爱的感觉。希望有自己的朋友、爱人。

4. 尊重的需要

包括外界对自我的尊重和自己对自我的尊重，相对来说，自己对自我的尊重更重要一些。自己对自我的尊重即自尊，自尊需要的满足是指由于实力、成就、优势、用途等自身内在因素而形成的个人面对世界时的自信、独立。外界对自己的尊重的满足,则是地位、声望、荣誉、威信等外界较高评价的获得。

自尊的需要的满足可以获得一种自信的情感,使人们觉得自己在世上有价值,自己是必不可少的,能为别人所需要。

5. 自我实现的需要

"自我实现",也就是一个人使自己的潜力发挥的倾向,成为自己所能够成为的那种最独特的个体,使自己成为自己想成为的那种人。一个人在其他基本需要得到满足以后,自我实现的需要便开始突出。

(2) 购买者的决策过程。品类定义必须考虑购买者的购物心理与决策过程。购买者在购买商品时的消费心理如表3-7所示。

表3-7 购买者购物心理过程

店貌感受	当顾客进入商店后,会有意或无意的环视商店。商店的装饰、卫生、秩序、商品的陈列等都会给顾客留下深刻的印象。这种印象的好坏会直接影响到购物的兴趣,尤其是购物环境与商品的相称,也会直接影响消费者的购物兴趣。
知晓商品	顾客进入商店后,根据其购物目的有选择地去知觉商品。经过随意地或有目的地寻找,就会对与购物目标相接近的商品产生兴趣,或发现某个目标商品的存在。
观察了解	商品选定后,顾客就会接近柜台或货架。要么自己观察了解商品,要么向售货员进行咨询了解。
引起兴趣	通过对目标商品的观察和了解,顾客获得了对目标商品的主观感受。这种感受若不佳,会使顾客放弃购买;若获得良好的印象,就会由此引起顾客的兴趣。所谓兴趣,就是人的一种迫切要求认识某种事物或参加某种活动的强烈的心理倾向。这主要取决于顾客的感觉。在兴趣的作用下,顾客会进一步了解商品,并由此产生喜悦的情绪,并推动心理向下一阶段发展。
产生联想	兴趣产生后,随着对商品的深入了解,会产生对有关商品的物理性能(使用价值)和心理性能(欣赏价值、社会价值),以及给自己带来的满足和享受的联想。这种联想是一种由当前感知的事物引起的,对与之有关的另一事物回忆或设想的心理活动。在这种心理活动中,商品仿佛有了生命力,变得具体而形象,这使顾客对商品的认识也具体和深刻化了,从而激发了其拥有该商品的欲望。
激发欲望	这个阶段中,由于顾客对商品的浓厚兴趣,从而激起其购物的欲望。然而此时由于顾客还有选择心理的存在,还不会在这一阶段马上做出购物决定。但这种购物欲望的产生,已经促进了顾客的思维发展。

(续表)

比较判断	顾客购物欲望的产生,使其往往要进一步对商品的质量、价格、样式等进行判断比较;或对可供选择的同类商品从各方面进行细致的区别比较,权衡利弊,以作出最后的评价。因而,这一阶段对促进顾客做出购物决定是非常重要的。
决定购买	顾客通过对商品的比较、判断,最后确信购买某种商品是明智的,并对所选定的商品产生信任。于是,顾客就会将选定的商品做出购物决定。反之,则舍弃。
采取行动	购物决定一经做出,就会付诸购物行动,开始进行商品成交的实际行动,顾客开始进行挑选、检验、付款、取货等一系列行动。
购后体验	顾客购物后,会对连锁企业门店的店风、店貌、商品、服务态度等留下印象。这个印象的深刻、好坏与否,直接影响着顾客是否还愿再度光临这家门店购物。顾客还会通过对所购商品的使用,别人的评价,来检验自己的购物决定是否明智。若这种感受较好,可能会使顾客进一步重复、扩大购买,或向别人宣传,影响别人的购物决定。

（3）零售商自身定位。零售商自身定位也能从根本上影响其品类定义。如连锁超市与百货商场在定位上存在明显差异,相应的品类定义的差别也非常明显。以服装为例,连锁大卖场的服装价位远低于百货商场,质量上也不如百货商场考究,品牌形象方面也远不如百货商场,这些因素相加,使连锁大卖场的服装品类定义与百货商场明显不同。

（4）品类发展趋势。出于消费者需求的变化,品类发展也呈现各种趋势,以饮料为例,各种功能性饮料、不同包装的饮料、定位不同需求层次和人群的饮料等层出不穷,零售商在品类定义时要考虑品类发展的多样化趋势。

（5）商品特性与商品之间的关联性。商品特性是品类定义的基础,同类与可替代的商品可被定义为同一品类。在某些情况下,特性差异较大但存在关联性的商品也可作为同品类或关联品类的商品。如牙膏和牙刷,虽然在产品性质等方面差异巨大,但由于功能上存在相关性,被很多零售商作为同品类或关联品类商品。

（6）零售商管理的需要。品类定义以消费者的需求为出发点,但也要考虑零售商管理的需要。现代零售企业向大型化、连锁化方向发展,经营商品动辄上万,即使同类商品,也存在品牌、功能、包装等各方面的差异,为零售商商品管理带来很大压力。在进行品类定义时,考虑零售商经营管理的需要,降低管理成本,提高管理效率是必需的。

4. 品类定义操作流程

品类定义操作流程如图3-8所示。

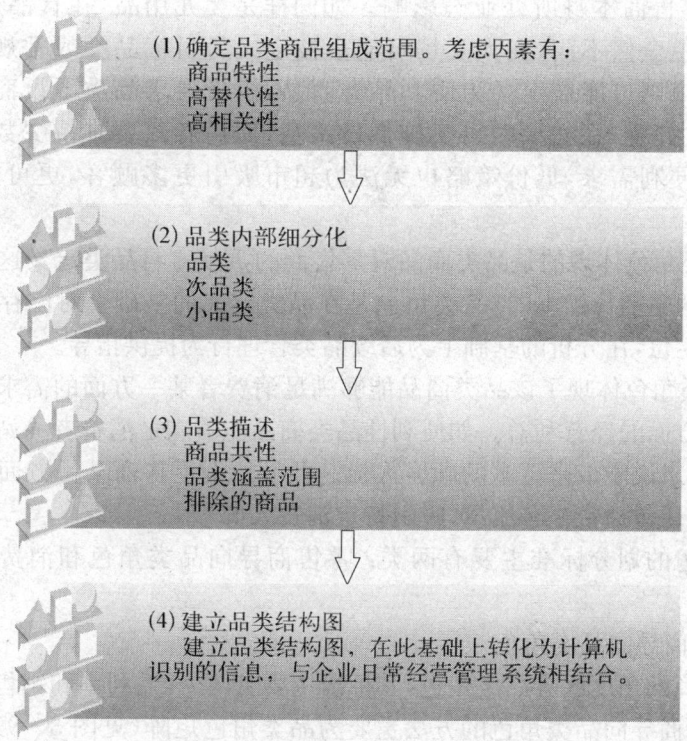

图 3-8 品类定义操作流程图

二、品类角色的确定

1. 品类角色概念

在品类管理中,零售商并不是只需要带来高利润的商品,形成稳固的客源,增加消费者的消费频率,满足消费者全面的需求,形成零售商的经营特色和个性,带动高利润商品的需求,也需要一些满足消费者日常需求的低利商品,或能够在消费者心目中留下特定印象的商品,或便利、或适合季节需求的特定商品。品类角色就是在品类定义的基础上区分品类商品所属角色类别,以利于后续品类管理。

品类角色是零售商从自身市场定位出发,确定品类在其经营结构中的角色,以追求不同的销售目标。品类角色的确定及其对零售商营业的贡献,体现了零售商的核心业务上的核心竞争能力。品类角色与品类定义不同,品类定义更多的体现零售商主动的对现有经营商品的结构性分类,品类角色则从品类对零售商的意义出发讨论某品类商品给零售商带来何种利益。

品类角色体现如下特征:

(1) 受零售商本身所处业态影响。如同样是婴儿用品,在食品超市与大卖场的角色定位全然不同,在大卖场可能会被定义为目标品类或常规品类商品,而在食品超市则可能被定义为便利品类商品,前者要求品类下设商品门类、品牌、价格层次齐全,在必要时可实施低价策略,而后者只要维持少数商品存量,满足消费者便利需求,低价策略也无法为超市吸引更多顾客,更可能减少门店利润。

(2) 品类角色体现的是品类商品对零售商的贡献。与品类定义这一零售商划分品类结构的主动行为不同,品类角色是在品类定义的基础上对已存品类被动分析其角色及定位,在分析的基础上为后续品类管理行为提供指导。

(3) 品类角色体现了该品类商品能够满足消费者某一方面的需求或能为零售商带来某一方面的经营利益。如便利性品类商品能够满足消费者一站式购物的需求,对零售商来说能带来更多的顾客人流。此处所谓零售商某一方面的经营利益不仅指利润,还包括带来客流量、吸引特定消费人群等。

品类角色的划分标准主要有两类:零售商导向品类角色和消费者导向品类角色。

2. 零售商导向品类角色

从零售商的角度区分品类角色,其标准主要有两个,毛利率和销售额。一般认为,划分零售商导向品类角色的方法主要为品类角色矩阵(见图3-9)。从零售商的角度区分品类角色操作流程如下:

(1) 以门店为单位,将所有商品品类的毛利率和销售额列到一张表上,以平均毛利率为中间线,高于平均毛利率的是上一档,低于平均毛利率的是下一档。

(2) 对品类进行销量排行,并计算出每个品类在门店的销售占比,从高到低排序,完成销售占比50%的品类为一档,往下的30%为一档,最下面的20%为最后一档。

(3) 把划分好的商品填入图3-9,则可得其品类类型。

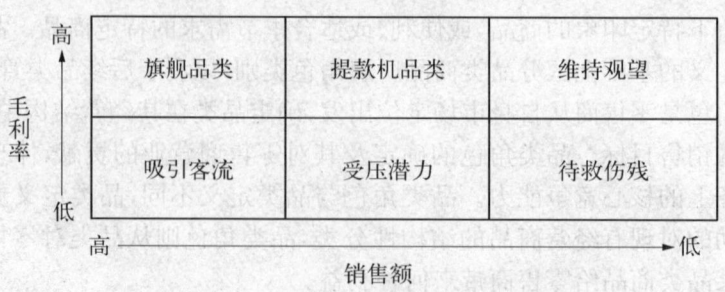

图3-9 零售商导向品类角色矩阵

零售商导向品类角色具体特点如表3-8所示。

表3-8 零售商导向品类角色特征

品类角色	表现特征
旗舰品类	销量大、高毛利
吸引客流	低毛利的敏感品牌商品
提款机器	高毛利的销量一般的商品,对吸引客流商品予以毛利上的补偿
受压潜力	毛利率与销量一般的商品
维持观望	高毛利销量低商品
待救伤残	销售额和毛利额低,做补充或可淘汰的品类或者小商品

3. 顾客导向品类角色

顾客导向区分品类角色有比例/矩阵法和跨品类分析法。

(1) 比例/矩阵法。比例/矩阵法的参考指标为商品的普及程度比例和购买频率。利用这两个指标作为矩阵的两个维度衡量品类商品,并作出划分(见图3-10)。商品的普及程度比例是指在1年内购买某商品的家庭百分比,可看作该商品的覆盖度;商品购买频率是指某商品每年被购买的平均次数,

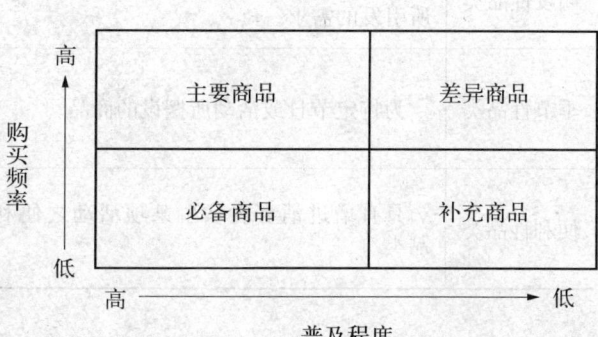

图3-10 比例/矩阵法品类角色矩阵

可从销售笔数来考察;利用比例和频率的平均值将商品分为4种角色:主要商品、差异商品、必备商品和补充商品。

四类商品的特点如表3-9所示:

表3-9 比例/矩阵法品类商品特点

品类角色	角色特征
主要商品	关键的品类,高度价格敏感性
差异商品	目标顾客的重要商品、价格具有敏感性
必备商品	普及程度很高,但购买频率低
补充商品	满足部分顾客的需求,价格敏感度低

（2）跨品类分析法。跨品类分析法是基于顾客对商品的需求程度而产生的品类角色定位方法。跨品类分析法对品类角色的分类如表3-10所示。

表3-10 跨品类分析法品类角色定位

品类角色	定位	举例
普遍性品类	消费者在日常生活中因习惯使然而会购买的商品。通常这类产品每家商店都有贩卖，因此消费者并不会指定非得到特定的商店购买本类商品不可。只是经常购买该类商品而已。	如便利店和书报厅的报纸、各商店的饮料等。
特殊性品类	具有吸引消费者消费的特性，而且该品类是该商店与众不同的卖点，消费者会为了购买这项商品而专程前往购买。	如家乐福的红酒、大润发的猪肉、老同盛的南北货等。
偶发性品类	该品类商品主要是满足消费者在偶发状况下所引发的需求。	便利店提供的雨具。
季节性品类	为特定节日或活动所摆设的商品。	情人节的巧克力、各种精美礼品、春节的中国结、年货等。
便利性品类	具有增进消费者从事某项活动之便利性的品类。	便利商店会提供影印、传真、代收停车费、代收货款等服务。

三、品类评估

品类评估是通过以品类商品为核心，与品类商品相关的供应商、消费者等因素的调查评估，确定品类经营状况。品类评估是决定以后品类策略与战术的前提，也是对现有品类策略与战术的反省。品类评估能够让经营者明确品类经营目标与当前经营状况之间的差异。从而影响零售商对品类商品的态度及经营政策。

根据通行的观点，品类评估主要包括品类发展趋势评估、零售商销售表现评估、市场/竞争对手表现评估和供应商评估（见图3-11）。

1. 品类发展趋势

品类发展趋势对于经营者把握市场，制定品类策略非常关键。以电子类产品移动硬盘为例，在适应市场上带有很多优点，如相对于笔记本电脑来说非常轻便，相对于更轻便的U盘来说则储存量更大，对于希望有个大容量储存设备，同时又

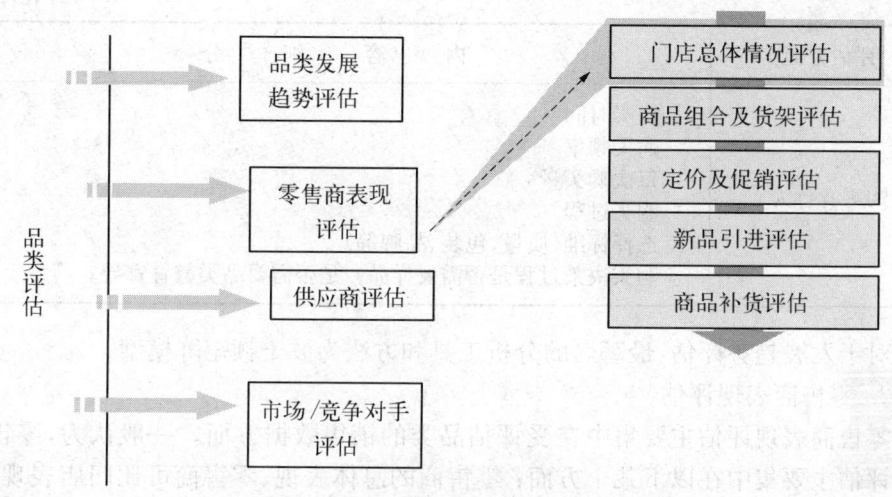

图 3-11 品类评估主要内容

方便携带的顾客来说,应该是最好的选择,事实上移动硬盘在一定时期内也确实占据了很大的移动储存的市场。如果不进行细致的品类评估,仅就表象来说,大力推广移动硬盘是一个很好的策略。但对所有移动储存类商品进行细致分析可以发现,移动储存类商品的发展趋势是外形轻便化、容量扩大化,根据电子类产品的发展规律,U 盘的储存量必然会越来越大,最终在这方面成为移动硬盘的替代品,而移动硬盘受限于体积与重量因素,无法与 U 盘争夺市场。由此可见,品类评估中对品类发展趋势的评估相当重要。品类发展趋势评估的内容见表 3-11。

表 3-11 品类发展趋势评估内容

评估方面	内 容 细 分
品类增长潜力	当前市场规模 潜在市场规模 以往销售的增长数据 相关品类销售的增长数据
品类成长动力	品类项次品类与小品类对品类的增长贡献 价格增长对盈利的影响 数量增长对品类成长的影响
消费者消费趋势	消费者如何使用该类商品 对品类商品的满意度 对品类商品的新需求

(续表)

评估方面	内 容 细 分
购买者行为	购买时间 购买频率 每次购买量 购买过程 选择标准(质量、包装、品牌等) 购买决策过程是否需要样品？是否需要品类教育宣导？

对于发展趋势评估,最著名的分析工具和方法为波士顿矩阵模型。

2. 零售商表现评估

零售商表现评估主要集中在受评估品类的销售数据方面。一般认为,零售商品类评估主要集中在以下几个方面：零售商的总体表现、零售商可比门店表现、零售商单店表现。细分的话,具体评估内容如表3-12所示。

表3-12 零售商表现评估内容及指标

评 估 内 容	具 体 指 标
门店总体情况	客单价 品类购买力 购买频率 销售额 毛利 纯利 平均毛利率
商品组合及货架评估	商品脱销率 品类规格数量 品类 ABC 分析 货架米绩效 占品类货架空间比分析 货架商品库存周转 品类销售额/利润
定价及促销评估	有促销的规格数 销售预测 有价格变动的规格数 销售额增长百分比 利润增长占促销成本百分比 品类平均毛利率 增长销售额

(续表)

评估内容	具体指标
新品引进评估	上架速度（天数） 新品成功率 新品每规格平均销售额与已有规格对比 新品销售额 品类销售额增长量
商品补货评估	脱销率（店内/配送中心） 店内库存天数 补货成本占销售额百分比

3. 供应商评估

供应商不仅是品类商品的性质的创造者和维护者，也是品类的推广者，品类商品的促销等推广行为都要供应商参与，同时也是品类商品后勤的保障者，对供应商的评估是品类管理的一个重要方面，供应商评估主要包括表 3-13 所示的几个方面。

表 3-13 供应商评估内容

评估内容	具体标准
供应商所供应商品的评估	商品质量 　质量符合有关国家标准 　满足消费者需求 　质量等级与门店形象相符 商品价格 　进货价格合理 　销售价格消费者能接受
货源可靠程度评估	交货速度 　按订单要求供应 货源供应周期 　按采购问题、批量定期供应 对客户的需求的快速反应程度 　迅速响应客户的需求
交货评估	送货 　在规定时间内交货 　在规定地点交货 　按规定的频率交货 退货 　按规定时间、地点退货 　按规定的方式、数量退货 　按规定分摊费用

（续表）

评估内容	具体标准
交易条件评估	付款条件 　　按规定期限付款结算 　　按规定方式付款结算 价格及价格折扣优惠 　　按规定给予价格折扣 　　按规定给予单次订货数量折扣 　　按规定给予累计进货数量折扣 售后服务保证 　　保换、保退、保修、安装 　　提供供货服务和质量保证服务
供应商信誉评估	外界评价 已往交易记录
供应商品类能力评估	品牌的知名度 商场覆盖率 供应商属性：省级总代理、区域代理、一般代理、厂家直销 CI形象：企业视觉形象 所提供商品：价格、款式、风格等

4. 市场和竞争对手表现评估

对市场和竞争对手的评估能够使经营者把握品类发展的趋势及方向，了解竞争对手的品类策略与战术，找寻竞争对手的核心竞争力所在，从而调整自身的品类战略，提高自身的竞争能力。

市场和竞争对手的评估主要包括以下几个方面：

(1) 所关注的品类在市场和竞争对手的增长率情况，是否与自身保持一致。

(2) 在同品类经营方面查找自身与市场及竞争对手的差异。

(3) 市场和竞争对手的产品组合、价格带、包装大小与自身的差异。

(4) 竞争对手的品类经营策略是否对自身有借鉴作用。

5. 品类评估作业流程

如图3-12所示品类评估作业流程包括三个步骤：数据收集、数据分析和总结结果。

四、品类评分表

品类评分表配合品类评估，对经营者的品类经营进行全面评价。各零售商的品类评分表设计各不相同，应根据自身品类特点、品类策略、品类管理目标来设计。

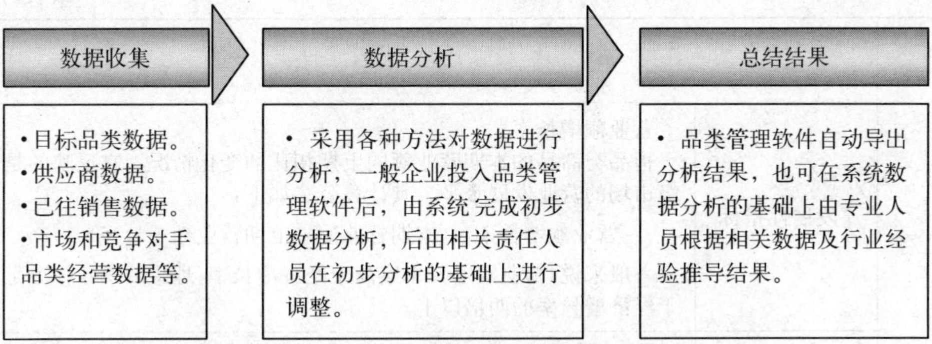

第三章 品类管理

```
┌─────────────┐    ┌─────────────┐    ┌─────────────┐
│  数据收集   │ ►  │  数据分析   │ ►  │  总结结果   │
└─────────────┘    └─────────────┘    └─────────────┘
```

- 目标品类数据。
- 供应商数据。
- 已往销售数据。
- 市场和竞争对手品类经营数据等。

- 采用各种方法对数据进行分析，一般企业投入品类管理软件后，由系统完成初步数据分析，后由相关责任人员在初步分析的基础上进行调整。

- 品类管理软件自动导出分析结果，也可在系统数据分析的基础上由专业人员根据相关数据及行业经验推导结果。

图 3-12　品类评估作业流程

品类评分表的设计格式、设计内容应从企业实际情况出发，一般内容如表 3-14 所示。

表 3-14　品类评分表涵盖内容举例

评分内容		指　　　标
品类本身评估指标	安全性指标（通过财务结构反映）	流动比率、速动比率、负债比率、固定比率、自由资本等。
	收益性指标	（1）营业额达成率 指品类商品的实际营业额与目标营业额的比率。其计算公式如下： 　　营业额达成率＝实际营业额÷目标营业额×100% 营业额达成率的参考指标是 100%～110%之间。 （2）毛利率 指品类商品毛利额与营业额的比率。反映的是超级市场的基本获利能力。其计算公式如下： 　　毛利率＝毛利额÷营业额×100% 毛利率的参考标准是 16%～18%以上。 （3）营业费用率 指品类商品营业费用与营业额的比率。它反映的是每一元营业额所包含的营业费用支出。其计算公式如下： 　　营业费用率＝营业费用÷营业额×100% 该项指标越低，说明营业过程中的费用支出越小，超级市场的管理越高，获利水平越高。 营业费用率的参考标准是 15%～18%。

（续表）

评分内容		指　　　标
品类本身评估指标	发展性指标	营业额增长率 指品类商品的本期营业额同上期相比的变化情况。它反映的是超级市场的营业发展水平。其计算公式如下： 　　营业额增长率＝(本期营业额÷上期营业额－1)×100％ 一般来说，营业额增长率应高于经济增长率，理想的参考标准是高于经济增长率的两倍以上。
	效率性指标	(1) 来客数及客单价 来客数是指某段时间进入品类销售区域购物的人数；客单价是指超级市场的每日平均销售额与每日平均来客数的比率。其计算公式如下： 　　客单价＝(每日平均销售额÷每日平均来客数)×100％ 由上面的公式可以看出销售额等于来客数与客单价的乘积。因此来客数与客单价的高低会影响到超级市场的营业额。 通常用以下公式来核算品类区域的客单价： 　　每日销售额÷交易次数＝客单价 (2) 盈亏平衡点 指品类销售的营业额为多少时，其盈亏才能达到平衡。其计算公式如下： 　　盈亏平衡点的营业额＝固定费用÷(毛利率－变动费用率) 由上面的公式可以看出，毛利率越高，营业费用越低，则盈亏平衡点越低。一般情况下盈亏平衡点越低，超级市场盈利就越高。 (3) 商品周转率 指品类商品的销售额与平均库存的比率。其计算公式如下： 　　商品周转率＝销售额÷平均库存 商品周转率越高，表明超级市场的商品销售情况越好，该项指标的参考标准为 30 次/年以上。 　　周转天数＝平均库存÷日均销售额 　　平均库存＝期初库存＋期末库存÷2 　　期末库存＝期初库存＋本期购进－本期销售－ 　　　　　　　本期退货－本期丢损 周转天数越少，表明商品的销售情况越好。 (4) 交叉比率 指品类商品的毛利率与商品周转率的乘积。它反映的是超级市场在一定时间内的获利水平。其计算公式如下： 　　交叉比率＝毛利率×周转率

（续表）

评分内容	指 标	
品类本身评估指标	效率性指标	商品除了要有合理的毛利率外,还要有较高的周转率。如果毛利率高而周转率低,则获利水平有限。因此,该项指标越高,获利能力越强。 (5) 顺加率 售价＝供货价格进价×(1＋加价率)(自营商品)。 倒扣率主要指联营厂家以售价与厂家核算,在销售额的基础上扣出的比率作为超市的收入。 上述两种情况毛利率＝顺加率＝倒扣率。 顺加率与倒扣率的公式换算： $$顺加率值 \div 100 + 顺加率值 \times 100\% = 倒扣率$$ $$倒扣率值 \div 100 - 倒扣率值 \times 100\% = 顺加率$$ (6) 每平方米销售额 指品类商品的销售额与品类销售区域面积的比率。它反映的是卖场的有效利用程度。其计算公式为： $$每平方米销售额 = 销售额 \div 卖场面积$$ 每一类商品所占的面积、销售单价、周转率不同,其平方米的销售额也不同。 一般来说,烟酒、畜产品、水产品的周转率较高,单价高,所占的面积小,因此每平方米销售额也高；而一般食品的每平方米的销售额则较低。 (7) 人均劳效 指品类销售区域的销售额与员工人数的比值。它反映的是品类商品的劳动效率。其计算公式如下： $$人均劳效 = 销售额 \div 员工人数$$ 由上面的公式可以看出,品类销售区域的人数越少,销售额越高,则人均劳效也越高,劳动效率也越高。 (8) 同比与环比 同比：是指与去年同期对比的指标状况。 环比：与本年度上期同一时间段的指标对比状况。
供应商评估		客户服务水平 库存天数 库存周转 库存金额 退换货条件 退换货周期 账期 推广支持

(续表)

评分内容	指标
消费者评估	客单价 购物频率 客户满意度
自有品牌	参考品类本身评估指标

五、品类策略

1. 品类策略概述

品类策略是基于明确的品类角色定位之上的,品类角色定位要求品类商品达到零售商所期望的目标,品类策略即零售商根据品类角色定位,利用商品组合、促销、定价等方面的策略性手段达到门店对品类角色的预期目标。

对应品类角色所要达到的目标,品类策略内容如表 3-15 所示:

表 3-15 典型品类策略

策略选择	手段与内容
提高客流量	通过促销活动等手段,增加品类的购物人数
提高客单价	通过货架陈列、促销活动等方式,增加顾客每次的购买量
提高利润	通过货架陈列、商品组合等方式引导顾客购买高利润商品
产品教育宣导	通过展示屏、现场讲解等方式向消费者教育宣传技术含量高、操作复杂的产品
促进购买	通过特殊陈列、卖场情绪渲染等方式,刺激消费者购买商品
维护企业形象	通过品类的价格、服务、商品组合、销售氛围等营造与企业定位相适应的形象
品类自我保护	通过定价、促销宣传等方式保护和强化品类的市场地位
新品引导	通过试体验等方式,对新品初次推广
维护顾客忠诚度	通过良好的服务、有竞争力的定价等方式维护顾客的忠诚度
增加现金流量	通过加快品类周转速度,处长账期等方式增加现金流量
价格策略	不同业态适用不同价格策略,如连锁卖场适用低价策略,而某些走高端路线的百货商场则相反
良好的库存管理	能够降低库存资金的积压,减少库存成本

2. 不同角色品类商品对应的品类策略选择

(1) 零售商导向品类商品的品类策略选择如表3-16。

表 3-16 零售商导向品类商品的品类策略选择

品类角色	表现特征	对应的品类策略
旗舰品类	销量大、高毛利	提高客流量 提高客单价 促进购买 维护企业形象 品类自我保护 维护顾客忠诚度 增加现金流量 良好的库存管理
吸引客流	低毛利的敏感品牌商品	提高客流量 提高利润 维护企业形象 维护顾客忠诚度 增加现金流量 良好的库存管理
提款机器	高毛利的销量一般的商品，对吸引客流商品予以毛利上的补偿	提高客流量 提高客单价 促进购买 产品教育宣导 促进购买 价格策略 良好的库存管理
受压潜力	毛利率与销量一般的商品	提高客流量 提高客单价 提高利润 产品教育宣导 促进购买 新品引导 价格策略
维持观望	高毛利销量低商品	提高客流量 提高客单价 产品教育宣导 促进购买 新品引导 价格策略 良好的库存管理

（续表）

品类角色	表现特征	对应的品类策略
待救伤残	销售额和毛利额低，做补充或可淘汰的品类或者小商品	提高客流量 提高客单价 产品教育宣导 促进购买 品类自我保护 新品引导 价格策略 良好的库存管理

（2）顾客导向下品类商品的品类策略选择见表 3-17 和表 3-18。

表 3-17 采用比例/矩阵法划分的品类商品的品类策略

品类角色	角色特征	对应的品类策略
主要商品	关键的品类，高度价格敏感性	提高客流量 提高客单价 促进购买 维护企业形象 维护企业形象 品类自我保护 新品引导 维护顾客忠诚度 增加现金流量 价格策略 良好的库存管理
差异商品	目标顾客的重要商品、价格具有敏感性	提高客流量 提高客单价 提高利润 产品教育宣导 促进购买 维护企业形象 品类自我保护 新品引导 维护顾客忠诚度
必备商品	普及程度很高，但购买频率低	维护企业形象 维护顾客忠诚度 增加现金流量 价格策略 良好的库存管理

(续表)

品类角色	角色特征	对应的品类策略
补充商品	满足部分顾客的需求,价格敏感度低	维护企业形象 维护顾客忠诚度 增加现金流量 价格策略 良好的库存管理

表 3-18 采用跨品类分析法划分的品类商品的品类策略

品类角色	定位	对应的品类策略
普遍性品类	消费者于日常生活中或因习惯使然而会购买的商品。通常这类产品每家商店都有贩卖,因此消费者并不会指定非得到特定的商店购买本类商品不可。只是经常购买该类产品商品而已。	提高客流量 提高客单价 提高利润 促进购买 维护企业形象 品类自我保护 维护顾客忠诚度 增加现金流量 价格策略 良好的库存管理
特殊性品类	具有吸引消费者消费的特性,而且该品类是该商店与众不同的卖点,消费者会为了购买这项商品而专程前来购买。	提高客流量 提高客单价 提高利润 产品教育宣导 促进购买 维护企业形象 品类自我保护 新品引导 维护顾客忠诚度 增加现金流量 价格策略 良好的库存管理
偶发性品类	该品类商品主要是满足消费者在偶发状况下所引发的需求。	提高利润 产品教育宣导 维护企业形象 价格策略

(续表)

品类角色	定位	对应的品类策略
季节性品类	为因应特定节日或活动所摆设的商品。	提高客流量 提高客单价 提高利润 产品教育宣导 促进购买 新品引导 增加现金流量 价格策略 良好的库存管理
便利性品类	具有增进消费者从事某项活动之便利性的品类。	提高客流量 提高客单价 提高利润 新品引导 价格策略 良好的库存管理

3. 品类策略制定流程

品类策略制定流程包括品类状况分析、品类角色及品类目标确认、品类评分表回顾及确定品类策略。

如图3-13第一步所示,对品类现状进行分析时,可以采用现状分析的常用方法——SWOT分析法。

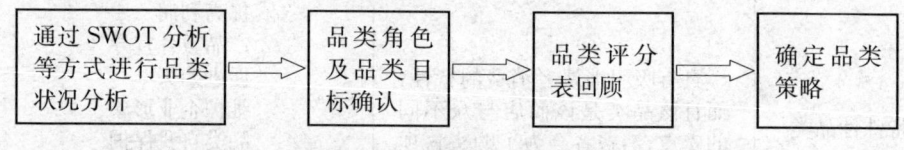

图3-13 品类策略制定流程

专栏3-9

SWOT分析模型简介

在现在的战略规划报告里,SWOT分析算是一个众所周知的工具了,同样SWOT也是来自Mckinsey咨询公司的。SWOT分析代表分析企业优势(Strength)、劣势(Weakness)、机会(Opportunity)和威胁(Threats)。因此,SWOT分析实际上是将对企业内外部条件各方面内容进行综合和概括,进而分析组织的优劣势、面临的机会和威胁的一种方法。

可以通过 SWOT 分析帮助企业把资源和行动集中在自己的强项和有最多机会的地方。

优劣势分析主要是着眼于企业自身的实力及其与竞争对手的比较,而机会和威胁分析将注意力放在外部环境的变化及对企业的可能影响上。在分析时,应把所有的内部因素(即优劣势)集中在一起,然后用外部的力量来对这些因素进行评估。

1. 机会与威胁分析(OT)

环境发展趋势分为两大类:一类表示环境威胁,另一类表示环境机会。环境威胁指的是环境中一种不利的发展趋势所形成的挑战,如果不采取果断的战略行为,这种不利趋势将导致公司的竞争地位受到削弱。环境机会就是对公司行为富有吸引力的领域,在这一领域中,该公司将拥有竞争优势。

对环境的分析也可以有不同的角度。比如,一种简明扼要的方法就是 PEST 分析,另外一种比较常见的方法就是波特的五力分析。

2. 优势与劣势分析(SW)

当两个企业处在同一市场或者说它们都有能力向同一顾客群体提供产品和服务时,如果其中一个企业有更高的盈利率或盈利潜力,那么,我们就认为这个企业比另外一个企业更具有竞争优势。换句话说,所谓竞争优势是指一个企业超越其竞争对手的能力,这种能力有助于实现企业的主要目标——盈利。但值得注意的是:竞争优势并不一定完全体现在较高的盈利率上,因为有时企业更希望增加市场份额,或者多奖励管理人员或雇员。

竞争优势可以指消费者眼中一个企业或它的产品有别于其竞争对手的任何优越的东西,它可以是产品线的宽度、产品的大小、质量、可靠性、适用性、风格和形象以及服务的及时、态度的热情等。虽然竞争优势实际上指的是一个企业比其竞争对手有较强的综合优势,但是明确企业究竟在哪一个方面具有优势更有意义,因为只有这样,才可以扬长避短,或者以实击虚。

波士顿咨询公司提出,能获胜的公司是取得公司内部优势的企业,而不仅仅是只抓住公司核心能力。每一公司必须管好某些基本程序,如新产品开发、原材料采购、对订单的销售引导、对客户订单的现金实现、顾客问题的解决时间等等。每一程序都创造价值和需要内部部门协同工作。虽然每一部门都可以拥有一个核心能力,但如何管理这些优势能力仍是一个挑战。

对持矩阵(Confrontation Matrix)

有一项管理工具能够将 SWOT 分析中各因素结合起来进行深入分析,它就是对持矩阵(Confrontation Matrix)。

	机　会	威　胁
优势(Strengths)	进攻 竭尽全力而为之	调整 恢复优势力量
弱点(Weaknesses)	防御 密切注视竞争对手一举一动	生存 战略转移

在现实操作中，SWOT 的两个纵栏也往往处在针锋相对的位置，如沃尔玛的"平价形象"是它的优势，在其他零售商没有建立类似形象时，可以利用这一优势作为拓展市场的机会，但其他零售商也采用平价策略时，就对沃尔玛的这一优势产生了威胁，沃尔玛需要调整自身策略来应对这种威胁。以上类似的情况可以通过结合运用自外而内的战略（如市场驱动战略）或自内而外战略（资源驱动战略）来实现。

3. SWOT 分析步骤

（1）确认当前的战略是什么？

（2）确认企业外部环境的变化（波特五力或者 PEST）。

（3）根据企业资源组合情况，确认企业的关键能力和关键限制。

潜在的资源力量	潜在的资源弱点	公司潜在机会	外部潜在威胁
有力的战略	没有明确的战略导向	服务独特的客户群体	强势竞争者的进入
有利的金融环境	陈旧的设备	新的地理区域的扩张	替代品引起的销售下降
有利的品牌形象的美誉	超额负债与恐怖的资产负债表	产品组合的扩张	市场增长的减缓
被广泛认可的市场领导地位	超越竞争对手的高额成本	核心技能向产品组合的转化	交换率和贸易政策的不利转换
专利技术	缺少关键技能和资格能力	垂直整合的战略形式 分享竞争对手的市场资源	由新规则引起的成本增加
成本优势	利润的损失部分	竞争对手的支持	商业周期的影响
强势广告	内在的运作困境	战略聪明与并购带来的超额覆盖	客户和供应商的杠杆作用的加强
产品创新技能	落后的研发能力		
优质客户服务	过分狭窄的产品组合	新技术开发通路	消费者购买需求的下降
优秀产品质量	市场规划能力的缺乏	品牌形象拓展的通路	人口与环境的变化
战略联盟与并购			

（4）按照通用矩阵或类似的方式打分评价。

把识别出的所有优势分成两组，分的时候以两个原则为基础：它们是与行业中潜在的机会有关，还是与潜在的威胁有关。用同样的办法把所有的劣势分成两组，一组与机会有关，另一组与威胁有关。

(5) 将结果在 SWOT 分析图上定位。

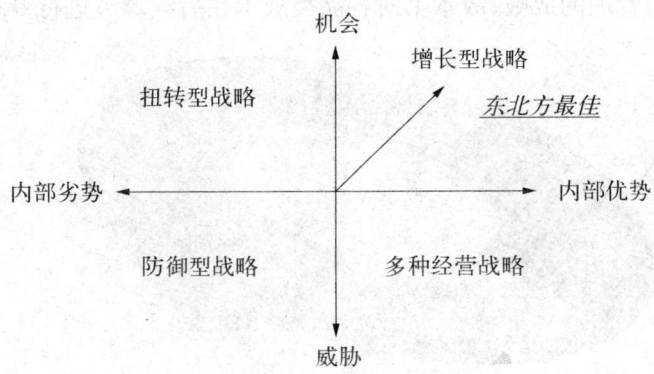

4. SWOT 模型的局限性

和很多其他的战略模型一样，SWOT 模型也是由麦肯锡提出很久了，带有时代的局限性。以前的企业可能比较关注成本、质量，现在的企业可能更强调组织流程。例如以前的电动打字机被印表机取代，该怎么转型？是应该做印表机还是其他与机电有关的产品？从 SWOT 分析来看，电动打字机厂商优势在机电，但是发展印表机又显得比较有机会。结果有的朝印表机发展，死得很惨；有的朝剃须刀生产发展很成功。这就要看，你要的是以机会为主的成长策略，还是要以能力为主的成长策略。SWOT 没有考虑到企业改变现状的主动性，企业是可以通过寻找新的资源来创造企业所需要的优势，从而达到过去无法达成的战略目标。

资料来源：管理者论坛，http://www.onlyit.cn/okm/theory_swot_analysis.html。

六、品类战术

如果说品类角色隐含了对品类所应承担任务的要求，即品类销售所要达到的目标，则品类策略把这种目标具体化，并细化。品类战术则是实现品类策略目标的手段，连锁企业所实施的一个品类战术可能满足多个品类策略的目标，如在情人节进行巧克力促销活动，不仅能够吸引客流量，提高客单价，也能够提高利润，增强企业形象。

品类战术包含的内容，不同学者的认识略有差异，有学者认为应包含商品组合、价格、供应链、促销、商品陈列。也有观点认为应包括高效产品组合、高效新品引进、高效定价、高效产品陈列、高效促销、高效补货。品类战术的内容应为开放式的，即品类经营的手段有助于实现品类策略的目标，帮助品类角色实现其价值，即可为品类战术。目前品类战术应包括以下几个方面的内容：商品组合、定价、促销、新品管理和滞销品管理(见图3-14)。由于品类战术是品类管理执行的核心内容,关系到品类管理的成败,故本书对各品类战术在后续章节进行专章描述。

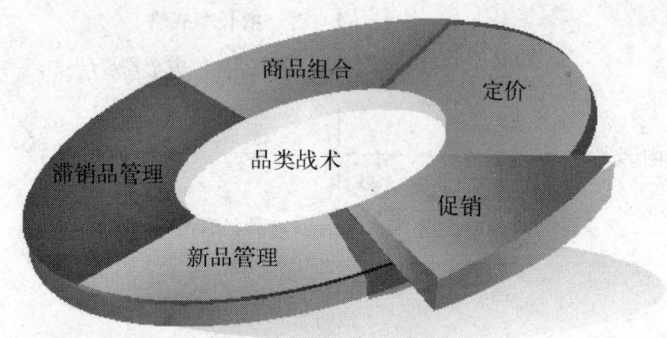

图3-14 品类战术

第六节 品类实施推广

一、品类管理实施存在的障碍

品类实施推广处于品类管理的执行阶段,是对品类管理前期准备工作的总结体现。品类管理理念将在这一阶段被运用到实践中加以检验。品类实施推广涉及范围包括两个方面,一是在连锁企业外部,主要体现与供应商合作实施供应商库存管理或供应商货架管理,另外则是连锁企业内部所选择品类策略与战术的具体执行,包括在门店的推广、相关人员的培训等。

作为涉及企业整体营运的品类管理战略调整,必然会涉及从经营管理体制到人事制度安排等方方面面的调整,产生各种经营上的不协调和利益冲突,形成品类管理实施的障碍,主要表现在以下几个方面:

1. 现有稳定经营秩序与盈利模式形成的障碍

在一个成熟的企业推选品类管理,必然触及对现有经营模式的改造,并对已存在的盈利模式形成冲击。已有的盈利点是现实可见的,而实施品类管理带来的利益则只存在预期中,同时品类管理的实施也存在实施成本问题,从而形成短期现存利益与长期预期利益的冲突。

2. 理念与知识储备障碍

任何新生政策的提出与实施都伴随理念上的转变。品类管理作为先进管理技术,根植于先进的生产技术之上,伴随观念上的改变,旧有的观念是品类管理实施的障碍之一,甚至影响到对品类管理的战略选择。企业在理顺品类管理理念之后,在实施过程中还存在知识储备上的障碍,品类管理需要企业上下全体的理解与参与,也需要所有相关人员有相应的知识储备,解决这一问题须通过人员培训等方式解决。

3. 供应商与零售商博弈形成障碍

在实施品类管理,特别是实施供应商品类管理时,理论上需要供应商与零售商紧密合作,供应商要以有利于在零售商经营系统中实施品类管理的方式行事。但作为独立于零售商、有自身经济利益的供应商而言,出发点是自身的利益,作为零售商的品类领队(Category Captain)时,对零售商货架上同类商品的所有供应商货品进行管理,自身的经济利益与零售商品类管理的需求形成冲突,从而形成潜在品类管理障碍。

4. 企业实施品类管理的决心

同样决定实施品类管理,但不同企业可能存在重视程度不同的问题。如果企业高层对品类管理实施重视程度不够,对整个营运体系培训、宣导不足,则品类管理无法深入有效的推行,此时的品类管理只能成为扰乱现有经营体系的不良变革,不但不能为企业带来效益,反而会产生不利影响。

5. 品类管理政策统一推行与门店因地制宜实施矛盾产生的障碍

品类管理的实施需要企业在理念上高度统一,并存在实施的共同意识,在连锁企业整个营运范围内统一实施。同时也要认识到品类管理是基于对消费者偏好和需求的详细研究和个性化认识之上的,只有与商圈内消费者需求紧密结合才能制胜,导致每个门店实施品类管理存在个性化。如此,品类管理实施过程中在企业层面上全局一盘棋的需要,与门店层面面对消费者个性化的需要之间的矛盾增加了管理上困难。

二、人员培训

连锁企业人员培训是品类管理实施与推广的关键步骤,品类管理在决策过程中更多存在于理念范畴,当作为战略决策后,才进入实施阶段。但从理念到实践存在知识储备不足的问题,即便是企业的管理层,接受品类管理理念并不意味着具有品类管理实践知识与能力,只能说其对品类管理有更好的理解,对品类管理为企业带来影响的预期更清晰。而对企业中下层管理人员及基础员工来说,无论品类管理理念还是实践知识都为空白。只有通过对全部人员进行培训,才能为品类管理实施推广提供保障。

为实施推广品类管理开展人员培训从以下两个角度考虑(见表3-19)。

表 3-19　品类管理培训结构分布表

	品类管理理念	品类管理执行过程	品类管理部分实施细节
高层管理人员	重点	重点	一般
中层管理人员	重点	重点	一般
基层管理人员	一般	重点	重点
基层工作人员	一般	一般	重点

1. 员工结构

（1）高层管理人员

（2）中层管理人员

（3）基层管理人员

（4）基层工作人员

2. 培训内容

（1）品类管理理念

（2）品类管理执行过程

（3）品类管理部分实施细节

三、门店及门店巡店机制调整

　　基于品类管理的门店调整首先发生在制度建设上，虽然品类管理战术的改变不要求连锁企业在基础制度上作出大规模的调整，但为配合一系列诸如定价、促销、商品陈列、新品管理和滞销品管理等方面的变革，一些具体操作制度上的调整还是必要的。

　　其次是具体作业流程和作业内容、人员职责的变动，主要变动内容与定价、促销、商品陈列、新品管理和滞销品管理等品类管理战术内容相关。以商品陈列为例，品类管理指导下的商品陈列要求按消费者需求与消费心理对品类商品陈列，从而降低库存、提高销量、增强品类商品间的关联性，陈列指导原则与陈列方式必然产生变化，加入更多创新性的管理理念与新技术含量，与传统陈列方式区别较大。同时理货人员的职能也会因此产生相应变动，要求理货人员能够阅读相关软件界面和因品类管理软件而产生的品类陈列相关的图表文件。

　　基于品类管理的门店管理变革，导致门店巡店机制也产生相应变革，巡店人员的职责加入了对品类管理内容巡查的内容。

四、品类调整实施效果评价

　　通过品类管理，对品类调整后的效果进行评价，是检验品类管理成果，发现品类管理问题,开展下阶段品类管理工作的必要程序。

品类调整实施效果评价与品类评分既相关,又区别。品类评分为品类管理早期阶段,在门店具体实施之前,对现有品类商品进行评估,确定品类角色,为实施品类管理作准备。品类调整实施效果评价处于品类管理实施中后期,对已经执行的品类管理实施效果进行评价,包括对现有品类商品的评估和实施品类管理前后经营效果的评估。

品类调整实施效果的评价应包括以下几个方面:

(1) 企业实施品类管理前后总体经营业绩的评价(包括毛利率、盈利能力、单店销售能力、单位面积盈利能力、客单价等)。

(2) 品类商品实施品类管理前后销售及盈利状况评价。

(3) 与供应商关系评价。

(4) 消费者表现评价。

本 章 小 结

商品品类必须以消费者对同类商品在某些特性上的共同认知为前提,以便根据市场需求确定商品组合销售,故品类应为在消费者心目中在某一或某些特性上一致的,能够相互替代的同类商品,且这些同类商品能让销售者更好地锁定目标消费者,更好地对该商品管理以便促进销售。品类管理是以品类为策略性事业单元,在零售商与供应商有效合作的基础上,通过数据收集与分析,充分挖掘与满足消费者需求,从而达到优化盈利能力的零售管理流程。品类管理通常包括相互关联的六个要素,其中零售商策略和业务流程是"核心要素"。品类评估、信息技术、合作关系、组织执行能力是"保障要素"。

实施品类管理前,首先要对企业目前的状况进行评估调查,以确认是否能够开展品类管理。品类管理需要企业组织机构中部门的支持,几乎各个部门都不能置身事外,企业领导的重视支持和倡导是品类管理的推动力。采购部门是新品引进和与供应商接洽的直接执行者,营运部门直接对品类进行经营及销售,包括按品类拟定促销计划等,IT部门是品类管理的信息支持者,是品类管理顺利开展的技术支持力量,门店是品类管理最终得以实施的直接执行者。

在建立品类管理的推广实施机构后,要对品类的市场前景进行分析,具体包括顾客分析、竞争店分析、消费者对品类商品消费决策过程分析和目标品类发展的市场优势分析。其次,要对品类结构进行分析,包括商品价格带分析、商品品牌结构分析、商品动力坠力分析、商品促销状况分析和商品陈列空间分析。

对品类进行详细分析后,要建立品类模板。这一环节,第一步是进行品类定义,品类定义是商品销售者或开发者根据自身经营的实际需要,以消费者的需求为指导对商品进行分类,以满足市场的需求。然后确定品类角色,对品类进行评估,制定品类策略。

最后是对品类管理的推广和实施,包括品类管理和作业人员的培训、通过建立门店品类管理制度和门店督导制度保障品类管理的有效推行,并最终对品类管理实施效果进行评估。

1. 什么是品类?品类有哪些构成要件?
2. 什么是品类管理?其具体特征有哪些?
3. 品类管理有哪些支撑要素?
4. 品类管理宣导工作主要包括哪些内容?
5. 什么是商品价格带?请描述价格带分析的过程。
6. 品牌结构类型有哪些?
7. 品类的实施推广存在哪些障碍?
8. 说明品类定义和品类定义的特征。
9. 说明零售商导向品类角色的分类和特点。
10. 列举典型品类策略。

品类管理——危害经营的最大罪魁

现如今,大家都在开始使用品类管理,许多企业还在进行全面的系统的品类管理系统的建立。正可谓如火如荼地开展之中。

品类管理的具体内容我就不在这里过多地介绍了。

根据我们经营的总结定义:品类管理就是通过进行品类定义划分,将每个品类看成一个市场或一个细分市场,然后根据对历史数据的挖掘和分析,整理和规划顾客的需求,然后根据顾客的需求采取相对应的品类策略。

但是,大家可能忽略了两个最为重要的问题:

(1) 品类管理的发明者是什么角色?
(2) 顾客的需求是什么?

我们先来回答第一个问题:

品类管理的发明者是生产者,也就是产业链的起点,它的很大的或者说最为核心的目的就是通过品类管理来达到如下目的:

(1) 终端经营面积的控制——货架控制原则。
(2) 竞争对手的排挤——控制排面就排挤了对手。
(3) 零售终端销售数据的获得——多数企业想获取。
(4) 自身生产的市场定量化——根据市场预测销量进行生产。
(5) 生产周转资金的最优化——库存与周转。

好了,通过以上的分析,我们看到了品类管理的发明者的核心目的,也就是他们的用心之处。那么,我们零售终端企业还能严格按照生产厂家给予的品类管理来进行自身的改造吗?

我们继续回答第二个问题:

顾客的需求是什么?品类管理强调通过数据分析,品类分析来获得顾客的需求,然后开展品类行销去满足顾客的需求。

但是,这里他们忽略了最为重要的两个方面:

(1) 顾客的需求是动态变化的。根据马斯洛的需求理论,顾客的需求是随着其收入、文化观、价值观的不同而不断变化的。

举个例子:当一个顾客每个月只挣 2 000 元的时候,他可能只能对飘柔产生兴趣,因为那个他买得起,但他内心也很想去买伊卡璐,这个时候,如果他每个月工资涨到了 6 000 元的时候,他就可以达成他内心对伊卡璐的需求了。可如果我们按照品类管理的分析手段去分析,我们首先不能看到这个顾客对伊卡璐的需求,而只是看到了他对飘柔的需求,针对伊卡璐的需求,我们只能等到这个顾客涨了工资后,特别是买了伊卡璐后,才能发现并进行相应的结构调整。

也就是说,如果我们采用品类管理的分析方法,我们只能在事后得知顾客的变动的需求,而且还不能准确掌握。好危险啊!

(2) 顾客的不确定性需求。根据需求价值理论,顾客内心的需求无法进行最为准确的预测和分析断定。也就是说,顾客的需求是需要去启发的,否则,我们也不用去做什么促销了。

然而,品类管理的分析却是根据既往顾客购买后的数据进行分析,也就是说,该分析的方法是以既往数据分析顾客已经成熟的需求,它最大的危害就是忽略了市场推广,市场拉动顾客需求这个最为重要的营销手段。如果按照这个方法去做市场,我们会发现市场范围越做越小,受供应商的控制越来越强。

举个例子:

我们零售企业很重视关联销售、冲动消费,这些其实都是拉动需求的方法。如果只使用品类管理,则我们就可以不用去做关联销售了,也不用去做冲动消费了,更不用去引进什么新品,做动态商品循环了。

综合以上分析总结,真诚希望同行慎重看待品类管理,慎重使用品类管理,不要去全面照搬,特别是不要去让厂家帮你做品类管理。

那么,品类管理是否就无用了呢?当然不是,聪明的零售企业会吸收品类管理这个理论中好的观念,用在经营上。

资料来源:联商网,http://www.linkshop.com.cn/club/archives/2009/347525.shtml。

请学生思考,该文作者的观点是否正确?是否符合你对品类管理的理解?无论你是否同意该观点,请以小论文的形式说明理由。

【实践效果评价标准表】

品类管理合理性论文评价表

评价指标	具体评价	得分
报告内容全面		
语言符合专业要求		
逻辑思路		
实践性		
对专业的理解		
合计		

教师对每位同学实训各项指标进行评价打分,每项指标分值最高为20分,最低为0分,最后合计为本次实训成绩。

第四章　商品采购管理

1. 了解商品采购组织构成。
2. 掌握商品采购计划的决策程序。
3. 理解采购绩效考核与评价的指标体系。
4. 理解采购绩效考核与评估的方式和技巧。
5. 了解采购和付款业务循环内部控制常用控制措施。
6. 了解商品采购回扣的现象和杜绝措施。

【引导案例】

沃尔玛与宝洁：CPFR 供应链管理实践

自动化的采购供应链管理始于 20 世纪 80 年代初。美国宝洁公司接到密苏里州圣路易市一家超级市场的要求，说最好能自动补充架子上的产品，不必每次再经过订货的手续，只要架子上一卖完，新货就到，可以每月付一张货款的支票。宝洁公司的经理经过筹划，把两家公司的计算机连起来，做出一个自动连续补充商品的雏形系统，结果试用良好，两家公司不必要为产品的补充而发愁了。

80 年代中期，宝洁公司把"商品连续补充"系统扩大，向他们下游的经销商和日用品销售商推销这个系统，以便让双方获利。当时，有两家大型百货零售连锁店试用，其中一家就是沃尔玛。随后，沃尔玛买了宝洁公司的"商品连续补充"系统，然后充分运用系统的特点，致使企业发展到今天，已经成为拥有 4 400 家大卖场的全球最大百货零售企业。现在宝洁公司的产品，占了沃尔玛商品的 17%，而且还在继续增长，而宝洁公司这套系统理念，也就成了供应链管理的准则。

宝洁公司与沃尔玛的合作，改变了两家企业的营运模式，实现了双赢。与此同时，它们合作的四个理念，也演变成供应链管理的标准。这四个理念可以用四个字母代表，C(Collaboration，合作)，P(Planning，规划)，F(Forcasting，预测)和R(Replenishment，补充)。

"C"——合作。该合作不是两家企业普通买卖关系的合作，而是为同一目标、创造双赢的合作。零售商店不存货，而把存货推给供货商、增加供货商的成本，就不叫合作。如果零售商与供货商共同以零售店顾客的满意为最高目标，通力合作，就可让双方都成为赢家。这样的合作是长期的、开放的，而且要共享彼此信息，双方不但在策略上合作，在营运的执行上也要合作。双方先要签署对对方信息的保密协议，制订解决争端的机制，设定营运的监控方法以及利润分配的策略。双方的目标是，让销售获得最大利润的同时，缩减成本与开销。

"P"——规划。供应链管理源于日用品的零售，当初并没有P，后来因为有别的行业应用，它们认为有把P纳入的必要。P是规划，两家企业合作，要规划的事很多。在营运上有产品的类别、品牌、项目；在财务上有销售、价格策略、存货、安全存量、毛利等。双方在这些问题上的规划，可以维系共同目标的实现。另外，双方可以对产品促销、存货、新产品上架、旧产品下架等一些事情进行共同规划。

"F"——预测。对销售的预测，双方可有不同的看法、不同的资料。供货商可以对某类商品进行预测，而零售商店可以根据实际销售对某项商品进行预测，但双方最后必须制定出大家都同意的预测方式。系统可依据原始信息，自动做出基础性的预测，但是季节性、时尚性的变化，以及促销活动、顾客的反应，都会使预测出现变化。双方预先要制定好规则，来研讨并解决预测可能产生的差异。

"R"——补充。补充是供应链管理的重要程序。销售预测，可以换算成为订单预测，而供货商的接单处理时间、待料时间、最小订货量等因素，都需要列入考虑范围之内。货物的运送，也由双方合作进行。零售商订货，应包括存货比率、预测的准确程度、安全存量、交货时间等因素，而且双方要经常评估这些因素。在补充程序上，双方要维持一种弹性空间，以共同应对危机事宜。成功的补充程序，是供货商经常以少量的货品供应零售商，用细水长流的方式，减低双方存货的压力。

第一节　商品采购组织

一、连锁企业采购组织的基本类型

连锁企业采购组织的基本类型主要有集中式采购组织、分散式采购组织、混合式采购组织、采购委员会以及跨职能采购小组等。

1. 集中式采购组织

集中式采购组织是把采购权集中在一个部门,所有的采购决策均出自采购部门,采购权不下授,商品的导入、淘汰、价格制定、升降,促销活动的规划、实施等完全由总部控制;分部只负责商品陈列、库存管理以及销售的实施和信息反馈工作,对商品采购无决定权,但有建议权。其组织架构如图 4-1 所示。

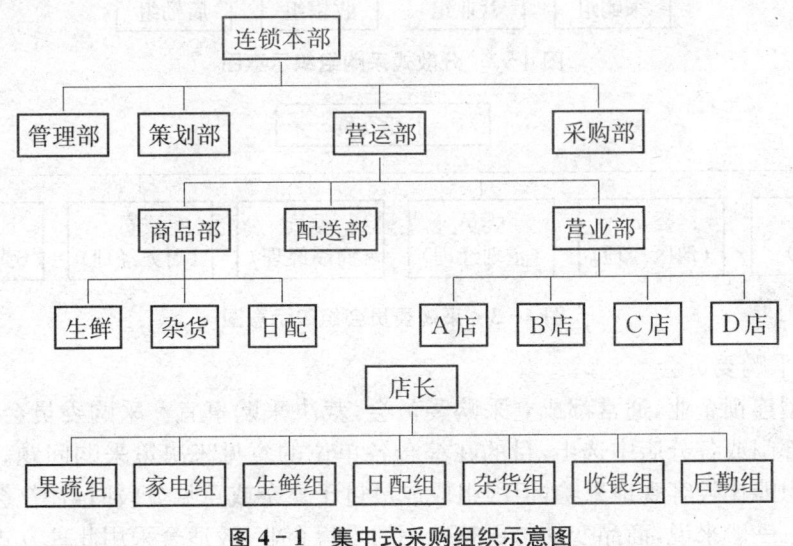

图 4-1　集中式采购组织示意图

2. 分散式采购组织

分散式采购组织将采购业务授权给各分店自行负责,其采购决策往往是地方性的或区域性的,其组织架构如图 4-2 所示。

3. 混合式采购组织

混合式采购组织是指综合运用集中式与分散式采购组织,以发挥它们的优点避免其缺点。在一些大型零售企业中,在公司一级层次上存在采购部门,然而独立的经营单位也进行战略和战术采购活动。在这种情况下,公司的采购部门通常处理与采购程序和方针设计相关的问题。此外,它也会进行审计,但一般是在经营单位的管理层要求它这样做的时候(见图4-3)。凡属于各分店共有的商品、采购金额较大的、进口商品等,均集中在零售企业总部采购部办理;小额、因地制宜、临时性的采购,则授权各分店采购。

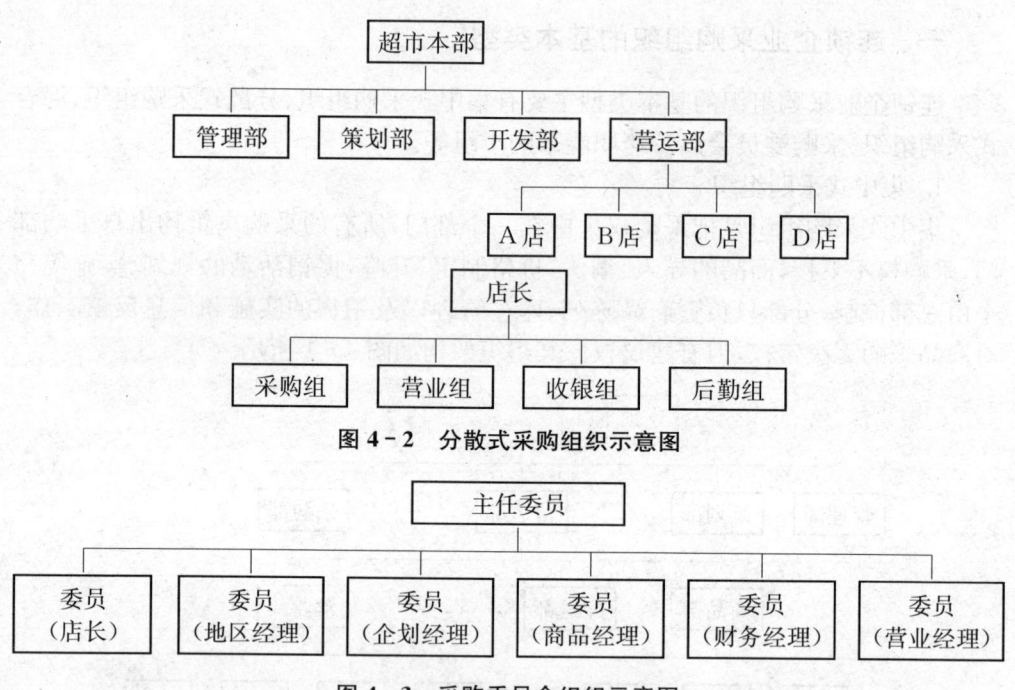

图4-2 分散式采购组织示意图

图4-3 采购委员会组织示意图

4. 采购委员会

大型连锁企业,通常都成立采购委员会,裁决采购事宜。采购委员会的成员,则从各部门或各分店中选出,目的在综合各单位的意见来决策采购问题。理论上此种组织能比较客观地采购,但因组成成员过于复杂或意见分歧时,往往会延迟采购时间。一般来说,商品变动与更替较小的零售企业,较适合采用此种方式。

采购委员会组织的优缺点比较见表4-1。

表4-1 采购委员会组织的优缺点比较

优 点	缺 点
可避免导入不良商品,降低库存。 采购较公正,非优良品不会被导入。 可以求得优惠的进价。 采购的商品有各单位参与意见,能避免不正当决策的存在。	意见易产生分歧,委员常遭遇私人请托。 采购耗时。

二、连锁企业采购组织的规模

完善的商品采购办法,有赖于健全的采购组织来推动运作,而采购组织规模大小,通常可视经营形态与店铺多寡而定。

(1) 独立店铺：独立店铺的营业、商品、人事权等,通常由店主(负责人)负责。故商品采购等相关事项亦集于店主一身,成败视其能力强弱而定。

(2) 连锁体系发展初期(通常在50店以内)：由于店数不多,店铺分布不广,故商品同质性较高。而在公司规模小,编制人数少的情况下,通常组织编制是以商品采购、促销计划、商品陈列规划、市场调查等组成的分工较粗的组织架构。

(3) 连锁体系发展渐趋成熟阶段(通常在50~100店以内)：由于店数渐多,店铺分布较广,商品异质性增加,同时厂商数亦较前增加,管理工作相对增加,因此须逐渐向分工的方向调整组织架构。

(4) 连锁体系已臻稳定运作阶段(通常在100店以上)：由于店数众多,地区分布广,不同商圈商品差异性大,厂商数亦多,各种管理工作及门市问题点增多,所以商品采购机能会从商品行销、商品指导、物流等机能分离而出,独立作业。但采购通常仍会隶属于商品部门之下,以保持彼此之间密切联系与工作协调,提升综效。

第二节　商品采购计划

一、商品采购计划决策

商品采购计划集中于四项基本决策：储存何种商品,储存多少商品,何时储存和储存在哪里。

在制定决策的过程中,连锁企业必须确信其商品组合具有独特性,与竞争者有所不同,并与自己的零售定位相一致。

1. 储存何种商品

连锁企业首先必须决定经营何种质量的商品。它是否应该经营高档、昂贵的商品,卖给高收入的消费者;或者应该经营中档、中等价位的商品,并供应给中等收入的消费者;或者应经营低档、廉价商品,吸引低收入消费者;或者应该向中等和高收入消费者提供多种质量的商品,如中档的和高档的,努力占领不止一个细分市场。同时,连锁企业还要决定是否经营促销性商品(低价抛售的商品,或用于增加商店客流量的特价商品)。

确定商品质量必须考虑如下几个因素：理想的目标市场、竞争、连锁企业形象、商店位置、库存流转、盈利性、制造商品牌或自有品牌、消费者服务、人员、可感知的产品/服务价值和约束性决策(见表4-2)。

表4-2 制订商品品质计划考虑的因素

因 素	计 划 参 考
目标市场	商品品质必须满足理想目标市场的要求
竞争	连锁企业可以销售相似品质(跟随竞争者)或不同品质(吸引不同目标市场)的商品
零售商形象	商品品质与消费者对连锁企业的印象有直接关系
商店位置	店址影响连锁企业的形象和竞争者的数量,而且与商品质量相关
库存流转	优质优价商品的库存周转速度通常比低质量廉价商品低
盈利性	优质商品带来的单位利润一般比低质商品高;但库存周转量可能会使低质量的商品的总利润高
制造商品牌或自有品牌	对许多消费者来说,制造商(全国性)品牌意味着比自有(经销商)品牌更高的质量
消费者服务	高质量商品要求人员推销、选择性、送货等,低质量商品可能没有这样的要求
人员	优质商品要求熟练、有知识的人员,低质量商品只要求一般人员
可感知的产品/服务价值	低质量商品吸引只要求功能性产品价值(如保温、舒适)的消费者
约束性决策	① 特许经销店或连锁店的经营者对产品品质只有限的或者没有控制权。他们或者直接从特许人(连锁店)进货,或者必须遵守质量标准 ② 向少数大批发商进货的独立零售商可选择的商品质量仅限于批发商提供的商品

连锁企业的第二个主要决策是经营何种商品以及商品的创新程度。应考虑的几个因素是:目标市场、产品/服务增长潜力、流行趋势(如果可应用)、零售商形象、竞争、顾客细分、顾客反应、投资成本、盈利性、风险、约束性决策和衰退期商品/服务的撤出(见表4-3)。

表4-3 制订商品创新计划考虑的因素

因 素	计 划 参 考
目标市场	评估目标市场是保守的还是进步的
产品/服务增长潜力	根据每一种新供应商品的最初销售速度,一定时期的最大销售和销售周期的长度进行考虑

(续表)

因　素	计　划　参　考
流行趋势	如果销售流行商品,应理解垂直和水平趋势
零售商形象	连锁企业经营的商品/服务的种类受其形象的影响,创新水平应与其形象一致
竞争	在选择的新产品/服务市场上是领导还是跟随竞争
顾客细分	通过将商品分成老产品和新产品陈列,可以细分顾客群
顾客反应	当目标市场有要求时,应经营新产品
投资成本	每种新产品/服务可能有各种类型的投资:产品成本、新设备和额外人员(或进一步培训现有人员)
盈利性	每种新供应的水平都应估计潜在的利润(对于特殊商品,还应估计零售商的整体利润)
风险	主要的风险是可能损坏连锁企业的形象、投资成本和机会成本
约束性决策	特许经销商和连锁店经营者可采购的新产品/服务可能受到限制
衰退期商品/服务的撤出	如果销售额或利润太低,应从老化产品/服务中撤出

　　创新的连锁企业是那些经营新产品和服务并为即将到来的趋势制订计划的连锁企业,它们面临巨大的机会(独特性,因为它是市场上的第一家)和巨大的风险(可能因看错消费者的兴趣而陷入大量存货中)。通过权衡表4-3中的各种因素,制订一份完整的采购新产品和服务的计划,连锁企业应能利用机会,降低风险。

　　连锁企业应该评估所经营的每种新产品或服务的增长潜力。三个增长变量是:最初的销售速度,每段时期内的最大销售潜力和销量。即一种新产品或服务销售的速度有多快?一个季度或一年内能达到的销售额/销量是多少?产品或服务持续销售的时间有多长?

　　在制订零售战略计划的时候,评估增长潜力的一个有用工具是产品市场生命周期,它可以显示一种产品或服务在其生命过程中的预期行为。传统的产品市场生命周期有四个阶段:引入期、成长期、成熟期和衰退期,见图4-4。

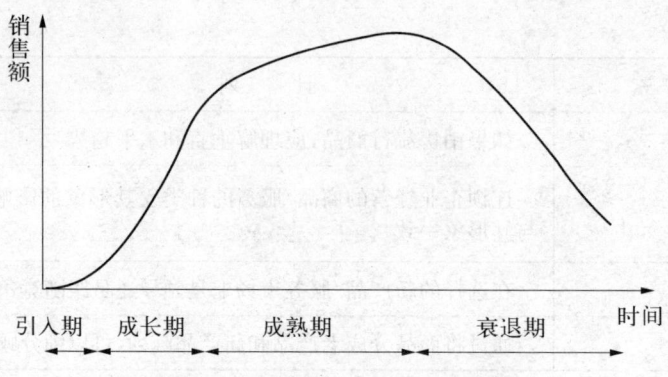

图 4-4 传统的产品市场生命周期

表 4-4 不同时期的战略变量

战略变量	市场生命周期阶段			
	引入期	成长期	成熟期	衰退期
目标市场	高收入者和革新者	中等收入采用者	大众市场	低收入者和滞后者
产品或服务	一种基本产品	一些品种	许多品种	少数品种
分销密度	有限的或广泛的	更多零售商	更多零售商	少数零售商
价格	渗透或撇脂	范围宽	低价格	低价格
促销	提供信息	劝说	竞争的	有限的
供应商结构	买主垄断—卖主垄断	卖主垄断竞争	竞争	卖主垄断

在引入期内,零售商店对一个十分有限的目标市场进行预测,包括高收入者和具有革新精神的消费者。产品或服务可能只有一种基本的样式,没有选择的余地。制造商(供应商)可能限制分销渠道,选择"更好的"商店。但是,新的便利品如食品和家用产品通常采用密集分销。最初采用选择分销的商品一般制定高价(撇脂)战略,采用密集分销的商品一般制定低价(渗透)战略,鼓励消费者迅速接受。无论哪一种情况,早期的促销必须是解释性的,适合于向消费者传递信息。在这个阶段,往往只有一个或少数的供应商。

当具有革新精神的消费者购买新产品或服务并将它推荐给朋友的时候,销售额迅速攀升,产品进入成长期。目标市场扩张到包括中等收入的消费者,他们的革新精神比一般人稍微多一些。新产品可能出现各种改形变异,产品线从宽度和深度方面膨胀。经营该产品的连锁企业数量增加。价格折扣还没有广泛采用,但是各家连锁企业提供多种价格、顾客服务和质量。零售促销更具劝导性,目的是告诉消费者产品的效用和附加服务。供应商的数量也增加了。

在成熟期,销售额达到最高水平。目标市场的最大部分也在这个时期达到。低等、中等和高收入消费者在广泛的产品供给中各取所需。各种类型的连锁企业(从折扣商店到高档商店)以不同方式经营该产品或服务。有信誉的连锁企业继续强调品牌名称和顾客服务。但其他连锁企业已经进入灵活的价格竞争阶段。价格优势在促销活动中更加突出。对连锁企业和供应商而言,成熟期是竞争最激烈的时期。

根据传统的产品生命周期理论,产品或服务进入衰退期,往往由两个因素引起:目标市场收缩(因为产品过时、新的替代品出现及消费者的厌倦)和价格削减影响了利润空间。在衰退期,目标市场变为低收入消费者和滞后者。一些连锁企业削减品种(减少分配给这些商品的货架空间);另一些连锁企业因为利润和形象的原因撤销了该产品或服务。仍经营该产品的连锁企业采用低价格、少促销策略,以适应低价格的市场。供应商减少,许多企业已经转向其他产品。

在制订更新计划的时候,连锁企业常常过分强调增加新产品。撤销现有产品或服务也是同样重要的决策。由于资源和货架空间有限,当增加一些产品的时候就不得不撤销另一些产品。连锁企业应采用结构性准则,而不是凭直觉撤换现有产品:

(1) 根据销售额、价格和利润的下降,替代品的出现及有用性的丧失,选择可撤销的产品。

(2) 收集和分析有关该产品的详细的财务和其他数据。

(3) 考虑非撤销战略,如削减成本、改变促销努力、调整价格及与其他零售商合作。

(4) 撤销决策作出后,不要忽视定时、配件、服务、存货和留存要求。

例如,1995年,美国玩具反斗城公司开始精简商店经营的品种数量,幅度达20%之多。公司有时也觉得给消费者的购物带来了不便。通过撤销某些商品,该公司现在有了更深的商品组合,而且即使撤销了许多商品,公司仍然比竞争者有更多的商品供选择。

2. 存储多少商品

一旦连锁企业确定了经营何种商品,接着就必须决定存储多少商品。因此,存储商品的宽度和深度是下一步要计划的。品种宽度指零售商经营的不同商品/服务大类的数量。品种深度指零售商经营的任何一大类商品/服务的多角化程度。

产品品种的范围从宽—深(百货商店)到窄—浅(售货亭)不等。

每种品种组合战略的优点和缺点如表4-5所示。

表 4-5 零售品种战略

战　略	优　点	缺　点
宽—深（产品/服务的种类繁多，每一大类的品种众多）	广阔的市场 全面的存货 高客流量 顾客忠诚 一站式购物 没有失望的顾客	高存货投资 大众形象 许多品种流转速度低 有一些过时的商品
宽—浅（产品/服务的种类繁多，但每一大类的品种有限）	广阔的市场 高客流量 强调方便顾客 成本比宽—深战略低 一站式购物	产品线的多样性差 有一些失望的顾客 较差的形象 许多品种流转速度低 较低的顾客忠诚
窄—深（产品/服务的种类较少，每一大类的品种众多）	专家形象 同一类商品中顾客选择性强 专业的员工 顾客忠诚 没有失望的顾客 成本比宽—深战略低	过分强调某一大类 不能一站式购物 对趋势/周期更敏感 需要更加努力扩大商圈的规模 很少（没有）经营相关的（或互补）的商品
窄—浅（产品/服务的种类较少，每一大类的品种有限）	目标在于方便顾客 成本最低 很大的商品流转量	很小的宽度和深度 不能一站式购物 形象较差 有限的顾客忠诚 很小的商圈 很少（没有）经营相关的商品

　　在制订经营品种的宽度和深度计划时连锁企业应考虑多种因素。销售额和利润是必须估计的。如果增加产品/服务的种类，总销售额会上升吗？总利润呢？经营 10 种猫食不一定比经营 4 种得到更大的销售额或利润。连锁企业应该看到多角化引起的投资成本。

　　空间要求也必须重视。每一品种的产品或服务需要多少空间？有多少空间可利用？由于销售空间的有限性，应将其分配给那些能产生最大客流量和销售额的产品和服务。流转率也是分配货架空间时应考虑的因素。

　　制订计划时，还必须区分延伸品、互补品（服务）和替代品（服务）。连锁企业增加与原有商品不相关的延伸品是为了产生大的客流量，扩大利润空间（如花卉商经营雨伞）。经营互补产品/服务，连锁企业一方面可销售基本产品，另一方面又可销售相关产品（修剪草坪服务与为树木喷水）。经营延伸品和互补品的目的都是提高零售商的总销售额。但经营众多替代品（如各种竞争品牌的牙膏）只是简单地使销售额从一个品牌转移到另一个品牌，而连锁企业的总销售额却几乎不受影响。

对一些企业而言，尤其是超市，替代品的激增已经引起了一个难题：对同一种类的商品，如何既为消费者提供足够的选择机会又不至于浪费太多的投资和营业空间。例如，某超市，其货架上摆放着25种不同的柑橘、9种蘑菇、12种西红柿、200种葡萄酒、330种啤酒、100种芥末和500种乳酪。但是，正如一位专家所说，"如果一家超市的商品组合是合理的，太多的重复只会增加主要品种的销售困难"。

连锁企业有时可能没有机会购得一条产品线的全部品种。强有力的供应商可能要求连锁企业经营它的全部产品线，否则就不与该连锁企业做生意。但是，大连锁企业（以及属于合作采购集团的小连锁企业）现在正勇敢地面对供应商。而且许多连锁企业采购的自有品牌产品数仅次于制造商品牌产品数。由于零售连锁（及采购集团）已经变得更强大，这种现象也在增加。连锁企业为了将货架分配给不同的品牌并控制商品陈列位置而同制造商展开竞争，这被称为品牌战。

连锁企业必须决定所经营的制造商品牌、自有品牌和非注册品牌商品的适当组合。制造商（全国性）品牌由制造商所有和控制。它们往往更有名、享受制造商的广告支持、有一些已预售给顾客、对连锁企业的投资要求有限，而且消费者常常认为其产品质量最好。这些品牌统治着许多种产品大类的销售。最流行的制造商品牌有：可口可乐、柯达、百事可乐、索尼等。

自有（经销商）品牌即由批发商或连锁企业设计拥有的品牌，它们对于连锁企业更有利可图，也更便于连锁企业控制，不会被竞争的连锁企业销售，对消费者更便宜，且会形成消费者对连锁企业（而不是制造商）的忠诚。但是，对于大多数自有品牌的产品，连锁企业必须自己选择供应商、安排实体分销和仓储、发起广告、设置店内陈列，并承担积压商品的损失。连锁企业必须谨慎从事，决定将多大力量放在它们的自有品牌上。许多消费者忠诚于制造商品牌，如果商店里没有这类品牌，他们会到别处去购物。

非注册品牌的特点是将商品的属名当作品牌（如罐头豌豆和速溶咖啡）；这类商品不带任何多余的装饰，常被摆放在次要的货架位置上，很少或者没有促销支持，整体质量有时比其他品牌差，品种有限而且包装朴素；非注册品牌由连锁企业控制，定价也比其他品牌低得多。在美国，超级市场经营的这类商品，销售额稳定在不足1%。但是，在处方药行业，制造商品牌和非注册品牌的商品质量差不多，非注册品牌占单位销量的1/3。

如果连锁企业倾向于采取宽且深的商品战略，以下因素也是十分重要的：
(1) 风险、商品投资、损耗和过时商品急剧增多。

(2) 人员可能过于分散,有时必须经营不熟悉的产品和服务。
(3) 延伸商品可能产生积极和消极两方面的影响。
(4) 存货控制程序可能太困难,库存总流转可能下降。

制订品种计划必须考虑基本存货清单(针对销路稳定的常用品)、模型存货计划(如时尚商品)和确保不脱销清单(针对畅销品)。常用品是销售稳定的商品。对超级市场,常用品指牛奶、面包、汤罐头和面巾纸。对百货商店,常用品指皮包、照相机、玻璃器皿和家居用品。由于这些商品有相对稳定的销量(有时是季节性的),其性质也不随时间而变化,零售商能清楚地为这类商品制订品种计划。基本存货清单具体指零售经营的每一种常用品的存货水平、花色、品牌、款式、规格、包装等。

为时尚品、家具和其他非标准化商品制订品种计划要比常用品困难,因为这些商品存在需求不稳定、款式变化快、规格和花色繁多的问题。对这类商品,决策是双向的。首先,产品大类、款式、设计和花色要经过选择。其次,采用模型存货计划订购具体的商品,如针对某种特别设计的羊毛套衫,确定各种规格的绿色、红色和蓝色商品各自的数量。采用模型存货计划,可以确定许多流行商品的规格和花色;还可以确定少数不太流行的商品的规格和花色,以补充商品品种。这样,对所经营的每一种款式,一家商店可能备有1件18号的衣服和6件10号的衣服。

连锁企业计划库存畅销商品时,采用确保不脱销清单。对此类占销售额比重很高的商品,库存时应保证商店一直备有现货出售。当商品的流行性及对零售商的重要性改变的时候,需将它们加入该清单或从清单中删去。因此,一本贾平凹的新小说发行之前,书店就会订货,以保证满足预期的需求。当该书从报纸上的畅销书排行榜中消失后,就要少量存货了。

实际上,对各种类型的零售商,综合使用基本存货清单、模型存货计划和不脱销清单通常是一种很好的战略。有时,这些清单可能有交叉的部分。

3. 何时储存商品

连锁企业应确定每一种商品在什么时候储存。对新产品和服务,零售商必须决定什么时候第一次陈列和销售。对已有产品和服务,零售商必须计划1年内的商品流转规律。

为恰如其分地订购商品,零售商必须预测一年内的商品销量及其他各种因素:高峰季节、订货和送货时间、例行订货和特殊订货、库存流转率存货处理的效率。

一些商品和服务在1年内存在高峰季节。对这些商品(如冬季外套和小艇租赁),零售商在高峰期内应备有大量存货,过季时则应该减少存货。由于有些人喜欢在非季节购物,零售商在季后不应完全撤掉这些商品。

连锁企业应根据订货和送货时间计划采购。企业处理一份订单要花多长时间?订单被送给供应商后,多长时间才能收到送货?将两段时间加起来才能更好地确定再次充实货架的提前时间。如果零售商处理一份订单要花7天,供应商送货要花14天,零售商至少应在存货卖完之前的21天即开始新的订货程序。

　　例行订货和特殊订货的计划不同。例行订货只涉及库存常用品和销售的商品,货物按周或月有规律地收到,因此,计划和问题很少。特殊商品涉及不规则销售的商品。这种订货要求大量的计划工作及零售商与供应商的密切合作。特殊送货的日期常常是特意安排的,定做的家具就是一种要求特殊订货的产品。

　　库存流转率(商品出售的快慢程度)对订货频率的影响极大。像牛奶面包(极易腐坏)这类便利品流转率很高,因此必须经常再订购。像冰箱和洗衣机之类选购品的流转率较低,因此不必经常再订购。

　　在决定商品采购的时间和频率时,零售商应考虑到数量折扣,大量意味着较低的单位成本。采用高效率的存货处理方法,如电子数据交换和快速反应计划程序,也能降低成本和订货时间,同时提高商品管理的生产率。

4. 在何地储存商品

　　最后一个基本的商品计划决策是在什么地方储存商品。单一企业常常必须选择将多少商品存放在销售现场,多少存放在库房。连锁企业也必须在各分店之间分配商品。

　　一些连锁企业几乎完全将仓库当作中心的或地区的分销中心。产品从供应商处运到这些仓库,经过编配后送往各家分店。伯灵顿服装公司的420英尺的新泽西仓库每天处理125 000件商品,服务于遍布全国的玩具反斗城公司有16个分销中心,其中14个是自有的,2个是租用的。分销中心平均面积为443 000平方英尺,能够储存大约80 000个货箱,堆成50英尺高的商品垛。

　　另一些连锁企业,包括许多超市连锁店,并不过分依靠中心或地区,它们至少有一部分产品直接由供应商运送到各分店。这被称为直接向商店配送;它与电子数据交换系统配合使用效果会更好。直接向商店配送"是将周转快、大体积、易腐烂的特殊商品直接由制造商处送达零售货架的通道"。在行业范围内,超级市场平均有27%销售额来自直接向商店配送。例如,沃恩斯公司有大量商品是直接运送到超市的,而不是到公司仓库等待再一次配送。

　　中心仓库的优点包括运输和储存的高效率、商品处理机械化、安全性高、商品标记的高效率、易于退货、平稳而协调的商品流。中心仓库的主要缺点是过度的集中化控制、需另外处置易腐品、对小零售商运行成本过高及潜在的订货处理延时。另外,由于增加了额外的配送阶段,集中化仓库可能降低快速反应的能力。直接向商店配送正反两方面的特征如下:

　　一方面,作为一种确保生鲜产品不脱销的方法和一个实现微观营销潜力的重要步骤,直接向商店配送提供了极大的希望。依靠自有品牌或代理的品牌,直接向商店配送供应商可能一周向商店送货二三次之多。这种频率保证了直接向商店配送供应的产品是商店里最新鲜的,直接向商店配送供应商的综合零售知识应该(至少在一个完美的世界里)是一种无价的商店管理信息资源,它也为单个商店根据不同顾客群销售不同商品的可能性打开了方便之门。

另一方面,直接向商店配送分销系统,至少以其目前的形式,增加了零售商与卖主/分销商关系的复杂性和层次,这成为造成发票和接货文件堆积如山的首要原因。

在给各家分店配送商品时,零售商应考虑到目标市场。只有当商品能满足服务顾客的品位和需求时,各分店才应经营这些商品。各分店的地理位置越分散,准确地辨别各分店所需商品品种的差别就越重要。

在各分店间分配商品时,研究分店规模也很重要。当各分店的目标市场相似时,应根据销售额分配商品。如果分店 A 的销售额是 100 万元,分店 B 的销售额是 200 万元,分店 B 就应得到分店 A 两倍的商品。但是,当目标市场不同时,商品分配也应作出相应的调整。

二、商品计划程序

良好的商品管理离不开连锁企业对销售额进行精确预测的能力。毕竟,对连锁企业而言,最重要的商品管理职能就是预测和满足顾客需求。

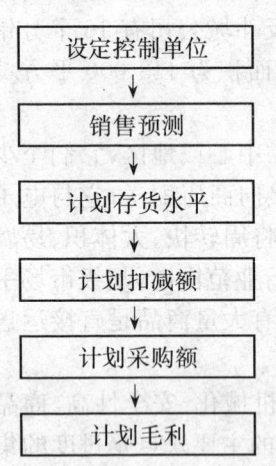

图 4-5 商品需求预测和预算程序:金额控制额数据。

图 4-5 显示了商品需求预测和预算的金额控制程序,包括六个步骤:设定控制单位、销售预测、计划存货水平、计划扣减额、计划采购额及计划毛利。

领会这一程序的连续性是必需的,因为任一步骤的变化都会影响其后的所有步骤。例如,如果连锁企业预测的销售额偏低,由于它未能计划在一个销售季节里保持足够的存货,因而计划的采购额也将会偏低,从而可能引起脱销。

1. 设定控制单位

商品需求预测和预算要求选择控制单位,这些控制单位是以收集数据的商品分类。分类必须窄到能将特定商品类别的机会和问题分离出来。零售商希望在部门范围内控制商品,必须分别记录分配给每类商品的金额数据。

例如,如果只知道某一部门总降价额比去年水平高 20%,还不如知道某几类商品作了大幅度降价更有价值。零售商可以将构成一个部门的总括起来以扩展其控制系统。然而,一个商品大类却不能细分成各个组成部分,这意味着宁多毋少。

如果可能的话,选择同公司其他内部数据和行业工会数据相一致的控制单位是有益的。公司内部的比较只有在分类方法长期稳定不变时才有意义。随时间变动的分类系统不允许在各个时期进行比较。同样,只有某一特定零售商及其行业工会的控制种类是相似的,有效的外部比较才可以进行。

控制单位可以以部门的分类、价格分类及标准商品分类为基础设置,下面将对每种设置方式加以讨论。

从最低限度来说,连锁企业应该按照指定的部门分类保持财务记录。即使像汉迪五金商店这样的小公司,也需要获得以部门(如工具和设备、生活用品等)为基础的数据,用于购买、存货控制和降价决策。最广泛的实际分类是部门,它使零售商得以评价每一大类商品组或采购员的业绩。要获得比部门分类更多的财务数据,可以使用分类商品管理,把每一部门进一步细分为相互关联的商品类别。这样,汉迪五金商品在为其工具和设备部门的商品作计划时,不仅可以记下该部门总体业绩的财务数据,而且可以记下如割草机、吹雪机、电动工具以及梯子等类别的个别业绩的财务数据。分类销售的一种特殊形式涉及价格线分类法,即按零售价格类分析零售额、存货及采购额。如果公司向不同的目标市场以差别很大的价格供应同类商品(如汉迪五金商店向自己动手者提供20美元的电动工具,向承包商提供135美元的电动工具),那么这种分析就极有价值。产品组合深的零售商通常使用价格线控制。例如男士服装店可能希望将售价在89~119美元的运动夹克和售价在179~219美元的运动夹克区别开来。这些不同类别的运动夹克通常卖给不同的顾客或同一顾客用作不同用途。

为了更好地将自己的财务数据与行业平均值相比较,公司的商品分类应该遵照那些被行业刊物所引用的分类。

2. 销售预测

在销售预测之前,连锁企业应收集有关顾客需求的数据。在收集决策所需数据的时候,连锁企业有几个可能的信息源。最有价值的是消费者。通过研究目标市场的人口统计数据、生活方式和潜在购物计划,连锁企业就可以直接研究消费需求。

当直接的消费者数据无法得到或者不充分时,可以使用其他信息源。通常,供应商(制造商或批发商)会做出它们自己的销售预测和营销研究(如试销)。它们也知道连锁企业将会得到多少外部销售支持,而这会影响销售。如果与连锁企业的关系密切,供应商可能会提供图表资料,出示预测结果和促销支持方案。但是,连锁企业应该重点记住的一点是:要靠连锁企业自己直接接近市场以了解顾客需求。

零售销售和商品展示人员接触消费者，可以将他们的观察结果反馈给采购人员。需求手册（需求卡片）系统是记录消费者对未经营商品或脱销商品需求的正式方法。小零售商使用需求手册，大零售商使用卡片，这些工具对零售商的采购人员很有帮助。由于销售人员接触消费者，激励他们提供反馈信息，而且不反对他们发表评论。销售人员有可能为商品提供最有用的信息。

采购人员通过访问供应商、与销售人员谈话及观察消费者行为，可以到许多有关消费者需求的信息。通常，在其主管的商品大类范围内，采购负责全部的销售预测和商品计划。高层管理人员综合各采购员的预测和计划作出公司的整体计划。

竞争者是另一个信息源。直到竞争者这样做了，保守的零售商才会储存一种商品。它们可能会雇用比较购物者，即那些观察竞争者提供的商品的人。另外，商业出版物也报告每一零售领域的趋势，并提供向竞争者获取数据的合法途径。

其他信息来源也可能提供许多有用的信息：政府公布的失业、产品安全数据；独立新闻单位举办的消费者民意测验和调查报告；可以购买到的商业数据。

信息应该从多个渠道收集，单一类型的数据可能是不充分的。不管所收集信息的数量有多少，零售商应能感觉到它们用于制定尽可能精确的决策是充分的。对于例行采购决策（如常用品），有限的信息可能就足够了。

连锁企业通过销售预测预计未来给定时期内的销售额。销售预测的范围可以是整个公司、部门或单个的商品类别。在任何商品财务计划程序中最重要的步骤应是精确的销售预测，因其对后继步骤的影响、对未来销售的错误估计会导致整个过程发生偏差。

大型连锁企业公司范围和部门范围的销售额通常使用统计技术进行预测。例如，趋势分析法、时间序列分析法及多元回归分析法。对这些技术的讨论超出了本书的范围。应该指出，小型零售商很少采用这些技术，它们多用"猜测估计"，即基于经验的推测。

在部门（或价格线）内部所做的商品分类，其销售预测通常更多地使用技术，甚至对较大的公司来说也是如此。对这些分得较细的类别做预测的方法是，先预测公司范围内的销售额，然后按部门分，最后将这些数值分解到各个商品类别。

销售预测必须仔细预计并考虑外部因素、公司内部因素及季节趋势。能影响零售商未来销售额的外部因素有人口状况和生活方式的走向、竞争者的行为、经济状况、目标顾客兴趣的变化以及供应商提供的新商品等。《连锁店时代》定期监测消费者购买行为的变化。能影响零售商未来销售额的公司内部因素有商品种类的增加和删减、促销和信用政策的改变、营业时间的变化、新商店开业以及现有商店的改造。对许多零售商来说，在进行月销售预测时必须考虑季节性变化。例如，汉迪五金商店吹雪机的年度销售额不能只依据12月份的销售额进连锁企业可以通过对过去趋势和对未来增长（基于外部和内部因素）的预测进行销售预测，表4-6显示了汉迪五金商店的这样一个预测。它应被视为有待修正的估计值，这也正是商品财务计划需要某种弹性的原因。公司应该知道，某些因素可能很难涵盖进销售预测中去，如商品短缺、消费者对新产品的反应、供应商员工的罢工、通货膨胀率以及新的政府法规等。

表4-6 汉迪五金商店使用产品控制单位进行的简单销售预测

产品控制单位	2006年的实际销售额（美元）	预期增长/或下降（%）	2007年的销售预测（美元）
割草机/吹雪机	100 000	+10.0	110 000
粉刷用品及器具	64 000	+3.0	65 920
五金器具	54 000	+8.0	58 320
管件器具	44 000	−4.0	42 240
电动工具	34 000	+6.0	46 640
园艺用品/化学药品	24 000	+4.0	35 360
家用器皿	20 000	−6.0	22 560
电力机械	18 000	+4.0	20 800
电梯	18 000	+6.0	19 080
手工工具	18 000	+9.0	19 620
全年总计	420 000	+4.9	440 540

在作出年度预测后，必须将它分解到季度或月度计划期。在零售业中，通常要求有月度计划销售预测。这样，珠宝店知道12月份一般占年销售额的1/5强，而药店知道12月份通常约占年销售额的1/10（稍高于月平均销售额）。

要获得更具体的估计值，连锁企业可以使用月销售指数，它由月实际销售额除以月平均销售额再乘以100计算出来。表4-7显示了汉迪五金商店2006年的月实际销售额和月销售指数。这些数据表明，这家商店销售额的季节性变化很强，销售高峰值出现在春末和夏初（对于割草机、粉刷用品及器具等）以及12月份（对于照明设备、吹雪机及礼品等）。

表 4-7 汉迪五金商店 2006 年的每月销售额

月份	实际销售额（美元）	月销售指数
1	23 400	67
2	20 432	58
3	24 000	69
4	32 800	94
5	56 098	160
6	51 900	148
7	52 280	149
8	31 400	90
9	23 452	67
10	23 400	67
11	33 442	96
12	47 396	135
年销售总额	420 000	
月平均销售额	35 000	
月平均指数		100

根据表 4-7，2006 年汉迪的月平均销售额是 35 000 美元（420 000÷12）。这样，1 月份的月销售指数是 67（23 400÷35 000×100）；其他月指数的计算依此类推。每一月指数显示了该月销售与每月平均销售额偏离的百分比。5 月份的指数为 160，意味着 5 月份的销售额比每月平均销售额高 60%。10 月份的指数为 67，意味着 10 月份的销售额比月平均销售额低 33%。

月销售指数一旦确定，零售商就可以根据年度销售额的预测值预测月销售额。表 7-8 显示，如果第二年（2007 年）的月平均销售额预计为 36 712 美元，那么汉迪五金商店可以预测出每月销售额。5 月份销售额预计为 58 739 美元（36 712×1.60）；10 月份的销售额预计为 24 597 美元（36 712×0.67）。

表 4-8 汉迪五金商店 2007 年按每月销售额预测

月份	1997 年实际销售额（美元）	月销售指数	1998 年销售额预测（美元）
1	23 400	67	24 597（36 712×0.67）
2	20 432	58	21 293

(续表)

月　份	1997年实际销售额(美元)	月销售指数	1998年销售额预测(美元)
3	24 000	69	25 331
4	32 800	94	34 509
5	56 098	160	58 739
6	51 900	148	54 334
7	52 280	149	54 701
8	31 400	90	33 041
9	23 452	67	24 597
10	23 400	67	24 597
11	33 442	96	35 244
12	47 396	135	49 561
年销售总额	420 000		总销售额预测 440 540
月平均销售额	35 000		月平均预测 36 712

3. 计划存货水平

在做出销售预测后,连锁企业必须计划该时期的存货水平。存货必须满足销售预期的需要,并留有余地。计划存货水平的技术有基本库存法、百分比差异法、周供货法及存销比率法。

使用基本库存法,连锁企业在一定时期内备有比预期销售更多的商品。如果销售额比预期额高,运货延迟,或者顾客要求挑选多种多样的商品,这种方法可以使公司有缓冲的余地。当一年里存货周转率变动异常时,这种方法最为适用。月初计划存货水平等于计划销售额加基本库存量:

基本库存(按零售价计)=按零售价计算的月平均库存-月平均销售额

月初计划存货水平(按零售价计)=计划每月销售额+基本库存

如果汉迪五金商店2007年的平均每月销售预测为36 712美元,它想储备月平均销售额预测值的10%(或3 671美元)作为额外库存,并且预测2007年1月的销售额为24 597美元,那么有:

基本库存(按零售价计) = (36 712×1.10)-36 712 =
40 383-36 712 = 3 671(美元)

1月初计划存货水平(按零售价计)=24 597+3 671=28 268(美元)

使用百分比差异法,任何一个月的月初计划存货水平与计划的月均库存的差异只有该月预计的销售额与预计的月均销售额的一半。当年库存周转率超过6次或相对稳定时,这种方法被推荐使用,因为相对其他技术来说,它使计划月度存货更接近于月平均值。

$$\begin{matrix}\text{月初计划存货水平}\\(\text{按零售价计})\end{matrix} = \begin{matrix}\text{计划月平均库存}\\(\text{按零售价计})\end{matrix} \times \frac{1}{2} \times \left(1 + \frac{\text{预计的该月销售额}}{\text{预计的月均销售额}}\right)$$

如果汉迪商店计划月均库存为 40 383 美元,并且 2007 年 11 月的销售额预期比月均销售额 36 712 美元少 4%,那么这家商场在 2007 年 11 月初的计划存货水平为:

$$\begin{matrix}11\text{月初计划存货水平}\\(\text{按零售价计})\end{matrix} = 40\ 383 \times \frac{1}{2} \times \left(1 + \frac{35\ 224}{36\ 712}\right) =$$

$$40\ 383 \times \frac{1}{2} \times 1.96 = 39\ 575(\text{美元})$$

对汉迪五金商店来说,由于它的月销售额变动很大,使用百分比差异法并不好。使用这种方法,汉迪五金商店 2007 年 12 月初的计划存货水平将为 47 450 美元(基于计划的月平均存货 40 383 美元),少于预期销售额。

周供货法涉及对以周为基础的平均销售额的预测,因为期初存货等于几周的预期销售额。它假定储备的存货与销售额成正比。这样,库存商品在销售高峰期可能过多,在销售低潮期可能过少:

期初计划存货水平(按零售价计)=预计的平均每周销售额×存货的周数

如果汉迪五金商店预测,2007 年 1 月 1 日至 2007 年 3 月 31 日期间平均每周销售额为 55 478.54 美元,并且它想储备 13 周的库存商品(以 2007 年第 1 季度的预期周转量为基础),则期初存货将为 71 221 美元。

1 月初计划存货水平(按零售价计)= 5 478.54 × 13 = 71 221(美元)

使用存销比率法,零售商希望保持现有库存对销售额的一个特定比率。库存对销售比率为 1.3,意味着如果汉迪五金商店 2007 年 4 月的计划销售额为 34 509 美元,它在这个月里应该储存 44 862 美元可供销售的商品(按零售价计)。与周供货法一样,存销比率法对存货水平的调整往往比销售额变化的要求更剧烈。

4. 计划扣减额

除预测销售额外,公司还应该估计预期的零售扣减额,它代表这一期间的期初存货加采购额同销售额加期末存货之间的差额。计划的扣减额应该包括预期的降价(降价是为刺激商品销售)、雇员折扣和其他折扣(对雇员、老年市民等收入的减价)以及库存短缺(由失窃、损坏及簿记错误造成)。对扣减额进行预测和计划而不

是坐等它们发生,对零售商说是必要的:

计划扣减额=(期初存货+计划采购额)-(计划销售额+期末存货)

零售商对扣减额的计划围绕两个关键因素:预测预算期内的总扣减额以及将这一预测值按月分配。公司计划总扣减额时应该研究以下几点:

(1) 以往计划扣减额的经验。
(2) 同类零售商的降价资料。
(3) 公司政策的变化。
(4) 商品从一个预算期到另一个预算期的结转。
(5) 价格趋势。
(6) 库存短缺趋势。

在计划扣减额时,过去的经验是一个良好的起点。通过考察从行业刊物得到的降价、折扣以及库存短缺等资料,可以同类似公司相比较。例如,如果零售商比它的竞争对手降价更多(幅度更大),那它可以通过调整采购行为和价格水平或者更好地培训销售人员来调整和纠正这一状况。

在评估以往的扣减额时,连锁企业必须考虑自己的各种策略。一个预期内策略的改变常常影响到降价的幅度和时机选择。如果公司要增加其季节性和流行性商品的品种,就可能增加降价的必要性。

商品结转、价格趋势以及库存短缺趋势也影响计划。如果是淡季,手套和防冻剂之类的日用品通常没有必要通过降价清空存货,而时尚商品的结转仅仅是推迟了扣减而已。各类产品的价格趋势也影响零售扣减。例如,现在许多家用个人电脑系统大约1 000美元就能买到,大大低于早先的价格,这意味着定价较高的家用电脑不得不降价销售。

公司可以利用最近的库存短缺趋势(通过比较上一预算期的簿记和实地盘存价值来决定)计划在未来减少由雇员、顾客及小偷引起的未来损耗、损坏和簿记错误。通常,零售业中大约1/4的库存短缺是职员及操作错误引起的。如果公司的库存短缺总额累计不到年销售额的2%~4%,就被认为做得很好了。

在确定了总扣减额后,必须按月对它们进行计划,因为作为销售额一定百分比的扣减额在各个月间并不相同。库存短缺在旺季可能高得多,因为那时商店更加拥挤,交易也进行得更快。

5. 计划采购额

计算一个时期计划采购额的公式是:

$$\begin{matrix}\text{计划采购额}\\(\text{按零售价})\end{matrix} = \begin{matrix}\text{本期的}\\\text{计划销售}\end{matrix} + \begin{matrix}\text{本期的}\\\text{计划扣减}\end{matrix} + \begin{matrix}\text{计划期}\\\text{末存货}\end{matrix} - \begin{matrix}\text{期初}\\\text{存货}\end{matrix}$$

如果汉迪五金商店 2007 年 6 月的计划销售额为 54 334 美元,总计划扣减额为销售额的 5%,按零售价计算的计划月末存货为 36 000 美元,按零售价计算的月初存货为 40 000 美元,6 月份的计划采购额为:

计划采购额(零售价) = 54 334 + 2 717 + 36 000 − 40 000 = 53 051(美元)

由于汉迪五金商店预计 2007 年的商品成本约为零售价格的 60%,因此它计划在 2007 年 6 月采购成本为 31 831 美元的商品:

$$\text{计划采购额(按成本计)} = \text{计划采购额(按零售价计)} \times \text{商品成本占零售价格的百分比} =$$
$$53\,051 \times 0.60 = 31\,831(\text{美元})$$

采购限额是给定时期(通常为 1 个月)内计划采购额与采购员承诺的购买款项之间的差额。它代表采购员留待当月购买的数量,并且随每次购买而减少。

月初,如果该月开始前没有承诺购买,那么公司的计划采购额与采购限额就相等。采购限额按成本记录。

在汉迪五金商店,2007 年 6 月采购员已做出了总额为 27 500 美元的承付款项(按零售价计)。从而,商店 6 月份按零售价计算的采购限额为 25 551 美元:

$$\text{采购限额(按零售价计)} = \text{当月计划采购额} − \text{当月承付款项} =$$
$$53\,051 − 27\,500 = 25\,551(\text{美元})$$

要求出 2007 年 6 月按成本计算的采购限额,应将 25 551 乘以汉迪商店商品成本占零售价的百分比:

$$\text{采购限额(按成本计)} = \text{按零售价计算的采购限额} \times \text{商品成本占零售价百分比} =$$
$$25\,551 \times 0.60 = 15\,331(\text{美元})$$

采购限额概念有两个重要作用。第一,它确保零售商能够在现有库存与计划销售额之间保持一种确定关系,从而避免采购过多和不足。第二,它使公司能调整商品采购额以反映销售、降价等的变化。例如,如果汉迪五金商店将它在 2007 年 6 月的销售额预测修订为 60 000 美元,它会自动地将计划采购额和采购限额提高 5 666 美元(按零售价计)和 3 400 美元(按成本计)。

从战略角度看,零售商尽可能长地保留至少一个小额的采购限额是可取的。这使公司能够利用特殊交易、采购新推出的产品并补充已经出售的商品。由于低估需求(过低的销售预测),有时必须打破采购限额的限制。

6. 计划毛利

在进行商品预算时,零售商对获利性(以金额和毛利率表示)非常感兴趣,因而必须考虑预期的净销售额、零售营业费用、利润以及在给商品定价时的零售扣减额：

$$要求的初始加价率 = \frac{计划的零售费 + 计划利润 + 计划扣减额}{计划净扣减额 + 计划扣减额}$$

要求的加价数值是整个公司的平均值。只要公司的平均加价得以维持，个别商品可以根据需求和其他因素定价。初始加价的概念是为了叙述商品预算时保持连续性而引进的。

汉迪商店 2007 年销售预测总额为 440 540 美元，并且预期的年营业费用为 145 000 美元，扣减额预计为 22 000 美元，净毛利总额目标为 30 000 美元，占销售额的 6.8%。因此，它要求的初始加价为 42.6%。

要求的初始加价率 = (145 000 + 30 000 + 22 000) ÷ (440 540 + 22 000) × 100% = 42.6%

$$\frac{要求的初始加价率}{(所有因素都以销售额的百分率表示)} = 32.9\% + 6.8\% + 5\% = 44.7\%$$

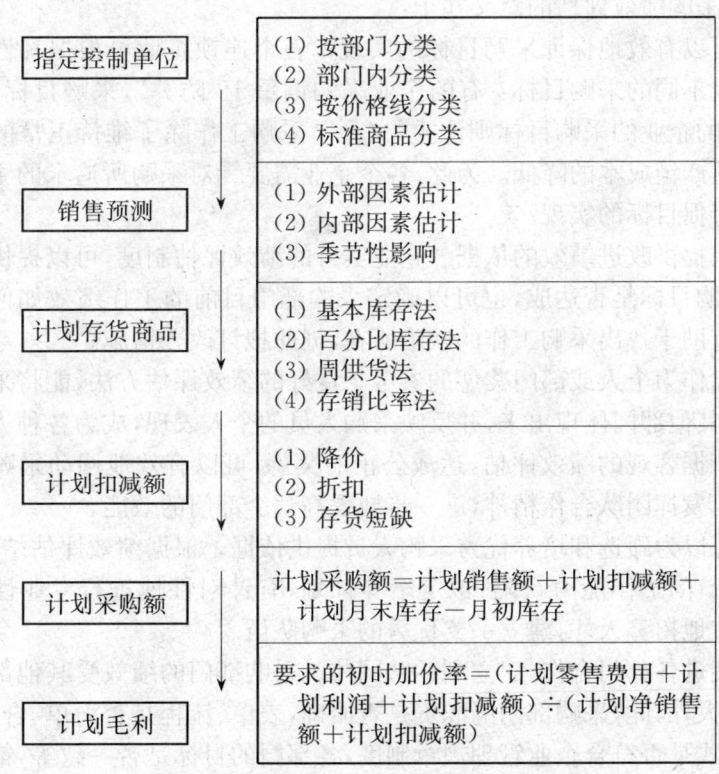

图 4-6 商品的预测和预算程序：金额控制

第三节 商品采购绩效考核与评价的指标体系

一、商品采购绩效评估的意义和原则

1. 商品采购绩效评估的意义

采购作为连锁企业运作的一个重要环节,它的绩效对连锁企业整体目标的实现起着很重要的作用。采购在制定了采购方针、战略、目标及实现相应目标的行动计划后,在计划实施时还需有相应的绩效指标,用于对采购过程进行检查控制,并在一定的阶段对工作进行总结,在此基础上再提出下一阶段的行动目标与计划,如此循环往复,不断改进。

采购绩效评估是对采购工作进行全面系统地评价、对比,从中判定采购所处水平的做法。采购绩效评估的意义在于:

第一,可以有效地保证采购目标的实现。各个连锁企业可根据其性质和状况的不同,设定不同的采购目标:有的企业采购偏重于"防弊",采购目标要按期、按质、按量;有的企业的采购目标则注重"兴利",采购工作除了维持正常的产销活动外,特别注重产销成本的降低。为此,各个企业需要针对采购所追求的主要目标加以评估,并督促目标的实现。

第二,以提供改进绩效的依据。企业实行的绩效评估制度,可以提供客观的标准来衡量采购目标是否达成,也可以确定采购部门目前的工作绩效如何。正确的绩效评估,有助于找出采购工作的缺陷所在,据此拟订改善措施。

第三,以作为个人或部门奖惩的参考。良好的绩效评估方法,能将采购部门的绩效独立于其他部门体现出来,并反映采购人员的个人表现,成为各种人事考核的参考资料,依据客观的绩效评估,达成公正的奖惩,可以有效地调动采购人员积极性和开拓性,发挥团队合作精神,进一步地提高整个部门的效能。

第四,可以为甄选和培养优秀采购人员提供依据。根据绩效评估结果,可针对现有采购人员的工作能力缺陷,拟定培养计划,有针对性地进行专业性的教育训练,有的放矢地招募人才,建立一支优秀的采购队伍。

第五,促进各部门合作,建立利益共同体。采购部门的绩效受其他部门配合程度的影响很大,因此,采购部门的职责是否明确,表单、流程是否简单、合理,付款条件及交货方式是否符合企业管理规章制度,各部门的目标是否一致等,都可以通过绩效评估予以判定,并可以改善部门之间的合作关系,提高企业整体运作效率。

第六，提高采购人员的士气。有效而且公平的绩效评估制度，可以使采购人员的努力成果获得回馈和认可。采购人员通过绩效评估，可以与业务人员或财务人员一样，显示出对公司利润的贡献，成为受到肯定的工作伙伴。由此看出，采购绩效评估不仅对采购工作，而且对企业整体运作和效益都有着不可忽视的影响。

2. 商品采购绩效考核与评估的基本原则

采购绩效考核与评估的关键，一是要选择适用的衡量指标；二是绩效指标的目标值要合理；三是确定绩效指标要符合有关原则。一套完整的采购绩效考核评估体系是做好该项工作的必要保证。

采购绩效考核与评估指标的设定主要考虑采购绩效指标的选样要同企业的总体采购水平相适应。对于采购体系不太健全的单位，刚开始可以选择批次、质量合格率、准时交货等来控制和考核供应商的供应表现，而平均降价幅度则可用于考核采购部门的采购成本业绩。随着供应商管理程序的逐步健全、采购管理制度的日益完善、采购人员的专业化水平以及供应商管理水平的不断提高，采购绩效指标也就可以相应地系统化、整体化，并且不断细化。总之，绩效指标的选择要明确、尽量量化，要能得到自己、顾客及相关的人员的认同，现实可行。

确定采购绩效指标目标值时要考虑以下前提：一是顾客的需求；二是所选择的目标以及指标要同本企业的大目标保持一致；三是具体设定目标时既要实事求是、客观可行，又要具有挑战性，要以过去的表现作为参考，更重要的是可与同行的佼佼者进行比较。

二、商品采购绩效考核与评估的指标和标准

采购绩效考核与评估的关键是要制定一套客观的、能够充分展示采购人员绩效的、对考核对象有导向作用的指标体系，同时要制定相应的、合理的、适度的标准，只有这样才能真正发挥出采购绩效和评估的监督、激励、惩罚的作用。

1. 商品采购绩效考核与评估的指标

采购人员在其工作职责上，必须达成适时、适量、适质、适价及适基本任务，因此，其绩效评估应以此"五适"为中心，并以数量指标作为衡量绩效的尺度。

（1）质量绩效指标。质量绩效指标主要是指供应商的质量水平以及供应商所提供的产品或服务的质量表现，它包括供应商质量体系、质量水平等方面，可通过验收记录及销售记录来判断。① 商品质量，包括批次质量合格率、商品抽检缺陷率、商品免检率、退货率等。② 质量体系，包括通过 ISO9000 的供应商比例、商品免检的供应商比例、商品免检的价值比例、围绕本公司的产品开展专项质量改进的供应商数目及比例、参与本公司质量改革小组的供应商人数及供应商比例等。

(2) 数量绩效指标。当采购人员为争取数量折扣,以达到降低价格的目的时,可能导致存货过多的情况。① 储存费用指标,现有存货利息及保管费用与正常存货水准利息及保管费用之差额。② 积压商品处理损失指标,处理积压商品的收入与其取得成本的差额。存货积压越多,利息及保管的费用越大,积压商品处理的损失越高,显示采购人员的数量绩效越差。

(3) 时间绩效指标。这项指标主要是用以衡量采购人员处理订单的效率,及对于供应商交货时间的控制。延迟交货,固然可能形成缺货现象,但是提早交货,也可能导致买方负担不必要的存货成本或提前付款的利息费用。① 紧急采购费用指标,紧急运输方式的费用与正常运输方式的费用差额。② 缺货损失指标,除了直接减少的营业额损失外,尚有企业形象受损等间接损失。

(4) 价格绩效指标。价格绩效是企业最重视及最常见的衡量标准。透过价格指标,可以衡量采购人员议价能力以及供需双方势力的消长情形。通常用年采购总额、各采购人员年采购额、年人均采购额、各供应商年采购额、供应商年平均采购额、各采购商品年度采购基价及年均采购基价表示等表示。它们一般是作为计算采购相关指标的基础,同时是展示采购规模、了解采购人员及供应商负荷的参考数据,是进行采购过程控制的依据和出发点,常提供给公司管理层参考。而控制指标则是展示采购改进过程及其成果的指标,如平均付款周期等。

(5) 采购效率指标。品质、数量、时间及价格绩效指标,主要是衡量采购人员的工作效果的指标,而采购效率指标通常用来衡量采购人员的能力。① 采购金额。② 采购金额占销货收入的百分比。③ 订购单的件数。④ 采购人员的人数。⑤ 采购部门的费用。

(6) 新厂商开发个数。为使供应来源充裕,对唯一来源的商品,常要求采购人员必须在期限内增加供应商个数。此绩效指标,可用唯一来源商品占所有主力商品的比率来衡量。

(7) 采购完成率。以该指标衡量采购人员努力工作程度的绩效。完成率=本月累计完成件数÷月累计请购件数。完成件数有两种计算标准,第一种标准是由采购人员签发订购单计算,另一种标准必须等供应商交货验收完成才算。采购人员若为提高采购完成率,使议价流于形式或草率,则将得不偿失。

(8) 错误采购次数。这是指未按照有关的请购或采购作业程序处理的案件。譬如错误的请购单位、没有预算的资本支出请购案、未经采购单位主管核准的案件、未经采购单位主管核准的订购单等。此类错误次数,应要求降至零。

(9) 订单处理的时间。

2. 采购绩效考核与评估的标准

(1) 历史绩效。当采购部门,无论是组织、职责或人员等均没有重大变动的情况下,可选择企业或公司历史绩效作为评估目前绩效的基础。

(2) 标准绩效。当历史绩效难以取得或采购业务变化比较大的情况下,可以使用标准绩效作为衡量的基础。标准绩效设定要遵循三个原则:① 标准要固定。标准绩效一旦建立,就不能随意变动,要有持续性和连续性。② 标准要富有挑战性。标准的实现具有一定的难度,采购部门和人员必须经过努力才能完成。③ 标准是可实现的。可实现是指在现有内外环境和条件下,经过努力,确实应该可以达到的水平。一般依据当前的绩效加以衡量设定。

(3) 行业平均绩效。可以借鉴与本企业采购组织、职责以及人员等方面相似的同行其他企业或公司的绩效标准,也可以应用整个行业绩效的平均水准。

(4) 目标绩效。标准绩效是代表在现状下"应该"可以达成的工作绩效;而目标绩效则是在现状下,非经过一番特别的努力,否则无法完成的较高境界。目标绩效代表企业或公司管理者对工作人员追求最佳绩效的"期望值"。

第四节 商品采购绩效考核与评估的方式和技巧

在设立采购绩效考核与评估指标同时,也要考虑如何实施采购考核与评估。第一,谁来考核、评估?哪些部门、哪些人员作为考核人员?第二,考核、评估周期多长?第三,有哪些评估程序?

一、商品采购绩效考核与评估人员

1. 商品采购绩效考核与评估人员的选择

评估人员的选择与评估的目标有着密切的联系,要选择最了解采购工作情况的人员,与评估目标实现关联最紧密的部门参与评估。

常选择以下几类部门和人员参与评估。

(1) 采购部门主管。采购部门主管是对所管辖的采购人员实施采购绩效考核与评估的第一人,采购主管最熟悉采购人员所做的工作业务,以及工作绩效的优劣,因此,由采购主管负责评估,可以更全面、公平、客观地评价每个采购人员的采购绩效,但也应考虑主管进行评估时可能包含的一些个人情感因素,而使评估结果出现偏颇。

(2) 财务会计部门。财务会计部门掌握着企业产销成本的所有数据,全盘管制着资金的获得与付出,因此,财务会计部门可以从采购成本的节约对公司利润的贡献,采购成本节约对资金周转的影响等方面来评价采购部门的工作绩效。

(3) 销售部门。当采购项目的品质与数量对企业的产品质量与销售影响重大时,销售主管人员应参与采购部绩效的评估。

(4) 供应商。供应商与采购人员工作接触最多、最频繁,供应商对企业采购部门或人员的意见,可以间接了解采购工作绩效和采购员素质。但对供应商的意见要全面分析、正确对待。

(5) 外界专家或管理顾问。聘请外部采购专家或管理顾问,针对全盘的采购制度、组织、人员及工作绩效,做客观的分析,可以避免企业各部门之间的本位主义和矛盾。

2. 商品采购绩效考核与评估方式

对采购人员进行工作绩效考核和评估的方式,可以定期或不定期地进行。

(1) 定期绩效考核与评估一般以目标管理的方式进行,即从各种绩效指标当中,选择当年度重要性比较高的项目定为考核目标,年终目标实际达成程度加以考核,则必能提升个人或部门的采购绩效。

使用这种方法主要是以工作业绩为考核重点,比较客观公正。但应避免人们会特意追求考核目标的提高,而忽略其他方面,因此,要求目标的选择要高一些,选择要全面。

(2) 不定期绩效考核与评估一般以特定项目方式进行,适用于新产品开发计划等,如企业要求某项特定产品的采购成本要低于某一比例,并以此成果给予采购人员适当的奖惩。这种评估方式对提高采购人员的士气有很大帮助。

二、商品采购绩效的改进方法和技巧

1. 绩效改进切入点

采购绩效的改进一般可以从三个方面入手。第一,营造良好的组织氛围,充分发掘潜力;第二,以业界最佳指标为奋进点,不断寻找差距,优化工作方法;第三,对采购商品供应绩效进行测评,通过排行榜方式,奖励先进,鞭策落后。

任何采购组织,包括供应商,融洽、和谐、流畅的工作气氛是搞好各项工作的基础。如果采购组织内部存在剧烈的矛盾,采购人员与供应商之间互相不信任,缺乏合作诚意,工作人员的首先感觉是如履薄冰,处处小心行事,本来全部精力应投在刀刃上,但事实上却严重分散了注意力。

采购工作人员要经常把自己的业绩与同行高水平相比,不要对已经取得的成绩沾沾自喜,采购行业高手很多,特别是有过多年跨国采购经验的高级职员,他们的经验值得借鉴学习。采购组织的管理职能部门,应定期将采购人员的业绩、供应商的业绩进行测量,并进行排名,再配以相应的奖罚制度,这样,采购业务就会不断改善。

2. 绩效改善措施

(1) 质量改善措施。质量的好坏多用"不合格数与总商品数的比"来衡量,因此,可以采取以下办法:① 依据质量数值大小对供应商进行排名,并定位出前几名最差供应商,令其在规定的时间内进行改善,否则降级处分。② 对有希望的供应商帮助其进行质量改进,派出相关技术人员、质量管理人员、采购人员等组成的小组,现场分析研究,与其一起制定改善方案。

(2) 成本降低措施。成本问题多用价格差额比率来衡量。① 按照比率对供应商进行排名,对最差几名供应商的定价合理性进行分析研究,并令其限期改进。② 对表现较好没有欺诈行为的供应商,通过帮助其改善包装运输方式等途径来降低商品成本。对于有欺诈行为的供应商,要进行罚款、警告、终止供货合同等处分措施。

(3) 挑选供应商措施。多采用及时供应率来衡量供应的好坏。

$$及时供应率 = (商品及时供应数 \div 商品需求总数) \times 100\%$$

因此,可采取以下改进方法:① 依据及时供应率数值大小对供应商进行排名,定位前几名最差供应商,分析原因所在,对属于供应商原因的不良采购,责令供应商限期改善。② 对于市场行情较好的物料,其稳定性要求较高,应提前一段时间向供应商做预测提醒,以便供应商安排适量的库存。

(4) 增加采购柔性措施。拓展供应商,重点商品保证三家以上供应商供应,能避免独家供应商以及饱和的供应商群体。

(5) 考核实力措施。根据以下几个方面,针对具体供应商设计"实力问卷调查表",通过打分方法获得供应商的实力量化数值:① 技术水平。② 管理水平。③ 指标稳定性。④ 合作意识。⑤ 沟通能力。

(6) 评价服务措施。根据以下几个方面,针对具体供应商设计"服务问卷调查表",通过打分方法获得供应商的服务指标量化数值。① 商品退货配合。② 上门服务程度。③ 管理水平。④ 服务意识。⑤ 竞争公正性表现。⑥ 沟通能力。

(7) 评定采购工作效率措施。

$$采购工作效率 = (期间采购成本总额 \div 期间工作总人数) \times 100\%$$

通过以下改进方法可以提高采购工作效率:① 调查行业平均水平和最高水平,分析研究寻找差距。② 大多采购工作效率数值正常度与采购流程设置的合理性有关。流程简单实用,采购工作效率就会提高。

(8) 测定人员流动比率。

$$人员流动比率 = 年流入、流出人数 \div 总人数 \times 100\%$$

采购人员进出比率取值范围应是 7%~15%,总体保持平衡,与业务需求相匹配。

若小于7%,则可能因为违反"流水不腐"的自然原则,而发生严重的采购问题,进而影响采购质量、成本、供应及时性等;若大于15%,则可能导致采购技术的交替传播环境不成熟,从而导致工作人员采购操作熟练程度不够等问题。

(9) 测定供应商流动比率。

$$供应商流动比率=年流入、流出供应商 \div 供应商总数 \times 100\%$$

供应商流动比率取值范围有待研究,总体上应保证采购业务的正常开展。① 常值小于20%,理想数值为"零"。② 对垄断技术供应商尽量不采用,仅非常重要时才使用独家供应商。③ 独家供应商比率在某种程度上也反映企业产品技术的层次。新专利、新技术商品的独家供应的可能性较高,大众商品通常不会产生独家供应商。

(10) 确定订单周期。"订单周期"是采购合同中所确定采购商品从下单到完成入库的时间差额。

(11) 提高库存周转率的措施。

$$库存周转率=(年销售额 \div 年平均库存值) \times 100\%$$

提高库存周转率的措施有:① 根据市场预测计划和采购市场的供应行情,及时进行抢占,以支持市场的销售计划,减少积压。② 掌握产品的市场生命周期,对需求不大的老产品,采购计划要小心谨慎。

第五节 付款业务控制

一、商品采购和付款业务循环流程和文件

1. 商品采购和付款业务循环流程

采购和付款业务循环包括为经营而获取商品所必需的决策和处理过程。这一循环一般是从提出采购申请开始到企业支付货款结束。它通常包括以下四个流程:

(1) 处理订单。商品采购人提出采购申请并填制请购单是本循环的起点。为了保证商品的购入符合要求,避免过量或不必要的购入。采购需要经过适当的授权批准。为了提高采购的效率,连锁商业企业都设有专门的采购部门。在保证多供应渠道的条件下,应该集中订货以取得数量折扣,降低进货成本。采购部门要根据批准后的请购单签发订单,订单上注明求购的数量、价格和交货时间,并送交供

应商处以表明购买意愿。

(2) 验收商品。企业从供应商处收到商品是本循环中的关键点,正是在这一点上,连锁企业在其记录中确认有关应付款项。验收职能部门应检查收到的商品是否与订单上的详细项目一致。对采购数量应通过计数、称量或测量来验证,并尽可能检验商品,包括检验有无装运损坏。在某种情况下,还必须通过对商品的技术分析来确定其质量是否符合规定。此外,还需检查到货的及时性和其他情况。验收完毕后,填写验收单作为验收商品的证据,其中一份送仓库,另一份送应付账款记账部门以满足付款时的资料要求。

(3) 确认债务。正确确认已验收商品的债务,要求企业迅速对采购业务进行记录,初始记录对财务报表记录和实际支付有重大影响。因此应特别注意按正确的金额记录企业确已发生的采购事项。有的企业在商品验收后确认债务,而另一些企业习惯于在收到卖方发票时才记录。无论哪种情况,会计人员都应将应付账款记在收到供应商发票时,把发票上所列明的商品规格、价格、数量及运费等与订单、验收单的相关资料核对,发票经过审核入账后,这些采购业务就登记在采购日记账和应付账款明细账上。

(4) 处理和记录价款的支付。这一步骤通常采用付款凭单加以控制。多数企业的付款凭单在付款前由应付账款记账员掌管,付款通常是采用支票方式进行,支票的签发要求有付款凭单,加盖"款已付讫"戳记的已注销发票和验收单等有效证明,防止这些单据被重复处理,支票要由经过适当授权的人员签字。出纳人员根据签发的支票及时登记银行存款日记账。签发后支票原件送给供应商方,副本与付款凭单和其他单据一起存档。

2. 采购和付款业务循环内部控制使用的基本文件

在采购和付款业务循环内部控制中使用的主要文件包括:

(1) 请购单。由存货仓库、销售部门向采购部门提出商品采购申请并编制的单据。请购单预先编号,并注明所须采购商品的种类、数量以及请购人。

(2) 订单。由采购部门编制的授权供应方提供商品的预先编号的文件。订单上包括供应方名称、采购项目、数量、付款条件、价格等,这一凭证常用于表明商品采购的批准手续,并将其送交采购方用作表明购买意愿。

(3) 验收单。企业收到采购的商品时由验收部对商品进行验收,并据以编制的有关收到的商品种类、数量、供方名称、订单号以及其他有关资料的凭证。验收单须预先编号。

(4) 卖方发票。是由卖方送来标明采购的商品的种类、数量、金额、运费、价格、现金折扣条件以及开票日期的凭证,它详细说明了由于某项采购业务而欠卖方的贷款金额。

（5）借项通知单。反映由于退金和折让而减少向卖方付款金额的凭证。其格式常与卖方发票相同，用于证明应付账款借项记录。

（6）付款凭单。用来建立正式记录和控制采购的凭单，它是采购日记账中记录采购的基础，也是支付贷款的依据。一般来说，付款凭单正本必须随附卖方发票，验收单和订单副本。

二、采购和付款业务循环内部控制常用控制措施

为了预防、检查和纠正采购和付款业务循环中的错误，建立、健全采购和付款业务循环内部控制，连锁企业通常采取以下控制措施。

1. 职责分工

在采购和付款业务循环中，为保证采购确为企业经营所需，并符合企业利益，收到的商品完整安全，价款及时地支付供应商，应将采购与付款业务循环的下列职责进行分工：

（1）提出采购申请与批准采购申请职责相互独立，以便加强对采购的控制。

（2）批准采购申请和具体实施采购任务的职责相互独立，以防止采购部门购入不必要或过量商品而损害公司整体利益。

（3）验收部门与会计部门相互独立，保证按真实收到的商品数额登记入账。

（4）应付账款记账员不能接触现金，以保证应付账款记录的真实性、正确性。

（5）支票的签字和应付账款的记账相互独立，以保证按所欠卖方的真实金额按时签发支票。

（6）内部检查与相关的执行和记录工作相互独立，以保证内部检查的独立性和有效性。

2. 信息传递程序控制

建立健全与采购和付款业务循环相关的内部控制，要求企业对与此循环相关的信息传递程序实施严格有效的控制。这些控制包括以下几方面。

（1）授权程序。有效的内部控制要求采购和付款业务循环的各个环节要经过适当的授权批准。这些授权批准程序包括：企业内部应当建立分级采购批准制度；只有经过授权的人员才能提出采购申请，采购申请须经独立于采购和使用部门以外的被授权人的批准，以防止采购部门购入过量或购入不必要的商品，或者为取得回扣等个人私利而牺牲企业整体利益；签发支票要经过被授权人的签字批准，保证购货款是以真实金额向特定供应商及时支付。

（2）文件和记录的使用。为了满足健全业务审批、财产保管以及便于记录的要求，企业要合理地设计和使用各种文件和记录，具体要求包括：关键性文件，如订单、验收单、付款单、支票等都要预先编号；对于连续编号的关键性文件要由

经手人员按编号的档案保存,并由独立人员定期检查存档文件的连续性;订单中要包括足够的栏目和空间,尽量全面详细地表明订货要求,以减少出现订货中的遗漏或供应商的误解;为了加强对企业支付采购价款的控制,应设立付款凭单制,以付款凭单作为支付货款的依据;设置采购日记账,及时完整地记录所有采购业务,并定期过入总账;对每位供应商设立应付账款明细账,并与应付账款总账平行登记。

(3) 独立检查。在采购和付款业务循环外,还应当实施一些独立检查,防止各环节发生疏忽和舞弊,同时也有利于及时消除采购和付款业务中出现连续作弊的风险。这些独立检查主要有:对卖方发票、验收单、订单和请购单进行独立的内部检查,确定实际收到的商品品种、数量、价格等确实符合订购要求,与卖方实际情况一致;每笔采购业务都应在收到商品或卖方发票时,及时记入采购日记账和应付账款明细账,并且定期进行核对;检查付款凭单各项目的填制是否与卖方发票中一致;定期检查已编制付款凭单的各项付款业务是否及时开具了支票或以其他方式进行付款,防止延期支付;签发支票办理其他付款手续前应由负责签字的被授权人员检查所付各种凭证的一致性;定期检查采购日记账与总账,应付账款明细账与总账、银行存款日记账与总账的金额是否一致。

3. 实物控制

采购和付款业务循环中的实物控制包括两个方面:一方面,加强对已验收入库的商品的实物控制,限制非授权人员存货,防止错用和盗窃。验收部门的人员应独立于仓库保管人,同时加强对发生的退货的实物控制,货物的退回要有经审批的合法凭证,另一方面限制非授权人员接近各种记录和文件,防止伪造和更改会计资料。特别应注意对支票的实物控制,如应保证已签字支票由签字人本人寄送,不得让核准或处理付款的人员接触;未签发的支票应予以安全保管;作废支票予以注销或另加控制,并且制定一个注销已签发支票单据的方法,如在卖方发票上注明已签支票号码,或盖"款已付讫"戳记,防止重复开具支票。

第六节 采购回扣的产生原因和杜绝措施

一、回扣产生的原因和回扣资金的支付方式

商品采购中拿回扣一直是一个不容易杜绝的现象,令所有的企业头疼不已,却又无可奈何。回扣有两方面的定义:一是指卖方企业支付给买方企业或买方企业员工贿赂金,二是卖方企业向买方或买方企业员工支付回扣以取得卖方企业员工

的欺诈性合作，以提高利润，而这一切是以买方企业的损失为代价的。

1. 回扣产生的原因

卖方企业支付回扣给买方企业员工进行串通欺诈时，无非想获取两种利益。

(1) 非法争取业务。一些企业运用回扣，先于竞争对手获得有关买方企业计划和战略方案信息，以及买方企业估价小组所使用的未公开的投标估价准则，偷看竞争对手的密封投标；向竞争对手提供误导性信息从中破坏，使其不具备资格，笼络买方企业公司有影响的要员否决其他竞争对手，或者投标的设计要求只有支付了回扣的卖方才能达到，以此来达到自己企业的目的。

(2) 非法提高利润率。提高利润率是卖方企业支付回扣的目的所在。卖方企业通过支付回扣给买方企业有关的员工，使其同意不正当的价格变动、买通买方企业的检验和质量控制部门，使低于标准的或不符合规格要求的商品得以使用，并设法避开零售企业其他职能部门对质量和价格的抱怨。

2. 回扣资金的支付方式

卖方企业所支付的回扣资金在账上没有体现，回扣资金通常是通过非法经济活动取得和支付的。

(1) 非现金贿赂。非现金贿赂可以作为公司一项正常开支予以掩盖。如公司为其工作人员购买或租用汽车时，可以为那些曾对公司有"帮助"的买方企业公司员工赠送若干飞机票、旅行账单；其中最易掩盖贿赂的就是卖方企业早已提供的产品或劳务，如修建住宅，增加员工福利设施等。

(2) 现金贿赂。按照卖方企业的意思使用现金进行贿赂，如支付虚构的业务费等。卖方企业在对方的支票上，只注明是一笔应支付给受贿人或一家并不存在的公司或串谋者的款项，并同时将其作为销售费用、咨询费用等列支，因而可以在某种程度上掩盖这种支付行为。将未记录的收入或变现后的剩余产品、过期报废的设备，以货币形式储存起来进行行贿。从公司员工手里搜集各种公司可以予以报销，但实际并未支出的费用发票(如私人旅行使用过的火车票、飞机票等)，公司可以以抵减税收的方式获得额外收入从而抵减回扣的费用。

3. 卖方企业欺诈的促成因素

了解卖方欺诈的促成因素是及时识别卖方欺诈的一个重要前提。任何企业都可能发生卖方欺诈事件，有以下情形之一的企业更易发生卖方企业欺诈事件：

(1) 零售企业自身存在欺诈行为或不道德行为。促成卖方企业欺诈发生的原因，就是买方企业本身具有欺诈行为或不道德行为。俗语说：苍蝇不叮无缝蛋。如果企业本身行为容忍不道德行为的发生，上梁不正下梁歪，那么员工接受卖方回扣或参与其他利益争夺的现象就会频繁发生。

(2) 零售企业对卖方企业的欺诈方式不了解或不具备相关的知识，又不太明确对卖方企业欺诈行为进行制约的制度,很容易成为卖方企业欺诈的对象。

4. 卖方企业欺诈的线索

(1) 买方企业员工(尤其是采购人员)的奢华生活方式。买方企业员工的奢华生活方式往往是其受贿以及发生卖方企业欺诈的一个强烈信号。员工的奢侈生活方式和其收入明显不符,特别是那些有权决定供应商或掌握了大量对供应商有帮助的员工,他们的奢华生活方式往往隐含着受贿和卖方企业欺诈活动。只要多加注意,不难发觉这些异常信息。

(2) 不正当的单一供应商渠道。如果达到了一名好的供应商所具备的一切条件,而被选为单一渠道的供应商是很正常的一件事情。但是对单一渠道的供应商必须要有一定的防范制度,如安排定期的检查等,以确认货物的质量是否达到规定的要求,并在合同条款中明确指出,一旦供应商的产品供应出现了问题,如不适当的价格上涨或质量达不到要求,买方企业应当能及时采取应变措施,而不是过分依赖单一供应商。如果缺乏以上这些控制制度,而采用单一供应商渠道可能就是欺诈行为发生的先兆。

(3) 其他卖方企业的抱怨和申诉。对于竞争者而言,自然不愿看见其他企业以不正当的手段夺取其业务。当利益发生显著冲突时,他们会向买方企业进行抱怨或申诉,这种抱怨或申诉可能说明卖方企业正在进行欺诈活动。如果不诚实的卖方企业成功地买通买方企业的某些员工,并利用他们挤走了其他的卖方企业,被挤走的卖方企业会通过抱怨的方式提醒买方企业有关人士,注意到受贿行为及欺诈的发生。然而,如果被买通的员工是位有决策权的经理,与其他卖方企业团体有着非常重要的业务联系,则其他的卖方企业为了自身的利益只能采取睁一只眼闭一只眼的政策,以免丧失自身已有的业务利益。

(4) 利用卖方企业与买方企业员工之间的亲密关系,有意无意地为卖方企业进行欺诈提供信息帮助。这种帮助并不以接受回扣或报酬为目的,而可能是出于友谊或其他原因(如员工可能对企业经营者怀有宿怨,希望看到经营者上当受骗而获得心灵上的满足;有时员工为了给自己退休留一条后路,而故意帮助卖方企业,期望从卖方企业那儿获得工作的许诺等)。卖方企业与买方企业之间的亲密关系还包括父子或夫妻等,有可能会成为卖方企业欺诈的助手。但是从另一个角度看,对买方企业而言,有时这也是一件好事,也可以利用这种关系从卖方企业中获取自己想要的信息。

(5) 经常发生但却一直得不到解决的对卖方企业产品的投诉。销售人员可能对卖方企业提供的商品的质量很不满意,财务人员可能觉得卖方企业价格过高。而采购部门仍然将订单交给同一卖方企业,如果能够排除采购人员是不负责任的情况,就是卖方企业正在对买方企业进行欺诈。

二、商品采购伦理道德法律和杜绝采购回扣现象的措施

1. 采购伦理道德法律

从事采购工作的采购人员,在他一开始从事该工作,就应该懂得相关的法律,明确自己的权利和义务的范围和界限。

在采购职能高度集中的公司里,关于明示或实际代理权的条文常在书面政策中很好地给出了定义,而且也被相当严格地遵守。在非集中化的环境中,书面政策常常不太完整或有些过时,雇员和供应商在更大程度上常常要依赖显然授权。重新设计采购职能,常常会促使公司重新审视和重新定义他们的采购权利范围,调整采购政策和作业程序。因此,采购人员必须关心代理权利的两个方面:

(1) 明确权力范围。应该如何进行公司的采购活动,是否确保只有拥有明示采购权利的人才能进行采购,从而避免或至少减少"后门采购"。说明哪种工作头衔拥有采购权利的最新书面政策是最好的,为他们规定了实际或明示权利。除了正式政策,还必须有内部沟通程序,使公司的所有雇员都知道并且定期地提醒他们能做什么和不能做什么。

(2) 明确活动范围。在与供应商谈判时,确定协议法律有效性的最好办法是警惕采购人员可能超越其权力范围的情况。当你认为可能出现问题的时候,要求采购人员以书面形式归纳出他能做的事,并将此内容包括在采购合同中。

随着企业赋予他的采购人员以权力或职权,接下来就是权利和责任。因为企业信任采购员作为代理人代表其行动,采购员承诺委托的责任,要完全以企业的利益为行动准则,其个人的利益绝对不能影响决策。而且采购人员不仅要服务于企业的财务利益;在代表企业实施采购行动的时候,他还必须在任何时候都在法律范围内行事并且真诚地对待第三方。无论代理关系是明示还是授权,上述义务都存在,它们是采购道德标准的核心。因为道德要求植根于代理权法,所以代理权法为一些看似道德困境的问题提供了解决方法。当可能出现利益问题的时候,即存在一种使采购员看起来不完全独立于供应商的环境,通过向公司详细说明此情况,获取公司对这种安排的同意,常常可以解决此类道德问题。这些年来公司和专业协会已经尽力阐明这些要求,而且它们常常把法律标准合并到正式的道德政策上,产生了公司的道德政策。

采购人员的多数日常活动都与合同法有关。每一次采购员和供应商之间的一个合同,要受合同法原则的约束。在涉及国际合同的时候,会遇到相互开展贸易的不同国家的法律。每个国家都有自己的合同法,但是为了促进业务的开展,许多国家通过合约联合在一起,制定了共同的合同原则——联合国际货物销售公约来管理国际业务。各个国家必须自愿地决定是否受其约束。因此当我们与其他国家的

企业签订合同的时候,明确适用什么法律以及法律的内容是十分重要的。

2. 如何防止暗箱操作

虽然暗箱操作一直存在,虽然不可能完全杜绝此类现象的发生,但可以采取措施减少此类现象的出现,下面介绍几种防止暗箱操作的方法。

(1) 三分一统。"三分"是指三个分开,即市场采购权、价格控制权、验收权要做到三权分离,各负其责,互不越位。"一统",即合同的签约特别是结算付款一律统一管理。商品管理人员、质量检验人员和财务人员都不能够与客户见面,实行严格的封闭式管理。财务部依据合同规定的质量标准,对照检验结果,认真核算后付款。这样就可以形成一个以财务管理为核心,最终以降低成本为目标的制约机制。

(2) 三统一分。商品的采购实行"三统一分"的管理机制中的"三统"是指所有采购商品要统一采购验收,统一审核结算,统一转账付款;"一分"则是指费用要分开控制。只有统一采购,统一管理,才能既保证需要,又避免漏洞;既保证质量,又降低价格;既维护企业信誉,又不至于上当受骗。各部门要对费用的超支负责并有权享受节约所带来的收益。这样,商品采购管理部门和销售部门自然形成了一种以减少支出为基础的相互制约的机制。

(3) 三公开两必须。"三公开"是指采购品种、数量和质量指标公开,参与供货的客户和价格竞争程序公开,采购完成后的结果公开;"两必须"是指必须在货比三家后采购,必须按程序、按法规要求签订采购合同。

(4) 五到位、一到底。所谓"五到位"是指所采购的每一笔商品都必须有五人的签字,即采购人、验收人、证明人、批准人、财务审查人都在凭证上签字,才被视为手续齐全,才能报销入账。"一到底"就是负责到底,谁采购谁负责,并且要一包到底,包括价格、质量、使用效果等都要记录在案,什么时候发现问题什么时候处罚。

(5) 全过程、全方位的监督制度。全过程监督是指采购前、采购过程中和采购完成后都要有监督。从采购计划的制订开始,到采购商品使用的结束,其中共有九个需要进行监督的环节(计划、审批、询价、招标、签合同、验收、核算、付款、领用)。虽然每一个环节都有监督,但重点在于制订计划、签订合同、质量验收和结账付款四个环节。计划监督主要是保证计划的合理性和准确性,使其按正常渠道进行;合同监督主要是保证其合法性和公平程度,保证合同的有效性;质量监督是保证验收过程不降低标准,不弄虚作假,每一个入库产品都符合买方要求;付款监督是确保资金安全,所有付款操作都按程序、按合同履行。如果我们能够把监督贯穿于采购活动的全过程,就可以建立确保采购管理规范和保护企业利益的第二道防线。所谓全方位的监督,是指行政监察、财务审计、制度考核三管齐下,方方面面没有遗漏,形成严密的监督网。

本 章 小 结

　　零售采购组织的基本类型主要有集中式采购组织、分散式采购组织、混合式采购组织、采购委员会以及跨职能采购小组等。集中式采购组织是把采购权集中在一个部门,分散式采购组织将采购业务授权给各分店自行负责,混合式采购组织是指综合采用集中式与分散式采购组织,大型连锁企业,通常都成立采购委员会。

　　商品采购计划集中于四项基本决策:储存何种商品,储存多少商品,何时储存和储存在哪里。连锁企业首先必须决定经营何种质量的商品。一旦连锁企业确定了经营何种商品,接着就必须决定存储多少商品。接下来,连锁企业应确定每一种商品在什么时候储存。最后一个基本的商品计划决策是在什么地方储存商品。商品需求预测和预算的金额控制程序,包括六个步骤:设定控制单位、销售预测、计划存货水平、计划扣减额、计划采购额及计划毛利。商品需求预测和预算要求选择控制单位,这些控制单位是根据已收集的商品数据分类的。在销售预测之前,连锁企业应收集有关顾客需求的数据。在做出销售预测后,连锁企业必须计划该时期的存货水平。除预测销售额外,公司还应该估计预期的零售扣减额,它代表这一期间的期初存货加采购额同销售额加期末存货之间的差额。计算一个时期计划采购额的公式是:

$$计划采购额(按零售价)＝本期的计划销售＋本期的计划的扣减＋计划期末存货－期初存货$$

　　采购绩效评估的意义在于:第一,可以有效地保证采购目标的实现,第二,提供改进绩效的依据,以作为个人或部门奖惩的参考,可以为甄选和培养优秀采购人员提供依据,第三,促进各部门合作,提高采购人员的士气。采购人员在其工作职责上,必须达成适时、适量、适质、适价及适基本任务。采购绩效考核与评估的标准:① 历史绩效;② 标准绩效。常选择以下几类部门和人员参与评估:① 采购部门主管。② 财务会计部门。③ 销售部门。④ 供应商。⑤ 外界专家或管理顾问。对采购人员进行工作绩效考核和评估的方式,可以定期或不定期进行。定期绩效考核与评估一般以目标管理的方式进行;不定期绩效考核与评估一般以特定项目方式进行。采购绩效的改进一般可以从三个方面入手。第一,营造良好的组织氛围,充分发掘潜力。第二,以业界最佳指标为奋进点,不断寻找差距,优化工作方法。第三,对采购商品供应绩效进行测评,通过排行榜方式,奖励先进,鞭策落后。

　　绩效改善措施包括:① 质量改善措施;② 成本降低措施;③ 挑选供应商措施;

④增加采购柔性措施;⑤考核实力措施;⑥评价服务措施;⑦评定采购工作效率措施;⑧测定人员流动比率;⑨测定供应商流动比率等等。

采购和付款业务循环包括为经营而获取商品所必需的决策和处理过程。这一循环一般是从提出采购申请开始到企业支付货款结束。它通常包括以下四个流程:①处理订单。②验收商品。③确认债务。④处理和记录价款的支付。在采购和付款业务循环内部控制中使用的主要文件包括:①请购单。②订单。③验收单。④卖方发票。⑤借项通知单。⑥付款凭单。为了预防、检查和纠正采购和付款业务循环中的错误,建立、健全采购和付款业务循环内部控制,连锁企业通常采取以下控制措施:职责分工和信息传递程序控制。

回扣产生的原因包括:①非法争取业务。②非法提高利润率。从事采购工作的采购人员,在开始从事该工作时,就应该懂得相关的法律,明确自己的权利和义务的范围和界限。

思考题

1. 区别不同零售采购组织的结构。
2. 简述商品计划四项基本决策。
3. 试述商品计划程序。
4. 商品采购绩效评估的意义是什么?
5. 简述商品采购绩效改进措施。

实践应用

国美电器经营之道

1987年1月1日,国美电器成立,当时只是北京珠市口一家一百平方米左右的小门店,创业者是来自广东的黄光裕先生。

1990年,国美创建新的供销模式,脱离中间商,与厂家直接接触,搞包销制。

1991年,电器商品还处于求大于供的状况,国美电器率先在《北京晚报》中缝做报价广告,借助广告这一现代营销手段导引了顾客消费和消费者与媒体的新型互动关系,走出了坐店经营的传统模式。

1992年,国美电器生意颇好,黄光裕乘胜追击,陆续开了七八家门店,店名各不相同。

1996年,以长虹为首的国产家电崛起,国美迅速调整主营结构由先前单纯经营进口商品转向国产、合资品牌家电。

1998年，国美调整门店分布格局，关闭市中心的小型店面，在北京市三环线附近开设2 000平方米以上的大型商场。

1998年1月，国美电器认真总结了十多年发展经验，出台了230页的《经营管理手册》，该手册详述了各岗位职责规范，建立了较为完善的连锁经营管理框架，为走出北京走向全国打下了坚实的基础。2000年，国美对《经营管理手册》进行了第一次修订，长达330页的手册将国内外先进连锁企业的成功经验与自身在天津、上海等地开店的实践经验相结合，把走连锁经营之路做了细致的规划，创造出国美特有的经营模式。2001年，国美又将《经营管理手册》与ISO9001-2000相对接，使其丰富为百万余字、1 000余页。《经营管理手册》已成为国美电器根本性大法，是国美依"法"治企的基础。

1999年7月，国美首次走出京城，在天津开设两家连锁店，遭到当地十大商场强烈抵制，反倒使国美知名度极大提高，两家门店生意火爆，被业界惊叹为"国美现象"。1999年12月，国美电器进军上海，当月实现2 183万销售额，1年以后，9家分店遍布上海的8个区，月销售额超亿元，实现了京、津、沪连锁的构架。

2000年7月，针对此前彩电峰会的限价，国美代表家电流通企业发出自己的声音，连续数个周末在京、津、沪各门店推出特价彩电，迫使彩电峰会成员相继在国美跳水，使商家不再是生产、流通、消费各环节中的价格执行者，而成为价格的主宰者。

2000年10月，国美推出千万元彩电采购大招标，厦华、索尼先后接标，国美分别与之签订了1 800万元和2 564万元采购合同，彩电采购总量达10 850台。随后，国美又开出亿元采购订单，分别与荣事达和TCL签订8 000万元和1.5亿元的销售合同，被经济学家称为"商业资本"重新抬头。

2001年5月1日，国美在全国范围内有13多家连锁店同天开张，从而使国美全国连销店数量超过60家，国美电器进入"全国连锁零售网络"建设高峰期。

2002年2月，国美在全国推出"差价补偿"承诺，以进一步突出规模销售所体现的价格优势，并受到消费者热烈欢迎。

2002年12月，国美在北京召开"2002年中国彩电高峰论坛"，推出国美彩电"新科技一族"，并与众厂家签订了总额为32亿元的彩电包销协议。

2004年，国美决定进入音像市场，国美音像将在未来5年内斥资5亿元推出"雄鹰计划"，分阶段在全国范围内组建5 000家精品直营门店，最终把国美音像打造成一艘音像零售航母。占领全国音像零售市场20%～30%的份额。国美音像仍然运用国美一贯的价格策略，力图通过低价来扩大市场。国美音像通过规模效应把当时正版音像价格拉低20%～30%，既以此扩大市场，又要与盗版开战。

国美电器有限公司成立于1987年1月1日，是一家以经营各类家用电器为主的全国性家电零售连锁企业,隶属于北京鹏润投资有限公司。

多年来,国美电器始终坚持"薄利多销、服务争先"的经营策略,把规模化的经营建立在完善的售后服务体系基础之上,从而得到了广大消费者的青睐。国美电器已发展成为全国最大的家电零售连锁企业,在北京、天津、上海、成都、重庆、郑州、西安、沈阳、济南、青岛、广州、深圳、杭州、昆明、福州、宁波及山西、河北、吉林、江苏等省市拥有150余家大型连锁商城,10 000多名员工,年销售额达200多亿元,跨入中国商业连锁前三,并成为长虹、TCL、康佳、厦华、海信、东芝、索尼、松下、LG、飞利浦、夏普、三洋等众多厂家在中国的最大经销商。

在吸取国际上连锁超市成功经验的基础上,国美电器结合中国市场特色,逐步确立了"建立全国零售连锁网络"的经营战略并进入国际市场,逐步树立国美的国际商业品牌。

以下是被认为国美三件宝的三大策略:

1. 连锁化经营

国美电器采用"正规连锁"和"加盟连锁"两种经营形态,但无论何种经营业态,均属同一经营系统。经营业务实行总部统一管理、统一订货、统购分销,同一形象,这种规模化发展策略最大限度地降低经营成本,使费用分摊变薄,以求得更实效、更迅速地扩展国美电器的连锁之路。

2. 三级管理体系

国美电器连锁系统组织机构分为总部、分部、门店三个层次:总部负责总体发展规划等各项管理职能;分部依照总部制订的各项经营管理制度、政策和指令,负责对本地区各职能部门、各门店实行二级业务管理及行政管理;门店是总部政策的执行单位,直接向顾客提供商品及服务。

3. 经营管理手册

总结成功经验,借鉴国际先进管理理念是国美管理上不断跃升的源泉。随着国美的成功,国美人自己在实践中不断总结出的管理模式——国美经营管理宝典——《经营管理手册》,从企业的文化、组织规范、经营模式、各岗位的职能到工作流程、标准以及管理制度,在其中都有严格而切合实际的行为规范。它是国美在走向明天更加辉煌的进程中的坚实基础,是企业持续、稳步发展的有力保障。

讨论题:
国美的采购管理有什么特色?

第五章　商品价格管理

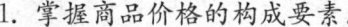

1. 掌握商品价格的构成要素。
2. 了解影响商品价格的因素。
3. 了解商品的定价原则。
4. 掌握商品定价策略和定价技巧。
5. 了解商品变价管理内容。
6. 掌握商品降价策略。
7. 了解各档商品的变价策略。

【引导案例】

时时预测供求的变化

德国韦德蒙德城的奥斯登零售公司，经销任何商品都很成功。例如，奥斯登刚推出1万套内衣外穿的时装时，定价超过普通内衣价格的4.5~6.2倍，但照样销售很旺。这是因为这种时装一反过去内外有别的穿着特色，顾客感到新鲜，有极强的吸引力。可是到1988年5月，当德国各大城市相继大批推出这种内衣外穿时装时，奥斯登却将价格一下骤降到只略高于普通内衣的价格，同样一销而光。这样，又过了8个月，当内衣外穿时装已经不那么吸引人时，奥斯登又以"成本价"出售，每套时装的价格还不到普通内衣的60%，这种过时衣服在奥斯登还是十分畅销。

企业在市场竞争中，应时时预测供求的变化。

第一节 企业商品价格管理基础

一、企业商品价格管理的内容

商品的价格管理主要是指商品价格制定和调整方面的管理。商品价格管理的内容主要有：
(1) 制定商品价格管理制度。
(2) 制定商品定价组合策略。
(3) 适时对商品进行变价管理。

二、商品价格构成的要素

1. 生产成本

价格构成中的生产成本，是价值构成中的物化劳动价值 C 和生产劳动者为自己劳动所创造的价值 V 的货币形态。在商品价格构成诸要素中，它是最基本、最主要的因素。它的大小，在很大程度上反映商品价值量的大小，并同商品价格水平的高低成正比。因此，精确地核算生产成本，可以为正确制定价格政策提供科学依据。

生产成本是用货币表现的生产产品的各种劳动消耗。由于工业生产和农业生产具有各自不同的某些特点，因此，生产成本的具体构成也存在差别。工业生产成本，主要包括在工业品生产过程中使用的机器设备等固定资本折旧、原材料辅助材料、电力及其他耗费等费用和生产工人、管理人员等的劳动报酬；农产品生产成本，主要包括在农产品生产过程中使用的农业机械和农具等固定资产折旧、种子、肥料、农药、饲料、燃料、电力及其他有关耗费等费用和农业生产者的劳动报酬。明确生产成本的具体构成对于正确地核定生产成本和价格，加强成本管理有重要作用。在核定生产成本时，既要防止遗漏必要的生产费用开支项目，又要防止把一些与生产成本无关的开支计入成本。

生产成本是制定价格的最低经济界限，无论商品价格怎样背离其价值，都不应使价格低于商品的生产成本。生产成本的实现，是生产单位进行再生产最起码的条件。在规定各种价格时，必须保证企业在正常生产、合理经营的条件下，至少应能够收回它的生产成本。如果价格低于成本，必然使生产单位已消耗的社会劳动得不到补偿，从而使简单再生产无法维持。即使价格等于生产成本，也只能补偿成本消耗，维持简单再生产，却不能保证扩大再生产。只有精确地核定工农业生产成本,才有可能在不低于生产成本这一个经济界限的基础上,合理地规定价格。

必须指出,在社会主义商品生产过程中,由于社会必要劳动消耗与个别劳动消耗的矛盾依然存在,因而商品生产成本客观上也存在着社会生产成本与个别生产成本的矛盾。国家在规定商品价格时,必须以社会生产成本为基础,而不能以企业个别生产成本为基础。以社会生产成本为基础确定商品价格,就会使各个企业因个别生产成本与社会生产成本产生差距而形成不同的收益,国家则可以利用这一矛盾,推动企业加强经济核算,改善经营管理,改进生产技术,提高劳动生产率,节约生产费用,争取个别成本尽可能低于社会成本,创造更多的盈利。

2. 流通费用

发生在商业领域的流通费用,按其是否参与商品价值的形成,可分为生产性流通费用和纯粹流通费用。生产性流通费用支出的多少,会直接影响商品价格的涨落,以及人民实现生活水平的高低。纯粹流通费用只能从生产劳动者为社会劳动所创造的价值中得到补偿。因而,它的变化,不应引起商品价格的变化。在商品价格一定的条件下,它的节约,会相对地增加盈利。因此,纯粹流通费用支出的多少,会直接影响企业利润和国家积累。

商品流通费用,分别发生在商品流通的不同阶段,参与不同环节商品价格的形成。商品的购进价格加流通费用是制订商业价格的最低界限。

耗费在商品流通中的费用,按其与商品流通的密切程度,可以分为直接费用和间接费用。

正确地核算商品的流通费用,是合理制定商品价格的必要条件。核算商品流通费用要遵循下列原则:

(1) 商品价格中内含的流通费用,应按商品的品种或类别分别核算,不能不分品种、类别,用企业经营的所有商品的混合平均费用计算。

(2) 价格中的流通费用要按商品流转环节分别核算。

(3) 商品价格中,流通费用的各个项目,凡是规定计费办法和定额标准的,要按规定的计费办法和定额标准来计算。

3. 税金和利润

价格构成中的税金利润,具体分解为生产税金、生产利润、商业税金和商业利润。其中生产税金和生产利润,是生产部门劳动者为社会所创造的价值 M 中部分价值的货币形态;商业税金和商业利润,是从生产部门劳动者为社会创造的价值 M 中让渡给商业部门的部分价值和商业部门劳动者追加劳动为社会所创造的价值部分的货币形态。简言之,税金和利润是劳动者在生产流通中为社会所创造的价值的货币表现,是商品价格超过生产成本和流通费用的余额。

价格中的税金,是国家积累资金的一种重要形式。税率的大小,是按照不同商品,根据兼顾国家、集体、个人三者利益的原则,结合国家经济发展的需要,由国家通过法令加以具体规定的。任何企业对于应纳税金,无论经营是否盈利,都必须足额上交。任何单位或个人偷税、漏税的活动都是违法行为,要根据情况轻重,给予法律制裁。同时,税金是调节企业的利润水平和价格水平的重要手段。例如,对于国计民生关系密切或需要发展、提高消费的商品,可确定较低的税金。

价格中的利润,是国家积累资金的另一种形式,其中也有一部分留作企业基金,它分为生产利润和商品利润。工业品价格中的生产利润称为工业利润,农产品价格中的生产利润称为农业纯收益。

由商业部门购销的工业品的工业利润,是工业品出厂价格同时也是商业收购价格的构成因素。它所体现的经济关系是工商企业之间的关系。由于工商企业都实行经济核算,以收抵支,并以利润指标作为考核工商企业经济效益的重要指标之一,因此,在制定价格时必须正确处理工商利润的分配。确定工商利润的分配比例要以产品成本和工业品之间的合理比价为依据,并考虑各种产品的产销情况和供求关系,以及各种产品对国计民生的重要程度等因素作出适当安排。使之既有利于工业生产的发展,又有利于商品流通的扩大,并有助于促进工商企业加强经济核算,改善经营管理,提高经济效益。

三、商品价格管理的基本要求

1. 凡商品定价要按有关规定执行

根据市场行情、价格信息、企业经营情况,坚持勤进快销的原则,合理制定商品价格。

2. 所经营的商品都要使用商品编号

按企业计算机管理要求,根据商品种类进行统一编号,并逐步实施商品条形码。所有业务环节凡涉及商品编号的(商品购进、定价、调价、削价处理、标价签、出入库、销售、盘点等)所用票据,均使用统一编号。

3. 要制作物价台账

物价台账是企业审查价格,实行经济核算的重要依据,其范围包括:经营、兼营、批发、展销、试销、加工。必须做到有货有账,以账审价。

根据专业公司新价通知单、自采商品定价单、进货票和进货合同,物价台账登载内容:包括:产地、编号、品名、规格、等级、单位、进价、单价税额、零售价。

4. 价格信息管理

为使价格触角更加灵敏,为企业经营决策服务,必须加强价格信息工作,价格信息来源于各方经营信息和国家有关行业信息反馈,其基础工作是采价。

市场部要组织专职物价员每周进行一次半日采价,主要对某类商品或一段时间内价格波动大的商品、季节性商品、销售畅旺的商品等,进行类比分析,并做较详细的记录。记录内容包括：采价商品的名称、零售价、所到单位名称。采价后物价员需对价格动态进行分析,计算出与本企业的价格差,提出参考变价意见,报企业领导,建立价格信息数据库。

第二节 商品定价管理

一、影响商品价格的因素

1. 国家政策

党和国家的方针政策在一定时期反映了客观经济规律的要求,从总体上规划了商品的价格体系,哪些商品价格该与其价值相符,哪些商品的价格该保留适当的价值背离(或高或低),受方针政策影响。

2. 货币价值

货币是衡量价值的尺度,货币所代表的价值如果发生变化,商品的价格也将跟着发生变化。在商品的价格形态上,反映着一定数量的商品价值与一定数量的货币价值的对比关系。

3. 市场供求变化

当供过于求时,价格政策只能以一般的价格销售；当需求大于供给时,可适度地调高售价。尤其生鲜果菜,常因季节更替,或气候的变化而产生供需失调。至于其他的商品,因取代性高,较难回复到以往的"卖方市场"。

4. 同业的价格动向

也许表面上风平浪静,但竞争者可能随时在准备下一波的攻击。同业在办促销活动时,除非我们采用不同的促销策略(如同业用特卖,我们用抽奖),各自吸引不同阶层或不同需求的客层,否则在同业做特卖时,最好亦适度跟进,才能使自己更具竞争力。

5. 季节变化的因素

在季节更替时,商品也随着改变。商品计划人员应了解季节的变化,并借此掌握消费者的需求。要注意的是,季节性商品的推出应把握最好时机,如秋冬变化之际,第一波寒流来临时,适时推出火锅商品,必定会有不错的销售业绩,因为此时消费者的需求较高,如推出太晚,消费者已被"喂饱",需求的程度已降低,销售的契机就丧失了。

此外,在季节更替时初推出的商品,其售价应酌予降低,借以吸引消费者的注意。

6. 国际价格水平

国际价格水平,是一个按商品在世界范围内的社会必要劳动时间制定价格的问题。入世后,这一因素对商品价格的影响越来越明显。

7. 气候变化的因素

我国幅员辽阔,气候的变化非常大。尤其在夏季时,应特别注意季风动向的变化。

二、商品定价的原则

1. 符合价值规律的要求

价值规律告诉我们,商品价值是生产商品所花费的社会必要劳动,商品价值是商品价格的本质,商品价格只是商品价值的货币表现。用马克思的话说就是:"商品的价格只是物化在商品中的社会劳动量的货币名称。"生产商品花费了无差别的抽象劳动(社会必要劳动时间),才形成价值;商品有了价值,才能用货币形式来表现,从而产生价格。因此,生产经营者应遵循价值规律,依据社会必要劳动时间来确定商品价格。而且,随着社会的发展和技术的进步,劳动生产率不断提高,单位商品所包含的社会必要劳动时间缩短,"从而减低商品的价格,使商品变便宜"。

2. 符合价格构成规律的要求

价格构成,指的是形成价格的各种要素及其组成情况。总的来说,商品价格由两大要素——生产成本和利润组成。商品的生产成本,包括生产商品所消耗的原料、能源、设备折旧以及劳动力费用等;商品的利润,则是劳动者为社会所创造的价值的货币表现。价格构成中的生产成本应当是生产商品的社会平均成本或行业平均成本,利润应当是平均利润。按照社会平均成本(或行业平均成本)加平均利润制定的价格,便是商品的市场价格。一般情况下,生产成本会随着社会的发展和技术的进步逐步降低;而由于平均利润率形成规律和平均利润率下降规律的作用,平均利润也会呈下降趋势。因此,生产经营者在制定商品价格时,还应体现价格构成要素变动的趋势。

3. 考虑商品的供求状况

虽说供给与需求的关系并非价格的决定因素,但供求关系的确会对商品价格产生重要影响。当供给大于需求时,商品价格会下降;当供给小于需求时,商品价格会上涨。因此,生产经营者应参考商品的供求状况来确定商品的市场价格。

4. 考虑商品的竞争状况

生产经营者根据商品的生产成本、利润和市场供求状况拟定的价格,只是自己主观的价格,现实的市场价格必须通过市场竞争才能形成(专利保护产品除外)。

竞争者的多少和强弱，都会对商品价格产生重要影响。生产者往往是依据自己的利益来制定商品价格的，但其竞争对手则会根据自身的利益对这种价格作出反应，从而采取相应的价格决策，原价格拟定者又会调整其价格决策。同时，消费者也会对生产者拟定的价格作出反应，并采取相应的行为对策。因此，生产经营者在制定商品价格时，需要考虑商品的市场竞争环境和条件。

5. 考虑货币供求状况和货币价值变动状况

商品的价值通过一定量的货币表现出来，就是商品的价格。既然商品价格是商品价值的货币表现，那么，其变化就既取决于商品价值的变动（成正比），又取决于货币价值的变动（成反比）。当流通中的货币供应量超过货币需求量而引致一般物价水平持续地较大幅度上涨和货币贬值时，商品价格必然上涨；反之，商品价格必然下跌。因此，生产经营者在制定商品价格时，还应考虑货币供求和币值变动状况。

三、商品定价策略组合

（一）成本导向定价法

成本导向定价法是以产品单位成本为基本依据，再加上预期利润来确定价格的成本导向定价法，是中外企业最常用、最基本的定价方法。成本导向定价法又衍生出了总成本加成定价法、目标收益定价法、边际成本定价法、盈亏平衡定价法等几种具体的定价方法。

1. 成本导向定价法的主要优点

（1）它比需求导向定价法更简单明了。

（2）在考虑生产者合理利润的前提下，当顾客需求量大时，价格显得更公道些，即服务企业会维持一个适当的盈利水平，顾客购买费用可以合理降低。

2. 成本导向定价法的主要缺点

（1）不考虑市场价格及需求变动的关系。

（2）不考虑市场的竞争问题。

（3）不利于企业降低产品成本。

3. 成本导向定价法的几种定价方法

（1）总成本加成定价法。在这种定价方法下，把所有为生产某种产品而发生的耗费均计入成本的范围，计算单位产品的变动成本，合理分摊相应的固定成本，再按一定的目标利润率来决定价格。

总成本加成定价法计算公式为：

商品售价＝单位成本＋单位成本×成本利润率＝单位成本×(1＋成本利润率)

例如：某企业全年生产某种产品 10 万件，产品的单位变动成本 10 元，总固定成本 50 万元，该企业要求的成本利润率为 20％，则该产品的价格＝(10＋5)×(1＋20％)＝18(元)。

(2) 目标收益定价法。目标收益定价法又称投资收益率定价法，是根据企业的投资总额、预期销量和投资回收期等因素来确定价格的。其计算步骤如下：

第一步，确定目标收益率。目标收益率可表现为投资收益率、成本利润率、销售利润率、资金利润率等多种不同方式。

第二步，确定目标利润。由于目标收益率的表现形式的多样性，目标利润的计算也不同，其计算公式为：

$$目标利润＝总投资额×目标投资利润率$$

$$目标利润＝总成本×目标成本利润率$$

$$目标利润＝销售收入×目标销售利润率$$

$$目标利润＝资金平均占用率×目标资金利润率$$

第三步，计算售价。

$$售价＝(总成本＋目标利润)÷预计销售量$$

目标收益率评定法的优点是可以保证企业既定目标利润的实现。这种方法一般是用于市场上具有一定影响力的企业、市场占有率较高或具有垄断性质的企业。

(3) 边际成本定价法(边际贡献定价法)。边际成本是指每增加或减少单位产品所引起的总成本变化量。由于边际成本与变动成本比较接近，而变动成本的计算更容易一些，所以在定价实务中多用变动成本替代边际成本，而将边际成本定价法称为变动成本定价法。

边际成本加成法计算公式：

$$边际贡献＝价格－单位变动成本$$

$$单位产品定价＝(总变动成本＋边际贡献)÷现实生产量(销售量)$$

(4) 盈亏平衡定价法。在销量既定的条件下，企业产品的价格必须达到一定的水平才能做到盈亏平衡、收支相抵。既定的销量就称为盈亏平衡点，这种制定价格的方法就称为盈亏平衡定价法。科学地预测销量和已知固定成本、变动成本是盈亏平衡定价的前提。

盈亏平衡定价法就是运用盈亏平衡分析原理来确定产品价格的方法。盈亏平衡分析的关键是确定盈亏平衡点，即企业收支相抵，利润为零时的状态。

盈亏平衡定价法的计算公式为：

$$P = \frac{FC \div Q + V_c}{1 - T_s}$$

例如：某旅游饭店共有客房 300 间，全部客房年度固定成本总额为 300 万元，每间客房每天变动成本为 10 元，预计客房年平均出租率为 80％，营业税税率为 5％，求该饭店客房保本时的价格。

根据所给数据和公式，计算如下：

$$P = \frac{\dfrac{3\,000\,000}{300 \times 365 \times 80\%} + 10}{1 - 5\%} = \frac{34.2 + 10}{0.95} = 46.6(元)$$

根据盈亏平衡定价法确定的旅游价格，是旅游企业的保本价格。低于此价格，旅游企业会亏损；高于此价格，旅游企业则有盈利，实际售价高出保本价格越多，旅游企业盈利越大。因此，盈亏平衡定价法常用作对旅游企业各种定价方案进行比较和选择的依据。

（二）需求导向定价法

需求导向定价法是依据消费者对商品价值的理解和需求差别来制定价格的方法。就是说，相同的商品因消费者需求和认识的差别，也可以是不同的价格。在产品供过于求时，企业运用需求导向法定价，效果会更好。

按照想买你东西的买家们的承受能力来确定价格，这是我们最希望采用的定价方法了！前提是你的东西或比较独特、或同质性不强、或领先进入销售等。具体有以下几种方法：

1. 理解定价法

这是企业根据消费者对产品价值的感觉而不是根据卖方的成本制定价格的办法。各种商品的价值在消费者心目中都有特定的位置，当消费者选购某一产品时常会将该商品与其他同类商品进行比较，通过权衡相对价值的高低而决定是否购买。因此，企业向某一目标市场投放产品时，首先需给这种产品在目标市场上"定位"，即企业要努力拉开本产品与市场上同类产品的差异，并运用各种营销手段来影响消费者的价值观念，使消费者感到购买该产品能比购买其他产品获得更多的相对利益。然后，企业就可根据消费者所形成的价值观念大体确定产品价格。

2. 需求差异定价法

所谓需求差异定价法，是指根据销售的对象、时间、地点的不同而产生的需求差异，对相同的产品采用不同价格的定价方法。在这里，首先强调适应消费者需求的不同特性，而将成本补偿放在次要的地位。

这种定价方法，对同一商品在同一市场上制订两个或两个以上的价格，或使不同商品价格之间的差额大于其成本之间的差额。其好处是可以使企业定价最大限度地符合市场需求,促进商品销售,有利于企业获取最佳的经济效益。

事实上,这种价格差异的基础是:顾客需求、顾客的购买心理、产品样式、地区差别以及时间差别等,采用这种方法定价,一般是以该产品的历史定价为基础,根据市场需求变化的具体情况,在一定幅度内变动价格。

1) 需求差异定价法的形式

根据需求特性的不同,需求差异定价法通常有以下四种形式:

(1) 基于顾客差异的差别定价。这是指根据不同消费者的消费性质、消费水平和消费习惯等差异,制定不同的价格。例如,同种产品对购买量大的和购买量小的采取不同价格;航空票价对国内、国外乘客分别定价;电影院对老年人、学生和普通观众按不同票价收费等。

(2) 基于不同地理位置的差别定价。相同的产品在不同的地区销售,其价格可以不同。例如,同样的产品在沿海和内地的价格是有差异的;班机与轮船上由于舱位对消费者的效用不同而价格不一样;电影院、戏剧院或赛场的不同位置由于观看的效果不同而价格不一样。

(3) 基于产品差异的差别定价。质量和规格相同的同种产品,虽然成本不同,但企业在定价时,并不根据成本不同按比例定价,而是按外观和式样不同来定价。这种定价方法所考虑的真正因素是不同外观和式样对消费者的吸引程度。例如,一些名著往往有平装本和精装本之分,其内容完全相同,只是包装不同而已,但价格就有较大差别;营养保健品中的礼品装、普通装及特惠装三种不同的包装,虽然产品内涵和质量一样,但价格往往相差很大。

(4) 基于时间差异的差别定价。在实践中我们往往可以看到,同一产品在不同时间段里的效用是完全不同的,顾客的需求强度也是不同的。在需求旺季时,商品需求价格弹性化,可以提高价格;需求淡季时,价格需求弹性较高,可以采取降低价格的方法吸引更多顾客。

2) 实行需求差异定价法所具备的条件

实行区别需求定价必须具备一定的条件,否则,不仅达不到差别定价的目的,甚至会产生副作用。这些条件包括以下四个方面:

(1) 从购买者方面来说,购买者对产品的需求有明显的差异,顾客在主观上或心理上确实认为产品存在差异。不要引起顾客的反感,使他们不会产生被歧视的感觉。

(2) 从企业方面来说,实行不同价格的总收入要高于同一价格的收入。

(3) 从产品方面来说,各个市场之间是分割的,不同价格的执行不会导致本企业以外的企业在不同的市场间进行套利。低价市场和高价市场之间是相互独立的,不能进行交易,否则低价市场的购买者将低价购进的商品在高价市场上出售,使企业差异定价不能实现。

(4) 从竞争状况来说,无法在高价市场上进行价格竞争。这是根据需求的差异,对同种产品制定不同的价格的方法。

(三) 竞争导向定价法

竞争导向定价法是企业通过研究竞争对手的生产条件、服务状况、价格水平等因素,依据自身的竞争实力,参考成本和供求状况来确定商品价格。以市场上竞争者的类似产品的价格作为本企业产品定价的参照系的一种定价方法。

竞争导向定价也可以说是参考卖同类东西的卖家定价来确定自己定价的方法。比如:卖瑞士军刀,通过搜索发现相同型号的别人卖 90～110 元,那你卖 85 元就相对具有竞争力啦。当然,这里还要考虑到信用度、好评率等个人品牌以及售后服务、运费等因素的影响。

竞争导向定价以市场上相互竞争的同类商品价格为定价基本依据,以随竞争状况的变化确定和调整价格水平为特征,主要有通行价格定价法、产品差别定价法、密封投标定价法等方法。

1. 通行价格定价法

通行价格定价法是竞争导向定价方法中广为流行的一种。定价是使连锁企业卖场商品的价格与竞争者商品的平均价格保持一致。

这种定价法的目的为:① 平均价格水平在人们观念中常被认为是"合理价格",易为消费者接受。② 试图与竞争者和平相处,避免激烈竞争产生的风险。③ 一般能为企业带来合理、适度的盈利。

这种定价法适用于竞争激烈的均质商品,如大米、面粉、食油以及某些日常用品的价格确定。

2. 产品差别定价法

产品差别定价是指企业通过不同营销努力,使同种同质的产品在消费者心目中树立起不同的产品形象,进而根据自身特点,选取低于或高于竞争者的价格作为本企业产品价格。因此,产品差别定价法是一种进攻性的定价方法。

与通行价格定价法相反,它不是追随竞争者的价格,而是根据连锁企业商品的实际情况及与竞争对手的商品差异状况来确定价格。一般为富于进取心的连锁企业所采用。定价时首先将市场上竞争商品价格与连锁企业估算价格进行比较,分为高、一致及低三个价格层次。其次将连锁企业商品的性能、质量、成本、式样、产量等与竞争连锁企业进行比较,分析造成价格差异的原因。再次根据以上综合指标确定连锁企业商品的特色、优势及市场定位,在此基础上,按定价所要达到的目标,确定商品价格。最后,跟踪竞争商品的价格变化,及时分析原因,相应调整连锁企业商品价格。

3. 密封投标定价法

在国内外,许多大宗商品、原材料、成套设备和建筑工程项目的买卖和承包以及出售小型企业等,往往采用发包人招标、承包人投标的方式来选择承包者,确定最终承包价格。一般来说,招标方只有一个,处于相对垄断地位,而投标方有多个,处于相互竞争地位。标的物的价格由参与投标的各个企业在相互独立的条件下来确定。在买方招标的所有投标者中,报价最低的投标者通常中标,它的报价就是承包价格。这种竞争性的定价方法称为密封投标定价法。

(四) 折扣定价法

折扣定价是指对基本价格作出一定的让步,直接或间接降低价格,以争取顾客,扩大销量。其中,直接折扣的形式有数量折扣、现金折扣、功能折扣、季节折扣,间接折扣的形式有回扣和津贴。

专栏5-1

沃尔玛的"折价销售"

沃尔玛能够迅速发展,除了正确的战略定位以外,也得益于其首创的"折价销售"策略。每家沃尔玛商店都贴有"天天廉价"的大标语。同一种商品在沃尔玛比其他商店要便宜。沃尔玛提倡的是低成本、低费用结构、低价格的经营思想,主张把更多的利益让给消费者,"为顾客节省每一美元"是他们的目标。沃尔玛的利润率通常在30%左右,而其他零售商如凯玛特的利润率都在45%左右。公司每星期六早上举行经理人员会议,如果有分店报告某商品在其他商店比沃尔玛低,可立即决定降价。低廉的价格、可靠的质量是沃尔玛的一大竞争优势,吸引了一批又一批的顾客。

1. 数量折扣

指按购买数量的多少,分别给予不同的折扣,购买数量越多,折扣越大。其目的是鼓励大量购买,或集中向本企业购买。数量折扣包括累计数量折扣和一次性数量折扣两种形式。累计数量折扣规定顾客在一定时间内,购买商品若达到一定数量或金额,则按其总量给予一定折扣,其目的是鼓励顾客经常向本企业购买,成为可信赖的长期客户。一次性数量折扣规定一次购买某种产品达到一定数量或购买多种产品达到一定金额,则给予折扣优惠,其目的是鼓励顾客大批量购买,促进产品多销、快销。

数量折扣的促销作用非常明显,企业因单位产品利润减少而产生的损失完全可以从销量的增加中得到补偿。此外，销售速度的加快，使企业资金周转次数增加、流通费用下降、产品成本降低，从而导致企业总盈利水平上升。

运用数量折扣策略的难点是如何确定合适的折扣标准和折扣比例。如果享受折扣的数量标准定得太高，比例太低，则只有很少的顾客才能获得优待，绝大多数顾客将感到失望；购买数量标准过低，比例不合理，又起不到鼓励顾客购买和促进企业销售的作用。因此，企业应结合产品特点、销售目标、成本水平、企业资金利润率、需求规模、竞争者手段以及传统的商业惯例等因素来制定科学的折扣标准和比例。

2. 现金折扣

现金折扣是对在规定的时间内提前付款或用现金付款者所给予的一种价格折扣，其目的是鼓励顾客尽早付款，加速资金周转，降低销售费用，减少财务风险。采用现金折扣一般要考虑三个因素：折扣比例；给予折扣的时间限制；付清全部货款的期限。在西方国家，典型的付款期限折扣表示为"3/20,n/60"。其含义是在成交后 20 天内付款，买者可以得到 3% 的折扣；超过 20 天，在 60 天内付款不予折扣。超过 60 天付款要加付利息。

由于现金折扣的前提是商品的销售方式为赊销或分期付款，因此，有些企业采用附加风险费用、管理费用的方式，以避免可能发生的经营风险。同时，为了扩大销售，分期付款条件下买者支付的货款总额不宜高于现款交易价太多，否则就起不到"折扣"促销的效果。

提供现金折扣等于降低价格，所以，企业在运用这种手段时要考虑商品是否有足够的需求弹性，保证通过需求量的增加使企业获得足够利润。此外，由于我国的许多企业和消费者对现金折扣还不熟悉，运用这种手段的企业必须结合宣传手段，使买者更清楚自己将得到的好处。

3. 功能折扣

中间商在产品分销过程中所处的环节不同，其所承担的功能、责任和风险也不同，企业据此给予不同的折扣称为功能折扣。对生产性用户的价格折扣也属于一种功能折扣。功能折扣的比例，主要考虑中间商在分销渠道中的地位、对生产企业产品销售的重要性、购买批量、完成的促销功能、承担的风险、服务水平、履行的商业责任，以及产品在分销中所经历的层次和在市场上的最终售价等。功能折扣的结果是形成购销差价和批零差价。

鼓励中间商大批量订货，扩大销售，争取顾客，并与生产企业建立长期、稳定、良好的合作关系是实行功能折扣的一个主要目标。功能折扣的另一个目的是对中间商经营的有关产品的成本和费用进行补偿，并让中间商有一定的盈利。

4. 季节折扣

有些商品的生产是连续的，而其消费却具有明显的季节性。为了调节供需矛盾,这些商品的生产企业便采用季节折扣的方式,对在淡季购买商品的顾客给予一定的优惠,使企业的生产和销售在一年四季能保持相对稳定。例如,啤酒生产厂家对在冬季进货的商业单位给予大幅度让利,羽绒服生产企业则为夏季购买其产品的客户提供折扣。

季节折扣比例的确定,应考虑成本、储存费用、基价和资金利息等因素。季节折扣有利于减轻库存,加速商品流通,迅速收回资金,促进企业均衡生产,充分发挥生产和销售潜力,避免因季节需求变化所带来的市场风险。

5. 回扣和津贴

回扣是间接折扣的一种形式,它是指购买者在按价格目录将货款全部付给销售者以后,销售者再按一定比例将货款的一部分返还给购买者。津贴是企业为特殊目的,对特殊顾客以特定形式所给予的价格补贴或其他补贴。比如,当中间商为企业产品提供了包括刊登地方性广告、设置样品陈列窗等在内的各种促销活动时,生产企业给予中间商一定数额的资助或补贴。又如,对于进入成熟期的消费者,开展以旧换新业务,将旧货折算成一定的价格,在新产品的价格中扣除,顾客只支付余额,以刺激消费需求,促进产品的更新换代,扩大新一代产品的销售。这也是一种津贴的形式。

(五) 心理定价策略

1. 整数定价

对于那些无法明确显示其内在质量的商品,消费者往往通过其价格的高低来判断其质量的好坏。但是,在整数定价方法下,价格高并不是绝对的高,而只是凭借整数价格来给消费者造成高价的印象。整数定价常常以偶数,特别是"0"作尾数。例如,精品店的服装可以定价为1 000元,而不必定为998元。这样定价的好处有:① 可以满足购买者炫耀富有、显示地位、崇尚名牌、购买精品的虚荣心;② 省却了找零钱的麻烦,方便企业和顾客的价格结算;③ 花色品种繁多、价格总体水平较高的商品,利用产品的高价效应,在消费者心目中树立高档、高价、优质的产品形象。

美国的一位汽车制造商曾公开宣称,要为世界上最富有的人制造一种大型高级豪华轿车。这种车有6个轮子,长度相当于两辆凯迪拉克高级轿车,车内有酒吧间和洗澡间,价格定为100万美元。为什么一定要定个100万美元的整数价呢?这是因为,高档豪华的超级商品的购买者,一般都有显示其身份、地位、富有、大度的心理欲求,100万美元的豪华轿车,正迎合了购买者的这种心理。对于高档商品、耐用商品等宜采用整数定价策略,给顾客一种"一分钱一分货"的感觉,以树立商品的形象。

整数定价策略适用于需求的价格弹性小、价格高低不会对需求产生较大影响的商品,如流行品、时尚品、奢侈品、礼品、星级宾馆、高级文化娱乐城等,由于其消费者都属于高收入阶层,也甘愿接受较高的价格,所以,整数定价得以大行其道。

2. 非整数法

把商品零售价格定成带有零头结尾的非整数的做法,被销售专家们称为"非整数价格"。这是一种极能激发消费者购买欲望的价格。这种策略的出发点是认为消费者在心理上总是存在零头价格比整数价格低的感觉。有一年夏天,一家日用杂品店进了一批货,以每件1元的价格销售,可购买者并不踊跃。无奈商店只好决定降价,但考虑到进货成本,只降了2分钱,价格变成0.98元。想不到就是这两分钱之差竟使局面陡变,买者络绎不绝,货物很快销售一空。售货员欣喜之余,感叹一声"只差两分钱呀"。实践证明,"非整数价格法"确实能够激发出消费者良好的心理呼应,获得明显的经营效果。因为非整数价格虽与整数价格相近,但它给予消费者的心理信息是不一样的。

3. 弧形数字法

据国外市场调查发现,在生意兴隆的商场、超级市场中商品定价时所用的数字,按其使用的频率排序,先后依次是5、8、0、3、6、9、2、4、7、1。这种现象不是偶然出现的,究其根源是顾客消费心理的作用。带有弧形线条的数字,如5、8、0、3、6等似乎不带有刺激感,易为顾客接受;而不带有弧形线条的数字,如1、7、4等比较而言就不大受欢迎。所以,在商场、超级市场商品销售价格中,8、5等数字最常出现,而1、4、7则出现次数少得多。在价格的数字应用上,应结合我国国情。很多人喜欢8这个数字,并认为它会给自己带来发财的好运;4字因为与"死"同音,被人忌讳;7字,人们一般感觉不舒心;6字,因中国老百姓有六六大顺的说法,所以比较受欢迎。

4. 声望定价

这是根据产品在消费者心中的声望、信任度和社会地位来确定价格的一种定价策略。声望定价可以满足某些消费者的特殊欲望,如地位、身份、财富、名望和自我形象等,还可以通过高价格显示名贵优质,因此,这一策略适用于一些传统的名优产品,具有历史地位的民族特色产品,以及知名度高、有较大的市场影响、深受市场欢迎的驰名商标。比如,台湾宝丽来太阳镜价格高达240~980元,我国的景泰蓝瓷器在国际市场上的价格要上千美元,都是成功地运用声望定价策略的典范。

为了使声望价格得以维持,需要适当控制市场拥有量。英国名车劳斯莱斯的价格在所有汽车中雄踞榜首,除了其优越的性能、精细的做工外,严格控制产量也是一个很重要的因素。在过去的50年中,该公司只生产了15 000辆轿车,美国艾森豪威尔总统因未能拥有一辆金黄色的劳斯莱斯汽车而引为终生憾事。

但是,声望定价必须非常谨慎。20世纪70年代末,我国某企业将出口到欧美的假发提价两至三倍,销路迅速下降,大部分市场被日本、韩国的企业抢去。

5. 招徕定价

招徕定价是指将某几种商品的价格定得非常之高,或者非常之低,在引起消费者的好奇心理和观望行为之后,带动其他商品的销售。这一定价策略常为综合性百货商店、超级市场,甚至高档商品的专卖店所采用。招徕定价运用较多的是将少数产品价格定得较低,吸引顾客在购买"便宜货"的同时,购买其他价格比较正常的商品。美国有家"99美分商店",不仅一般商品以99美分标价,甚至每天还以99美分出售10台彩电,极大地刺激了消费者的购买欲望,商店每天门庭若市。1个月下来,每天按每台99美分出售10台彩电的损失不仅完全补回,企业还有不少的利润。

将某种产品的价格定得较低,甚至亏本销售,而将其相关产品的价格定得较高,也属于招徕定价的一种运用。比如,美国柯达公司生产一种性能优越、价格极廉的相机,市场销路很好。这种相机有一个特点,即只能使用"柯达"胶卷。"堤内损失堤外补",销售相机损失的利润由高价的柯达胶卷全部予以补偿。

在实践中,也有故意定高价以吸引顾客的。珠海九洲城里有种3 000港元一只的打火机,引起人们的兴趣,许多人都想看看这"高贵"的打火机是什么样子。其实,这种高价打火机样子极其平常,虽无人问津,但它边上3元一只的打火机却销路大增。

值得企业注意的是,用于招徕顾客的降价品,应该与低劣、过时商品明显地区别开来,必须是品种新、质量优的适销产品,而不能是处理品。否则,不仅达不到招徕顾客的目的,反而可能使企业声誉受到影响。

四、商品定价常用技巧

1. 同价销售术

讨价还价是一件挺烦人的事。一口价干脆简单。目前国内已兴起很多这样的店,方法虽好,但生意却不太好。实质上,策略或招数只在一定程度上管用,关键还是要货真价实。

英国有一家小店,起初生意萧条,很不景气。一天,店主灵机一动,想出一招:只要顾客出1英镑,便可在店内任选一件商品(店内商品都是同一价格的)。这可谓抓住了人们的好奇心理。尽管一些商品的价格略高于市价,但仍招徕了大批顾客,销售额比附近几家百货公司都高。在国外,比较流行的同价销售术还有分柜同价销售。比如,有的小商店开设1元钱商品专柜,而一些大商店则开设了10元、50元、100元商品专柜。

2. 价格分割法

没有什么东西能比顾客对价格更敏感的了,因为价格即代表他兜里的金钱,要让顾客感受到你只从他兜里掏了很少一部分,而非一大把。价格分割是一种心理策略。卖方定价时,采用这种技巧,能造成买方心理上的价格便宜感。

价格分割包括下面两种形式:

(1) 用较小的单位报价。例如,茶叶每千克100元报成每50克5元,大米每吨4 000元报成每千克4元等。巴黎地铁的广告是:"只需付3欧元,就有200万旅客能看到您的广告。"

(2) 用较小单位商品的价格进行比较。例如,"每天少抽一支烟,每日就可订一份报纸"。"使用这种电冰箱平均每天仅0.2元电费,仅一根冰棍钱!"记住报价时用小单位。

3. 特高价法

独一无二的产品才能卖出独一无二的价格。

特高价法即在新商品开始投放市场时,把价格定得大大高于成本,使企业在短期内能获得大量盈利,以后再根据市场形势的变化来调整价格。

某地有一商店进了少量中高档女外套,进价580元一件。该商店的经营者见这种外套用料、做工都很好,色彩、款式也很新颖,在本地市场上还没有出现过,于是定出1 280元一件的高价,居然很快就销完了。

如果你推出的产品很受欢迎,而市场上只你一家,就可卖出较高的价。不过这种形势一般不会持续太久。畅销的东西,别人也可群起而仿之,因此,要保持较高售价,就必须不断推出独特的产品。

4. 低价法

便宜无好货,好货不便宜,这是千百年的经验之谈,你要做的事就是消除这种成见。这种策略则先将产品的价格定得尽可能低一些,使新产品迅速被消费者所接受,优先在市场取得领先地位。由于利润过低,能有效地排斥竞争对手,使自己长期占领市场。这是一种长久的战略,适合于一些资金雄厚的大企业。对于一个生产企业来说,将产品的价格定得很低,先打开销路,把市场占下来,然后再扩大生产,降低生产成本。对于商业企业来说,尽可能压低商品的销售价格,虽然单个商品的销售利润比较少,但销售额增大了,总的商业利润会更多。在应用低价格方法时应注意:① 高档商品慎用;② 对追求高消费的消费者慎用。

5. 安全法

价值10元的东西,以20元卖出,表面上是赚了,却可能赔掉了一个顾客。对于一般商品来说,价格定得过高,不利于打开市场;价格定得太低,则可能出现亏损。因此,最稳妥可靠的是将商品的价格定得比较适中,消费者有能力购买,推销商也便于推销。

安全定价通常是由成本加正常利润构成的。例如,一条牛仔裤的成本是80

元,根据服装行业的一般利润水平,期待每条牛仔裤能获 20 元的利润,那么,这条牛仔裤的安全价格为 100 元。安全定价,价格适合。

在实际操作中,如果企业商品名气不大,即使安全定价也不安全。追求名牌、高消费的消费者觉得你的产品档次太低,讲究实惠价廉的消费者又嫌你的价格偏高,两头不讨好。

6. 分级法

先有价格,后有商品,记住看顾客的钱袋定价。

法籍华裔企业家林昌横生财有道,在制定产品销售价格时,总是考虑顾客的购买能力。例如,他生产的皮带,就是根据法国人的高、中、低收入定价的。低档货适合低收入者的需要,定在 50 法郎左右,用料是普通牛羊皮,这部分人较多,就多生产些。高档货适合高收入者的需要,定在 500~800 法郎范围内,用料贵重,有蟒皮、鳄皮,但是这部分人较少,就少生产些。有些独家经营的贵重商品,定价不封顶,因为对有些人来说,只要是他喜欢的,价格再高他也会购买的。中档货就定在 200~300 法郎上下。商品价格是否合理,关键要看顾客能否接受。只要顾客能接受,价格再高也可以。

第三节 变价管理

一、商品变价管理的内容

商品变价是指对商品原销售价的调整和变更。商品变价的主要原因有:季节性原因、商品质量原因、款式陈旧或保管不善原因、供求关系变化原因等。

1. 商品调价

商品调价是指提高或降低商品的原定销售价格。

商品调价应严格按照政府颁布的申报备案制度办理,营业员在接到价格调整通知单后,应做好调价的准备工作。在调价的前一日营业结束后,由营业员、物资负责人、兼职物价员(经理)等共同对照调价单上的商品名称、产地、货号、花色、规格、品种等项目进行盘点,合计数量,计算出调价前与调价后的金额,填写好商品价格调整单。调价要认真复核,防止错调、漏调,并及时按新价更换价格标签。

2. 商品削价

商品削价是指推销、处理某些残损、质变商品而采取的降低价格的办法。

削价商品有滞销不对路的商品、款式陈旧而积压的商品、因各种原因影响美观和使用价值的商品。及时处理残损商品,可以减少连锁企业的财产损失,加快连锁企业资金周转。

商品削价是连锁企业一项经常性的业务。营业员在做这项工作时,必须按照规定的要求和程序去做。对于削价的商品,通过盘点后如实填写削价报告单,报物价、财会部门和柜组及连锁卖场行政领导,按照权限逐级审批。

3. 制作价格标签

在商品销售期间,由于某种原因价格发生变动是很正常的,但是,价格变动了,价签也要随之变动,否则将无法为顾客提供准确清晰的价格信息。且无论何种情况的价格变动,都应该保持价签的整洁、无涂改,否则,容易造成顾客的误会,影响企业的形象。营业员在制作和更改价签的工作中尤其要认真、仔细,新的价签应书写清晰,粘贴牢固,旧的价签应清理干净。

二、商品降价的策略

一般来说,顾客对商品的降价通常会产生两种截然不同的反应:① 感到商品价廉,经不住价廉优惠的诱惑而产生强烈的购买动机。② 因价格下降而产生对商品质量的怀疑,从而抵制其购买欲望。

为此,商品降价应着重考虑消费者的购买心理。

(1) 降价要"师出有名"。巧立名目找出一个合适的降价理由,不能让顾客认为是商品卖不出去,或质量不好才降价。现实中商家降价的名目、理由通常有:季节性降价、重大节日降价酬宾、商家庆典活动降价。如新店开张、开业一周年、开业100天、销售突破若干万元或若干万件等,都可以成为降价的理由。

(2) 降价要取信于民。在现实中不同的商家同样搞降价促销,效果会大不相同。信誉好的商场降价顾客信得过,信誉不好的商场降价顾客信不过。

香港一些信誉好的精品商店、高档商店每年都要定期搞商品打折,往往人山人海。顾客在商场开门前就已在大门之外挤满,有的顾客甚至全家出动前去采购。正如一位顾客所说:"关键是商场的信誉好,不比有些小店,说降价 20%,没准还往上调了 10% 呢。"北京贵友大厦为了取信于民,每次打折前一周,都要用摄像机把柜台里商品的价格标签拍摄下来,以证明降价的真实性。

(3) 降价次数宜少不宜多。商品降价的次数要尽量少,最好能争取一步到位。

(4) 降价幅度应能引起顾客的注意。确定商品的降价幅度时,应以商品的需求弹性为依据。需求弹性大的商品只要有较小的降价幅度就可以使商品销量大增;需求弹性小的商品则需要较大的调价幅度才会扩大销售量。通常,商品降价幅度以 10%~30% 为宜。

(5) 直接降价与间接降价策略应灵活运用。直接降价顾客容易感觉到,但也容易刺激竞争对手的相继降价竞销。间接降价指维持原价格不动,只是采取增加折扣率或佣金等办法来销售商品的方法。间接降价有一定的隐蔽性,可以暂时避免因刺激竞争对手而导致的全方位的降价竞销;但由于没有直接给用户带来好处,可能难以达到应有的促销目的。

(6) 调价时,应考虑的最重要的因素还是消费者的反应。因为调整商品的价格是为了促使消费者购买商品,只有根据消费者的反应调价才能收到好的效果。

(7) 实施降价控制时,必须能对降价做出估计并修改最近各期的进货计划,以反映每次实行降价的理由。实施降价控制使管理人员能对各项政策的执行情况进行检查,如检查商品的储备方式、检查最近的新商品验收情况等。

三、商品降价的时机选择

降价时机的选择非常重要,在很多情况下,商家会发现某种商品必须降价,但需考虑时机的选择及如何迅速地贯彻执行。一般而言,需在保本期内把商品卖掉,可选择的降价方式有:早降价、迟降价、交错降价等。

(1) 早降价。存货周转率高的店铺多采用早降价的策略。早降价的好处有:当需求还相当活跃时,降价可促进商品的销售;同旺季过后相比,实行早降价策略降价幅度会小;早降价可以为新商品腾出销售空间,并改善店铺的现金流动状况。

(2) 迟降价。迟降价可以使商品有充足的机会按原价出售,但以上列出的早降价的好处恰是迟降价策略的不利之处。

(3) 交错降价。交错降价就是在旺销季期间逐次降价,这种降价策略多和"自动降价计划"结合运用。在自动降价计划中,降价的金额和时机选择是由商品库存时间的长短决定的,这样可以有效保证库存的更新和早降价。

四、各档商品的变价策略

1. 高档商品变价策略

经营高档商品的店铺,其目标顾客群多是高收入阶层或用作礼品馈赠,他们的消费心理一般是把价格作为自身社会地位或经济地位的象征,关注的也是质量保证与地位显示。因此,对于高档商品的价格调整,尤其对于降价,要慎之又慎。

2. 中档商品变价策略

中档商品在多数店铺的经营中都是主角,因此商家应花大力气对其价格体系进行调整,以获得最大的整体利润。中档商品的消费者在购买之前会有一个比较过程,购买之后还会有一个使用和评价阶段,只要其服务质量过关,折扣期间的销量一定会很可观。

3. 低档商品变价策略

低档商品的消费者对价格非常敏感,即使微小的价格下调也会刺激他们的购买欲望。同时,他们很容易受群体的暗示而购买一些认为实惠的商品。因此,商家对于其经营的低档商品要经常有适当的打折销售,作为诱饵,配合卖场的布置和气氛的营造,刺激顾客的购买欲望。

本 章 小 结

商品的价格管理主要是指商品价格制定和调整方面的管理。商品价格管理的内容主要有:制定商品价格管理制度;制定商品定价组合策略;适时对商品进行变价管理。商品价格的构成要素包括:生产成本、流通费用、税金和利润。

影响商品价格的因素则有:国家政策、货币价值、市场供求变化、同业的价格动向、季节变化的因素、国际价格水平和气候变化的因素。

商品定价要符合以下原则:符合价值规律的要求;符合价格构成规律的要求;考虑商品的供求状况;考虑商品的竞争状况;考虑货币供求状况和货币价值变动状况。商品的定价策略组合则包括:成本导向定价法、需求导向定价法、竞争导向定价法、折扣定价法、心理定价策略。

商品变价是指对商品原销售价的调整和变更。商品变价的主要原因有:季节性原因,商品质量原因,款式陈旧或保管不善原因,供求关系变化原因等。商品调价是指提高或降低商品的原定销售价格。商品削价是指推销、处理某些残损、质变商品而采取的降低价格的办法。

1. 商品价格管理包括哪些内容?
2. 论述商品价格的构成要素。
3. 商品价格管理的基本要求有哪些?
4. 影响商品价格的因素有哪些?
5. 商品定价有什么样的原则?
6. 造成商品变价的原因有哪些?

深圳的王艳在景田北开了一家名为"简爱"的外贸服装店,她在此之前曾在商业区经营过一家服装店,但在商业区和住宅区开店,即使是同样一件衣服,定价原

则亦颇有不同。比如同样一条连衣裙,如果在商业区出售,她会选择不给折扣,而在景田北这样的住宅区,只要是熟客来买就可以享受8折优惠。住宅区经营服装有一个特点,就是哪怕这个小区居民的消费能力比较强,但真正愿意爽快掏钱的并不是很多。很多人只是喜欢不断地试衣服找感觉,试而不买,有些人则专门喜欢淘特价。社区店主要是做熟客生意,在定价上当然要对顾客优惠一点。

王艳说,服装在定价上有一个原则,就是先高后低,不要一上来就抱着有赚就出手的想法。一些自己认准是"精品"的款式,即使是过季也不要扔进特价货的篮子里,好东西就应该卖个好价钱。

在社区经营服装店要特别注意与顾客的情感联系。但大多数服装店都忽略了与顾客的情感交流,而把注意力集中在讨价还价上。一些店主只注意以价格吸引顾客,一味强调低成本运作,全然不管焕然一新的经营环境带给消费者的愉悦感受以及因为这种感受带来的促销力。出色的社区店会力求与顾客建立起亲近、喜欢和信任的感觉,突出店铺的亲情氛围。

讨论题:
1. 分析本案例中所谓"先高后低"原则的意义。
2. 你认为商务区和住宅区服装店商品定价存在什么样的差异?

第六章　新品引进和滞销品管理

1. 了解新品管理。
2. 了解新品评估方式。
3. 掌握新品引进操作方法。
4. 了解滞销品管理内容。
5. 掌握滞销品淘汰流程。

【引导案例】

滞销品变成抢手货

一天,萨耶下班回家,看见桌上放着一块布料,他知道是妻子买的,心里很不高兴。因为这种布料在自己的店里都卖不出去,干嘛还去买别人的呢?

妻子任性地说:"我高兴嘛!料子不算太好,但花式流行啊。"

萨耶叫起来了:"我的天!这种衣料去年上市以来,一直卖不出去,怎么会流行起来呢?"

"卖市的小贩说的。"妻子坦白了,"今年的游园会上,这种花式将会流行起来。"

妻子还告诉萨耶,在游园会上,当地社交界最有名的贵妇瑞尔夫人和泰姬夫人都将穿这种花式的衣服。妻子还嘱咐他不要把这个消息说出去。

萨耶对女人在服饰方面这种"不甘人后"的一窝蜂心理早就习以为常了,那两位贵妇可以说是当地妇女时装的向导,女人们对她们心中仰慕的女人一向盲从。

"这个消息是谁告诉你的?"萨耶只对此感兴趣。

妻子支吾半天才吐露了真情,原来是卖布的小贩告诉她的,而且还要求她不要告诉任何人。

萨耶真想捧腹大笑一场,他明白这全是那小布贩捣的鬼,竟然把妻子也哄住了。

萨耶并没有把这件事挂在心上,甚至他店中的这种布料都被一个布贩买走,也没有引起他注意。游园那天,全场妇女中,只有两名贵妇及少数几个女人穿着那种花式的衣服。萨耶太太也是其中之一,她因为同两名贵妇穿的是同一种花式的衣服,格外引人注目,因此出尽了风头。游园结束时,许多妇女都得到一张通知单,上面写着:"瑞尔夫人和泰姬夫人所穿的新衣料,本店有售。"

萨耶暗暗惊讶,他不得不佩服那个小贩的推销手腕。

第二天,萨耶找到那家店铺,只见人群拥挤,争先恐后地抢购布料。等他走近一看,才知道这个店铺比他想象的更绝,店门前贴着一行大字:衣料售完,明日来新货。那些购买者唯恐明天买不到,都预先交钱,伙计们还不断地解释说,这种法国衣料因原料有限,很难充分供应。萨耶知道这种布料进货不多,并非因为缺少原料,而是因为销路不好,没有再继续进口。看到这个小贩如此巧妙地利用女人心理,直到最后还利用缺货来吊她们胃口,萨耶从心里折服了。

资料来源:http//info.10000link.com/shownews.aspx? doc_code=2912000R。

第一节 新品引进

一、新品管理概述

(一)新品的概念

商品管理过程中,不断引进新品,是连锁企业的必要举措之一。市场是不断变化发展的,消费者的消费需求也随经济形势、收入水平、流行趋势等不同因素的影响而不断变化,企业必须适时引进新品,应对市场和消费者需求快速变动。

商品管理中新品的概念与商品学上新产品的概念存在很大区别。新产品是指企业初次试制成功的产品,或是在结构性能、制造工艺、形体材质等某一方面或几个方面比老产品有显著改进的产品①。这一概念从工业生产的角度出发,强调在制造方面的创新性。但从零售的角度考虑的新品与此存在很大不同,对零售企业的采购人员来说,一个产品包装的改变就可能导致消费者对这一产品的全新认识,并认为新包装的产品完全不同于老产品,消费者对该新包装产品的认知与一个全新功能的产品可能一样,这样的产品就是新品。或者对连锁企业的忠诚顾客来说,一个在其他地方长期销售的商品,在该零售企业才开始销售,该顾客也是第一次接触,对他这样的顾客来说该商品也是新品。由此,零售企业在商品管理中引进的新品与商品学上的新产品是完全不同的两个概念。所谓的新品是指连锁企业从来没有引进销售过的商品,该商品对其大部分顾客来说也没有事前认知。

一个商品被连锁企业定义为新品必须有两个要件:

(1) 该连锁企业以前从来没有引进过该商品。该商品是否为新研制商品,是否在市场上已经存在并不重要,重要的是该商品以前没有被连锁企业引进过,对该企业来说是一个全新的商品,需要重新为其定义条码,重新为它安排销售空间。零售商与供应商为该商品在销售场所的销售承担相应的市场风险。

(2) 该零售商的大部分顾客在认知上认为这是一个新商品。因此并不需要所有顾客都认为该商品是一个新产品,只要零售企业的大部分核心顾客认为销售的商品与其以前所见的商品存在区别,并从新品的角度察看该商品。

(二) 新品的分类

新品按不同的标准可分为不同的类别。

1. 按产品的创新程度分

按新品的创新程度可将新产品分为全新型新品、换代型新品和改进型新品。

(1) 全新型新品。全新型新品,是指应用科学技术研制、设计、生产的,在结构原理、技术工艺等方面是前所未有的产品,如移动存储设备相对于软盘而言是全新产品。

(2) 换代型新品。换代型新品,是指产品的使用、制造基本原理不变,部分地采用新技术、新材料,或改变其结构,使产品的性能、使用功能或经济指标发生了显著变化的产品。如液晶电视相对于以前的普通电视机,在很大程度上发生了明显的变化,并且相关质量指标都有很大提高,但其开发的难度较全新型新产品要小得多。

(3) 改进型新品。改进型新品,是指在原有老产品的基础上,对原有产品的功能、性能、花色、品种、规格、包装等方面采用各种技术改进方法进行局部改造而制

---

① 郭洪仙主编,曾瑾副主编:《商品学》,复旦大学出版社,2008年版,第223页。

成的产品。

2. 按新品地域范围划分

按新品的地域特征可将新品分为世界级新品、国家级新品、地区级新品和企业级新品。

（1）世界级新品。世界级新品，是指世界上第一次生产和销售的产品。

（2）国家级新品。国家级新品，是指在国外已经有生产、销售，而本国还是第一次生产、销售的产品。

（3）地区级新品。地区级新品，是指国内其他省、自治区、直辖市已经生产并投入市场，但在本地区是第一次生产销售的产品。

（4）企业级新品。企业级新品，是指其他企业早已生产销售，但本企业初次开发生产销售的同类产品。

（三）产品生命周期理论与新品引进管理

产品生命周期理论是美国哈佛大学教授雷蒙德·弗农（Raymond Vernon）1966年在其《产品周期中的国际投资与国际贸易》一文中首次提出的。

产品生命周期（Product Life Cycle，简称 PLC），是产品的市场寿命，即一种新产品从开始进入市场到被市场淘汰的整个过程。费农认为：产品生命是指市场上的营销生命，产品和人的生命一样，要经历形成、成长、成熟、衰退这样的周期（见图6-1）。就产品而言，也就是要经历一个开发、引进、成长、成熟、衰退的阶段。而这个周期在不同的技术水平的国家里，发生的时间和过程是不一样的，期间存在一个较大的差距和时差，正是这一时差，表现为不同国家在技术上的差距，它反映了同一产品在不同国家市场上的竞争地位的差异，从而决定了国际贸易和国际投资的变化。

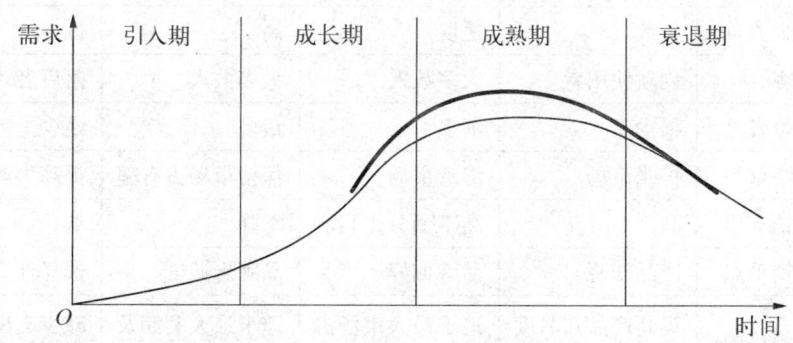

图6-1 产品生命周期曲线图

典型的产品生命周期一般可以分成四个阶段，即引入期（或介绍期）、成长期、成熟期和衰退期。

1. 第一阶段：引入期

新产品投入市场，便进入了引入期。此时顾客对产品还不了解，除了少数追求新奇的顾客外，几乎没有人实际购买该产品。在此阶段产品生产批量小，制造成本高，广告费用大，产品销售价格偏高，销售量极为有限，企业通常不能获利。

2. 第二阶段：成长期

当产品进入引入期，销售取得成功之后，便进入了成长期。这是需求增长阶段，需求量和销售额迅速上升，生产成本大幅度下降，利润迅速增长。

3. 第三阶段：成熟期

经过成长期之后，随着购买产品的人数增多，市场需求趋于饱和，产品便进入了成熟期阶段。此时，销售增长速度缓慢直至转为下降，由于竞争的加剧，导致广告费用再度提高，利润下降。

4. 第四阶段：衰退期

随着科技的发展、新产品和替代品的出现以及消费习惯的改变等原因，产品的销售量和利润持续下降，产品从而进入了衰退期。产品的需求量和销售量迅速下降，同时市场上出现替代品和新产品，使顾客的消费习惯发生改变。此时成本较高的企业就会由于无利可图而陆续停止生产，该类产品的生命周期也就陆续结束，以致最后完全撤出市场。

表 6-1　产品生命周期各阶段特征和策略

	阶　　段	引入期	成长期	成熟期	衰退期
特征	销售额	低	快速增长	缓慢增长	衰退
	利润	易变动	顶峰	下降	低或无
	现金流量	负数	适度	高	低
	顾客	创新使用者	大多数人	大多数人	落后者
	竞争者	稀少	渐多	最多	渐少
策略	策略重心	扩张市场	渗透市场	保持市场占有率	提高生产率
	营销支出	高	高(但百分比下降)	下降	低
	营销重点	产品知晓	品牌偏好	品牌忠诚度	选择性
	营销目的	提高产品知名度及产品试用	追求最大市场占有率	追求最大利润及保持市场占有率	减少支出及增加利润回收
	分销方式	选择性的分销	密集式	更加密集式	排除不合适、效率差的渠道

(续表)

阶 段		引入期	成长期	成熟期	衰退期
策略	价格	成本加成法策略	渗透性价格策略	竞争性价格策略	削价策略
	产品	基本型为主	改进品,增加产品种类及服务保证	差异化、多样化的产品及品牌	剔除弱势产品项目
	广告	争取早期使用者,建立产品知名度	大量营销	建立品牌差异及利益	维持品牌忠诚度
	销售追踪	大量促销及产品试用	利用消费者需求增加	鼓励改变采用公司品牌	将支出降至最低

考察商品生命周期与零售商引入新品的关系,存在两种情况:

(1) 对部分商品来说,零售商作为新品引入时,往往处于该产品的引入期。此时产品处于被消费者逐渐熟悉的状态,市场反映还没有完全显现,零售商作为新品引入该产品存在一定的市场风险,当然也存在销售机遇。零售商与供应商之间存在一个风险分配的问题。

(2) 有一部分商品已经处于产品生命周期除引入期以外的其他阶段,但该商品在特定的零售企业并没有销售过,也会被作为新品引进。此时,所谓的新品与产品生命周期中引入期阶段的新品概念并不一致。如一些生命周期3~4年的功能性饮料,产品进入了成熟期后某些零售商才引入。

(四) 新品引进的意义

新品引进对连锁企业有如下意义:

(1) 零售业的竞争日趋激烈,具有市场潜力的新品成为连锁企业的核心竞争力之一。

(2) 引进具有市场潜力的新品赋予零售商市场先发优势。

(3) 供应商对新品投入的推广资源能为零售商所用,成为其发展的助力。

(4) 引进高效新品是维持良好品类组合的要素之一。

(5) 具有销售潜力的新品能够带动零售商的日常经营。

二、新品评估

(一) 新品引进原则

1. 信息数据化

新品引进应依托信息技术,在数据分析的基础上对新产品的市场前景进行量化分析。切忌以经验为基础,不加分析地凭感觉和喜好随意引进新品。

2. 引进新品应以消费者的需求为依据

应以以往相关产品的销售数据为核心,分析消费者对关联产品的消费心理,通过调查问卷等方式评估消费者的消费倾向,判断消费者对拟引进新品的感观,以此作为引进新品的依据。

3. 在品类管理的前提下,与其他高效商品形成良好的品类组合

新品引进本身就是品类策略的一部分,在引进新品时要考虑品类组合策略。如位于商业中心的高档百货中心,引进新品时要考虑新品的品牌定位、价格定位、市场形象等是否与商场形象相符,是否与其他关联商品组成高效品类组合。

4. 新品引进过程是零售商与供应商充分合作的过程

引进新品对零售商与供应商都是一种存在风险的商业行为,但风险的主要承担者是供应商,新品销售的失败会导致供应商前期投入研发、推广、渠道、配送、人员等费用成本的损失。零售商也会承担货架资源浪费、销售成本增加和效益降低的风险。为了降低风险,零售商与供应商应通力合作,通过信息共享等方式尽量确保新品销售取得成功。

(二) 新品优劣初步判断

引进新品展开详细评估之前,应对新品引进产生的后果进行初步判断,主要考虑以下几个因素:

1. 引进的新品是否与现有品类相冲突

如果引进的新品在产品类别、功能等方面与现存的品类存在同质性或相似性,就会影响现存品类商品的销售,对消费者来说,新品的引进导致了选择问题,有时消费者乐于选择,但有时选择也是一种负担。对于商家来说,新品占据了一定货架资源,给消费者增加了选择余地,但并不能促使消费者多买商品,只是以原有品类的市场份额换取了新品的市场份额,并不能创造市场,利润得失也在两可之间。

2. 引进的新品价格是否可以补充现有的价格带

现存的零售企业品类商品大部分已经形成较为完整的价格带,且价格区域较为密集,如果新品价格与现有商品的定价存在冲突,则不利于扩大销售,增加单品盈利能力。如引进新品价格正处于价格空白带,则能有效完善价格带,增强销售。

3. 引进新品是否会带来额外收益

很多零售企业引进新品时会收取通道费用,具体为进场费,这一费用的作用主要在于把本来由零售商与供应商共同承担的销售风险完全转嫁到供应商身上,新品销售即使失败,零售商也可以由进场费弥补利润损失,而新品销售成功,零售商则获利更多。本书并不赞同零售商收取进场费的行为,原因在于:首先,收取进场费的行为在商业交易中有失公平,零售商规避了自身的经营风险;其次,从长期看,

零售商收取进场费的行为使其对新品经营不再全力投入，最终导致核心竞争力的减弱和盈利模式的异化。但就短期财务表现来说，零售商收取进场费使其取得大量额外收益，财务表现良好。

4. 供应商是否对新品大力推广，带动整个品类商品的销售

新产品的存活率较低，如国内某著名牛奶品牌生产商，前几年走产品路线，不时推出新产品，很多新产品推出3个月左右，销量从几十到几百不等，在消费者还没注意到这些新品的时候就不得不下架。所以企业为加大新品的存活率，往往在上市之初加大推广力度，策划整套推广方案，这些推广促销行为可能会带动整个品类商品的销售。

5. 是否与同类商品有差异性

新品与同类产品的差异性往往是其具有核心竞争力的表现。如同样价位的手机，成熟稳重风格型与带有时尚设计概念的手机，虽然在功能上相似，但面对的目标人群绝对不同，市场也是有区别的。

（三）新品评估

1. 品类特点判定

品类特点判定包括的内容见表6-2。

表6-2 品类特点判定表

品类特点	详　　述	列　　举
品类角色	品类角色不同会带来商品定位不同及商品组合不同，品类角色包括：常规品类、目标性品类、偶发性品类、季节性品类、便利性品类。	如儿童用品商店的品牌儿童玩具，属于目标性品类，一般零售卖场陈列不足，只有专业销售，应与同品类商品共同陈列。
品类规模	品类规模是指品类的市场容量、品类目前的数量及品类占据的货架空间。	如春节期间的保健品市场热销，但陈列过多也会影响其他商品的销售，保健品的过多陈列本身却不能导致市场扩大，总体上可能影响销售。
品类差异化	品类差异化是指新品迎合目标人群需求的特定性。其他商品不能满足这种特定需求。	如IBM（现为联想）的Thinkpad笔记本电脑体现一种商务高端形象，与其他笔记本电脑相区别。
品类策略	品类策略的目的在于突出，甚至制造新品的差异化。品类策略应根据新品的特点制定。	如市场流行婴幼儿早教，商家引进符合家长价值观的相关音像制品。

2. 产品特点

市场会不停地产生符合零售企业品类要求的新品,评估这些新品应考虑产品特点因素(见表6-3)。

表6-3 产品特点要素表

产品特点要素	扩展解释
产品功能	面对不同目标人群的功能特点,能带给消费者什么?
性价比	在产品现有性能的基础上,消费者能否接受其价格?
消费者测试	消费者对产品的试用感觉如何?能否接受该产品?
赢利能力	产品是否具有足够的利润空间?
销售潜力	对该品牌类似产品的销售记录及市场美誉度进行分析,测试其销售潜力。

3. 供应商的市场支持度

产品,尤其是新品的推广很大程度上得益于供应商对新品的市场支持程度。强大的市场支持力度能够让消费者快速认识该商品并产生兴趣。如果没有一定的市场支持配合,再好的商品也不能取得良好的销售成绩。

市场支持的方式见表6-4。

表6-4 市场支持方式表

市场支持方式	阐述
媒体投放	媒体投放是让消费者认识产品的最快途径,现代专业媒体非常发达,受众几乎涵盖了所有的消费人群。媒体投放包括电视广告、户外广告、报纸广告、网络广告等。不同媒体应对的目标人群是不一样的,如专业报纸针对专业人群,汽车广告不应放在"肥皂类"电视连续剧前后,而应投放财经类电视节目等。
样品派发或消费者试用活动	超市卖场甚至一些路边经常有一些新产品的试吃活动,就是生产厂商考虑到新品不为消费者所知,消费者在考虑购买时对商品的实际情况存在疑虑,为了让消费者尽快对产品有感性认识而采取的行动。
消费者教育	有一些新品的推出,存在自身功能过于复杂强大,或理念过新,不易为消费者接受的障碍,需要通过消费者教育让其慢慢接受。
公关活动及专业协会认可	公差活动和专业协会认可是为新品树立正面健康形象的快速途径之一。良好的公关活动和专业协会的认可可以让新品快速与健康、诚信等正面印象相联系。

4. 店内推广

对上市新品来说,大部分的购买行为是在店内完成的。店内推广活动包括端头、堆头、磁石点的大量陈列、产品促销、店内演示和店内POP广告等。

5. 供应商销售情况及合同规定

供应商以往的商品销售表现和与零售订立合同的内容规定也影响零售商决定新品是否进入。零售商一般主要考虑以下几个问题:

(1) 供应商以往商品的销售曲线。

(2) 供应商商品的盈利能力。

(3) 供应商对新品的支持推广力度。

(4) 供应商缴纳的进场费用。

(5) 供应商同意的账期。

三、新品引进操作方法

(一) 制定年度新品引进计划

1. 年度新品引进计划作业流程

年度新品引进计划作业流程如图6-2所示。

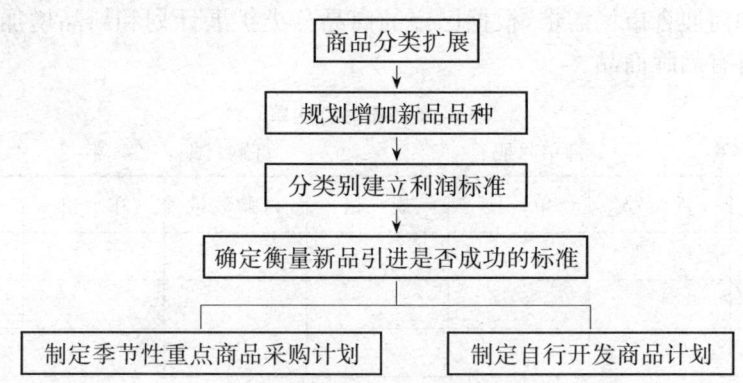

图6-2 年度新品引进计划作业流程图

(1) 商品分类扩展:市场和消费者的需求在不断变化发展中,零售企业的商品分类也应不停地调整。新年度增加哪些新的商品分类,又淘汰哪些商品要提前作出明确规划。

(2) 规划增加新品品种:在增加商品分类的基础上,确定新年度,具体到每月应增加哪些商品品种(新品引进计划表见表6-5)。

(3) 分类别建立利润标准:不同品类商品给企业带来的利润率并不一样,应在下一个财政年度开始之前确定新品类的利润率,以作为下年度采购议价的基础。

表6-5 新品引进计划表

商品名称	编号	规格	各月份计划需要量												合计	基本存量
			1	2	3	4	5	6	7	8	9	10	11	12		

(4) 确定衡量新品引进是否成功的标准。新品引进是否成功的衡量指标除了销售额、利润等财务指标,还应包括执行效率方面的指标,具体包括:① 新品存活期(该产品从引进到销售份额降到0.1%以下的时间或零售商从引进到淘汰它的时间)。② 新品引进时机(引进新品距离供应商推出该产品的时间)。③ 订单效率(新品订购单见表6-6)。④ 新品上架速度。

(5) 制定季节性重点商品采购计划。

(6) 制定自行开发商品计划:自行开发商品主要是指自有品牌商品。企业应提前确定如何迎合市场需求,根据已定的商品分类扩展计划和新品增加计划确定开发哪些自有品牌商品。

表6-6 新品订购单

供应商名称:　　　　订单号码:　　　　　订购日期:　　年　　月　　日

新品名称	货号	单位	规格	订购数量	单价	总价
厂商签章		经理		采购部长		采购员

2. 新品引进的类型

引进的新品主要包括以下三种类型:

(1) 需求性引进。所谓的需求性不是指企业的需求,而是指顾客的需求。需求性引进应以顾客需求为基础,主要考虑三个因素:顾客对新品的需求程度、对新品的要求和顾客的消费习惯。

(2) 技术性引进。运用新技术生产或加工各类新品,以适应消费者的新需求。

(3) 营销性引进。利用分类分级、定牌包装、定价、陈列、促销等营销策略将产品变为商品。

（二）新品引进具体操作流程

新品引进的具体操作流程如表6-7所示。

表6-7 新品引进操作流程

执行步骤	执 行 内 容
新品引进前的市场机会评估	● 收集有关新品的种类信息及数据，包括与新品相关联产品的信息，消费者的需求信息等； ● 根据新品评估标准给新品评分（产品功能、性价比、消费者测试、赢利能力、销售潜力）； ● 根据评估结果确定新品引进规模。
新品引进执行计划	● 确定新品上架计划；（依据新品的品牌、价格带、毛利定位决定相应的陈列位置及陈列面积，建议在新品上架3个月内，给予较好的陈列位置及较大的陈列面积。通过3个月的销售考核后再视状况调整。） ● 新品定价； 确定新品引进时的促销方案；（给予必要的视觉标示，例如新品推荐、功能说明、人员介绍等。新品上架第2个月后，执行两个月的促销计划，安排快讯、店内促销交互使用，除了让新品有高曝光率外，更重要的是使采购了解，除了该商品正常价格的销售状况外，透过不同价格的促销，测试商品在各价位的销售状况，以利采购在该新品进入正常销售时，该品类的销售计划安排。） ● 确定后勤、下单、分销时间。
销售效果评估	新品上架后每周监控其销售情况，绘制销售趋势曲线。如有问题，需及时调整。3个月后，对该新品进行一次全面评估，评估内容见表6-8。3个月的销售数据、贡献度达成状况分析追踪，并适时调整营销手段。

表6-8 新品引进效果评估表

评 估 内 容		第1个月	第2个月	第3个月
财务指标	新品销售量/额 新品利润 销售量份额 销售量份额平均值			
执行效率指标	新品存活期 引进时机 订单效率 上架速度			
品 类	品类销售量 品类销售额			

专栏 6-1

某超市鲜食新商品程序

鲜食部门是每天吸引更多顾客光临的主要部门,在鲜食部门不断有新品推出,就会使顾客感觉耳目一新。在增加客流的同时,也带动了整个商场的销售。因此,不断推出新品必须制度化。

(一) 订货及生产

采购将在周四的 Bulletin(公告)中发布新商品信息,需部门加工的新商品同时附有生产配方,94#(该超市企业内部商品编号)的新商品会列入周四的成本报价单中。

1. 对于供应商直接供货的商品

部门在收到 Bulletin 或成本报价单后,应第一时间与供应商联系,确认订货数量和送货时间,同时制订促销计划。

部门需跟进供应商的送货情况(到货时间、到货量、质量)。

根据新商品实际到货情况,按照陈列计划将新商品第一时间全面陈列。

部门在新商品的销售过程中应根据实际情况及时调整订货计划。

2. 对于需部门再加工的新商品

部门根据采购提供的配方及原料在第一时间进行试生产,授权人员进行试吃,将信息反馈给采购。

部门可于当日根据商品口味、定价、毛利情况及市调结果制订生产计划,并按生产计划进行生产,同时在销售过程中及时调整生产计划。

部门需每日跟进新商品的销售和丢弃情况,做好详细的记录(附丢弃登记表)。

(二) 陈列及促销

新商品的陈列需按照采购在公告中的陈列要求进行陈列,如果采购没有说明陈列方式,部门应用专门固定的展台做特别陈列。

特别说明:新商品入场后必须保证陈列推广时间为 30 天。

按照采购的要求将新商品陈列。对于陈列出的新商品,要特别注意检查旗标、标签及标牌,同时应通过热卖、试吃、专人促销、广播介绍、样品展示等多种促销方式将新商品推荐给顾客。

特别说明:新商品在 30 天推广期内店内不得进行降价促销,如果经过 30 天的特别促销,该新品的销售无法达到较好的销售,则由商场建议采购进行删除,并由其他新品相应代替。

(三) 信息反馈

30 天后,部门需将本月新商品的销售情况、生产情况、市场情况及丢弃情况(丢弃量及金额)反馈给采购。

商场自行研制的新产品：

（1）各鲜食部门成立新产品开发小组，经理主管任组长，组员可以是本部门3～4名有经验的同事。

（2）每个月的月初各部门开发小组开会一次，根据市场调查，竞争对手情况来研讨顾客和市场的需求，提出新品种计划；每个部门每月不少于3个自制新商品推荐及销售（见商场鲜食自制新品推荐表）。

（3）各鲜食部门在每月5日前将新品计划上报副总经理审核，副总经理审核同意后，开始进行试生产；由常务副总和总经理试吃考核，由总经理在《商场鲜食自制新品推荐表》批准并于当月10日前将计划发电子邮件给各自的部门负责人汇总后报给地区采购。

（4）根据商场提供的新品计划并按照相应的采购标准，由采购在两周内完成相关的步骤如作出生产配方，制定相应的商品PLU、商品名称、商品价格以及毛利（毛利不得低于本部门平均毛利）等。在此期间，对于不能亲自到商场了解新品的采购（如广东地区），采购可以参看推荐表中的新品数码照片。商场在当月25日前应收到采购通知和回复，并开始推出该新品。如采购不能采纳该推荐新品，必须在《商场鲜食自制新品推荐表》中注明相关原因。

（5）对于陈列出的新商品，要特别注意检查旗标、标签及标牌，同时应通过热卖、试吃、专人促销、广播介绍、样品展示等多种促销方式将新商品推荐给顾客。每个新商品陈列时间不得少于1个月。新商品在30天推广期内店内不得进行降价促销。如果经过30天的特别促销，该新品无法达到较好的销售，则由商场建议采购进行删除，并由其他新品相应代替。

（6）经销售实践成功的商品，由JV汇总总结配方及制作过程以及销售数据及相关图片后，同其他JV分享。

第二节 滞销品管理

一、滞销品概述

滞销品是指因不被消费者认可或认知等原因，而导致销售不佳，不能达到连锁企业引进时预期的利润，或利润下降到连锁企业界定的滞销标准的商品。滞销品的认定是相对的，并没有一个绝对的量化标准，不同的连锁企业一般都有自己的标准。滞销品都有一个共同的表现，即销售不佳，导致企业经营该商品在财务上只存在很少的利润甚至负利润，如果用其他商品替代滞销品的销售空间，会增加该销售空间的赢利能力,也即滞销品增加了企业的销售机会成本。

1. 滞销品产生的主要原因

(1) 现有商品因持续销售不佳(对公司整体贡献度衰退)而必须淘汰者。这是企业最应重视的滞销品产生的原因,由这一原因产生的滞销品不仅对企业的财务状况有很大影响,如果这样的产品在企业销售商品中达到一定比例,也说明企业的经营管理出现了问题,会影响到企业的核心竞争力。

(2) 市场上已推出新的替代商品且厂商也将停止生产。这样的滞销品会逐渐为市场自然淘汰,企业即便不主动处理这类商品,供货商消耗掉自然存货后也会停止供货。但企业如不能对此作出快速反应,可能会造成较大的短期财务损失。

(3) 新商品引进失败而成为滞销品。新品引进失败而成为滞销品者,原因往往在于新品不符合市场需求或由于供应商推广不力不为消费者认知。发生这种情况要具体分析:一种情况为连锁企业引进新品时对其评估存在问题,属连锁企业经营管理方面的责任;另一种情况为连锁企业引进新品时不得不承担的市场风险。

(4) 过季商品。季节性商品的销售随季节变动而变动,成为滞销品是市场的自然反映。但连锁企业应在进货数量、质量、时机等方面加强管理,尽量避免过季商品成为滞销品给企业带来的利润损失。

2. 滞销品产生的其他原因

(1) 商品本身存在质量问题,顾客买后退货,由积压而造成滞销。

(2) 供应商不能及时供货,延误销售时机造成滞销,如一些节庆用品在节假日后送货。

(3) 在没有充分评估的基础上大量进货。

(4) 市场供求关系发生变化。

(5) 商品库存分类不清,促销方式不佳。

(6) 采购成本过高导致定价过高,影响销售。

(7) 对门店存货及销售状况没有准确把握。

3. 滞销品与下架商品的区别

滞销品与下架商品的区别如表 6-9 所示。

表 6-9 滞销品与下架商品的区别

区别因素	滞 销 品	下 架 商 品
联系	滞销品与下架商品是两个有所区别又互相重叠的概念,滞销品如果被连锁企业判定为经过整改、促销等措施,能够提升销量,则不会成为下架商品,如果被认定为销售前途不佳,则会成为下架商品淘汰。滞销品必然在创造销售利润方面存在欠缺,下架商品则可能是能够创造正常利润的商品,但由于供应商的改变等原因而成为下架商品。	

(续表)

区别因素	滞 销 品	下 架 商 品
形成原因	① 现有商品因持续销售不佳（对公司整体贡献度衰退）而必须淘汰者。 ② 市场上已推出新的替代商品且厂商也将停止生产者。 ③ 新商品引进失败而成为滞销品者。 ④ 过季商品。	正常商品淘汰更换： ① 商品销售周期接近衰退期； ② 业绩表现不佳； ③ 销售毛利不够； ④ 供应商调整； ⑤ 商品结构调整； ⑥ 货架调整。 非正常商品下架： ① 质量问题； ② 人员问题； ③ 谈判问题。
处理结果不同	下架,停止销售,促销,整改	下架,停止销售

4. 滞销品评估

滞销品的评估指标主要有四个：

(1) 销售额。连锁企业应以日、周、月为单位定期为各种商品销售排行，根据销售排行榜分析各种商品的销售情况。

(2) 毛利。计算商品销售毛利，从利润贡献角度对商品进行分析，确定销售状况。

(3) 损耗排序。对部分商品，特别是损耗比较严重的商品，如生鲜食品，要考虑其损耗率，如商品毛利低于损耗率，则其本质上可视为滞销品，应考虑淘汰或减少订货量及订货次数。

(4) 周转率。在类似毛利率的前提下，周转次数过慢的商品带来的利润就低，可视为滞销品。

5. 滞销品的处理原则和处理方法

(1) 滞销品的处理原则。滞销品的处理原则主要有及时原则和果断原则。

及时原则是指处理滞销品必须要及时。滞销品的存在是对门店各种资源的浪费，如滞销品会占用零售企业大量资金，浪费门店的销售空间等，适时监控商品库存周转情况，根据商品状态及时发现滞销商品，及早进行处理，能够尽量减少损失。

果断原则是指处理滞销品不能犹豫。发现滞销品的存在而不及时处理，就等于浪费资源，放任损失的扩大，故一旦确认为滞销商品，应该快速果断地进入滞销品处理流程，完成清理工作。

(2) 滞销品处理方法。大部分的滞销品对连锁企业来说不但不能创造价值，而且可能带来财务损失。这些滞销品即使摆上货架,也无法提高销售效率。如果不下定决心把这些滞销品尽快处理,反而抱着想"大赚一笔"或"务必捞回本钱"的想法,将有造成更多积压的可能。

滞销品善后处理:商品经评定为滞销品后应立即果断地处理,而不能置之不理。有关滞销品的处理,主要有以下两种方式:

一是商品下架淘汰。商品下架淘汰前后,已经被认定为滞销品且还没有销售出去的商品有以下几种处理方式:① 降价销售,处理滞销品较有效的方法是当机立断,降价出售,尽可能地减少损失;② 商品更换,与原供货厂商洽谈换货(更换商品);③ 商品退货,与原供货厂商洽谈退货;④ 转入连锁折扣店;⑤ 转到商品处理货架;⑥ 配套销售,通过对商品的重新组合,让消费者产生新鲜感,从而引起顾客的兴趣;⑦ 搭赠品,针对某些滞销品可以搭赠品的方式销售,但这类促销对赠品的要求是消费者需要的(喜欢),要是赠品对消费者激发不了兴趣,效果就会明显下降;⑧ 激励店员,提高店员积极性和对该商品的关注度。常用的方法是增加销售提成。

二是对滞销品进行促销。

二、滞销品淘汰流程及注意事项

(一)滞销品淘汰流程

滞销品淘汰的目的在于有效利用销售场所空间,提高商品周转率和经营效益。滞销品淘汰工作不应是随机的、凭经验的,而应定期举行。原则上每导入一批新品,就应淘汰一批滞销品。商品淘汰是指有库存的滞销品、质量有问题的商品的清退出场及无库存商品的微机淘汰(淘汰后的商品不参与商品分析)。

图6-3为补充实例材料:国内某零售企业滞销品管理控制流程[1]。

1. 确定评判滞销品的方法

在进行滞销品处理程序之间,应先确定评判滞销品的方法(见表6-10)。

2. 淘汰作业

(1)罗列淘汰商品清单。在清单上列出要淘汰商品的目录,并经主管确认。

(2)确定淘汰日期。淘汰商品的处理要注意集中原则,不能零散处理,在时间安排上也应放在每月固定时间段。

(3)统计淘汰商品数量。确定要淘汰的商品后,再清查各店所有淘汰品库存数量及金额,以便于处理及了解处理后所损失的毛利是多少,以管制整体利益。

---

[1] 沈方楠编著:《零售企业精益化管理工具箱》,人民邮电出版社,2009年6月第1版,第70页。

第六章 新品引进和滞销品管理

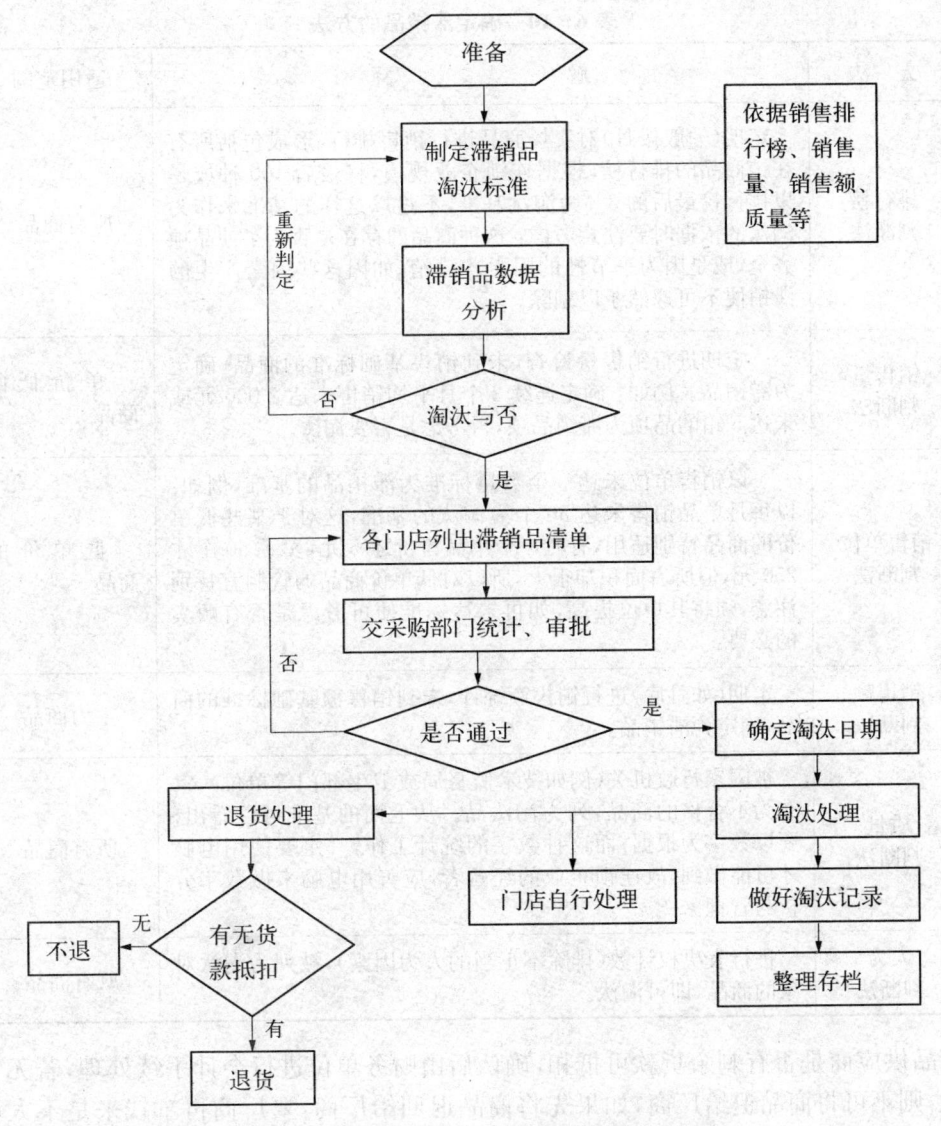

图6-3 国内某零售企业滞销品管理控制流程

(4) 查询是否有可扣抵货款。现代零售企业往往处于较为强势的地位,一般在合同条款和实际操作中把商品销售不出去的风险转移给供应商承担。如存在滞销品,大部分的零售企业会让供应商承担下架成本(零售企业通常的做法是先供货,后结款,有滞销品则不再结款,由供应商承担风险。从长远来看,这种做法既不利于零售商与供应商的合作关系,也不利于零售商在竞争中提高核心竞争力)。一般零售企业在实际操作中,滞销品处理的具体操作人员应向财务部门查询被淘汰

表 6-10　确定滞销品的方法

方　法	解　　　释	适用范围
排行榜判断法	定期(一般按月)对卖场商品进行销售排行,形成包括所有在销商品的排行榜,根据连锁企业规模,将最后 100 种或是以排行榜最后的 3％为淘汰基准,不过以这样的基准来作为淘汰的依据时要注意考虑：这种商品的存在是否为了使品项齐全,或是因为季节性的因素才滞销,如因这些因素产生的滞销便不可遽然予以剔除。	所有商品
销售量判断法	定期进行销售量检查,未到销售基础标准的商品,确定为滞销品。例如：确定连续 3 个月平均销售未达 2 000 元或未达 5 箱的品项为滞销品项,再考虑是否要淘汰。	单价低的商品
销售单位判断法	以销售单位未达一个数量标准为滞销品的基准,例如：以每月单品销售未达 50 个为淘汰的基准,这对于某些低单价的商品特别适用,有时一个单品售价才 5 元,卖了 50 个才 250 元,但所占面积却很大,所以对低单价商品的管制宜特别注意,须将其单位提高,如再未达标准便可考虑是否有贩卖的必要。	低单价的商品
销售额判断法	定期(如月底)进行销售额统计,未到销售额基础标准的商品,确定为滞销品。	主力商品
质量判断法	被国家行政机关(例如技术监督局或卫生部门等单位),宣布为不合格的商品,列为淘汰品。从上面的基准可以看出,要以数字为根据,而这种数字的统计工作,一定要使用电脑才可能做到,故连锁企业的经营者,应善用电脑来做数字分析与管理。	所有商品
人为判断法	进行表决权计数(排除不正当的人为因素),被列为淘汰对象的商品,即可淘汰。	所有商品

商品供应商是否有剩余货款可抵扣,确认后由财务单位进行会计手续处理,若无货款,则不可将商品退给厂商,如果先将商品退回给厂商,要厂商再拿钱来是不太可能的,这种损失是可事先预防的。

(5) 确定滞销品的处理方式。如前所述,淘汰下来的滞销品存在多种处理方式。淘汰下来的商品,有的可以退回给厂商,有的无法退给厂商可以降价销售、商品更换、转入连锁折扣店、转到商品处理货架、配套销售、搭赠品、激励店员等。

(6) 进行处理。滞销品如若退货,应及时与供应商联系,按合同要求取回退换货品,并将退货单送缴财务部门处理。

滞销品如由卖场处理,在确定处理方式的前提下,通知销售部门,在卖场进行处理直至完成。如发现原定处理方式不能处理完成,则须再定处理计划。

(7) 淘汰商品的记录。最后将处理完成的淘汰商品,每月汇成总表(见表6-11和表6-12),整理成档案,随时供查询,避免因年久或人事异动等因素,又重新将滞销品引进。

表6-11 滞销商品登记表

序 号	品 名	成本价	销售价	数 量	滞销原因	登记人

表6-12 滞销商品统计表

序 号	品 名	累计进货额	累计滞销品额	滞销率	备 注

卖场畅销与滞销商品的分析公式:

可以假设畅滞销的评判比率为 X,公式如下:

$$X = Y20\% + Z80\%$$

X 值越低,可认为在同类商品中越倾向于滞销商品。

Y:对卖场的同类单品全额利润对比,占 20%;

$$Y = 单品同期销售利润总额 \div 同类商品同期销售利润总额$$

Z:对卖场的同类单品销售数量对比,占 80%;

$$Z = 单品同期销售数量总额 \div 同类商品同期销售数量总额$$

基于 X 不理想的情况下进行陈列位置和促销力度调整。品牌和外围广告不是卖场可以控制的因素,不在考虑范围之内。

(二) 对滞销品处理应注意的事项

(1) 做好宣传工作:店面在对滞销商品促销时,应在店面内外张贴宣传海报,海报要醒目、明了,让顾客一看到海报就能找到想购买的商品。同时,导购员也要做好说明工作,以免顾客对促销商品产生误会。

(2) 集中陈列:滞销商品促销时应集中陈列,这样一来便于管理,二来也方便顾客寻找,但同时要注意备足货源,若数量太少则无法带动门店人气。

(3) 不要喧宾夺主:除非是季末大促销,否则滞销商品的促销气氛不应该太浓,使正常商品成了陪衬,正常商品被忽视,可能又会成为新的滞销商品。

(4) 价格设计要简单,有吸引力:促销滞销商品主要是想将这批库存清空,因此价格应低廉有吸引力,也不要制定过于复杂的价格,这样不利于顾客关注商品,反而影响到对该类商品的兴趣。

专栏6-2

处理滞销商品

处理滞销商品一般采取两个方法:一个方法是扩大销售,另外一个方法就是让滞销商品从货架上消失。

扩大销售的方法主要是调整商品的销售方式,例如门店与厂家一起进行:商品买赠、终端演示、内部商品调剂、加强陈列等。在实施以上活动4周以后,商品仍不好卖,则要对商品进行降价处理。但降价也是要有步骤的,一个可借鉴的标准做法是:

先将商品的价格降低10%,销售两周,看效果。

如果效果不明显,将价格再降低10%。

如果销售额的增长还是不明显,将价格降至成本价销售。

不要轻易将商品的零售价定得低过商品的成本价。

商品的降价销售不仅会影响商品最终销售毛利,而且可能伤害店铺形象以及供应商的价格体系,所以为防止门店故意把商品作为滞销品降价,因此不能完全由门店根据它自己需要进行价格调整。例如:家乐福的商品就分为绿色商品(Green Item)和红色商品(Red Item)。绿色商品零售价是固定的,仅总部有权限进行修改,包括全国性的促销商品、家乐福自有品牌、"棒"系列等,另外新产品上市均被列为绿色单品管理,为总部设定。而红色单品价格在门店系统即有权限进行修改。

例如某某饮料,在上市3个月后,被家乐福总部设定为绿色单品,全国的统一零售价为人民币2元,任何门店都没有权限进行修改,但如果某门店所在地由于竞争店的该种商品价格出现1.9元,这将导致该商品在家乐福滞销,总部就会特别设定该种商品在下属门店为红色单品——但这要求门店和总部之间的管理环节少,沟通顺畅才行。

同时,为控制门店总体的降价金额,有些零售商店设有减价金额预算,门店每个月只能享有一定额度的降价,每个月降价金额的使用情况是纳入到门店的经营绩效之中的。零售企业就要考察门店的管理人员能否很好地控制和减少降价金额,为企业获取更大的销售利益。但这种制度解决不了门店和采购之间的矛盾激增——因为门店可以抱怨是采购问题导致那么多的"滞销品"。

诚然,降价销售有时可以提高销量,解决积压的商品库存,但是这种情况未必能够解决所有问题——商品滞销问题没有从根本上解决。

资料来源:http://wenwen.soso.com/z/q104446884.Htm.

专栏6-3

永盛成滞销商品管理规定

一、目的
1. 淘汰不做贡献的商品,使陈列资源利用最大化。
2. 优化商品结构。

二、定义

滞销品:① 达不到公司销售标准的单品;② 品牌整体退市。

三、部门职责

情报部:负责滞销品的筛选整理工作。

商品部:负责确定滞销商品,通知并协调供应商退货。

品类管理部:负责陈列规划。

门店:负责滞销品清退。

信息部:负责滞销品的锁码。

营运管理部:负责门店滞销品淘汰全过程跟踪。

滞销品淘汰流程

作业名称：滞销商品淘汰流程
涉及机构：商品部、门店、信息部、品类管理部、情报部、财务中心结算部、营运管理部

作业号	作业说明	责任部门	责任人
1. 筛选	由情报部按门店进行数据筛选，并将各采购部对应的滞销商品导入 Excel 表格制作《各店滞销商品明细表》，并以电子邮件形式发给对应门店的店长、理销主管、品类管理部及采购经理。	情报部 商品部 门店 品类管理部	情报员 采购经理 店长 理销主管 品类管理专员
2. 滞销商品讨论会	各门店准备相关资料。店长、理销主管及采购经理根据《各店滞销商品明细表》初步确定滞销商品是否淘汰，并在该表备注栏中标注意见，并以电子邮件形式发情报部。情报部组织采购部、品类管理部及门店店长、理销主管召开滞销商品讨论确定会，最终确定需淘汰的滞销商品。	情报部 商品部 门店 品类管理部	情报部经理 商品部经理 采购经理 店长 理销主管 品类管理部经理 品类管理专员
3. 整理	情报部整理后将《××店滞销商品清退明细表》转财务核对往来账，确定能否退货。各采购经理给供应商发滞销商品确认函。	情报部 商品部	情报员 采购经理
4. 账务核对	财务核对往来账，并将结果通知情报部。	财务中心结算部	结算员
5. 信息发布	情报部根据账务核对结果，将《××店滞销商品清退明细表》发于办公平台《公告通知》中。	情报部	情报员
6. 执行	门店按明细表将商品下架，并在7天内完成清退工作。7天后由于供应商原因不能及时退货的商品，转各商品部协调解决，如在14天内不能解决，执行《供应商延期退货管理办法》，在信息发布第15天开始进行滞销商品的锁码工作。品类管理部收到明细表后，安排门店的陈列，营运管理部将对门店滞销品全过程进行跟踪。	门店 商品部 信息部 营运管理部 品类管理部	理销主管 采购经理 信息员 运营管理部督导 品类管理专员

五、相关要求

1. 如发现人为原因造成此项工作未按要求执行，将对责任人以20元/单品

处罚。

2. 每周相关部门将滞销品清退情况传至情报部,情报部整理后在办公平台《公告通知》中通报进度。

本 章 小 结

新品是指连锁企业从来没有引进销售过的商品,该商品对其大部分顾客来说也没有事前认知。新品按不同的标准可分为不同的类别。按新品的创新程度可将新产品分为全新型新产品、换代型新产品和改进型新产品。按新品的地域特征可将新品分为世界级新品、国家级新品、地区级新品和企业级新品。

引进新品时,应遵循以下原则:信息数据化;引进新品应以消费者的需求为依据;与其他高效商品形成良好的商品组合。新品引进过程是零售商与供应商充分合作的过程。

引进新品展开详细评估之前,应对新品引进产生的后果进行初步判断,主要考虑以下几个因素:引进的新品是否与现有商品相冲突;引进的新品价格是否可以补充现有的价格带;引进新品是否会带来额外收益;供应商是否对新品大力推广,带动整个品类商品的销售;是否与同类商品有差异性。

滞销品是指因不被消费者认可或认知等原因,而导致销售不佳,不能达到连锁企业引进时预期的利润,或利润下降到连锁企业界定的滞销标准的商品。滞销品的产生有以下几个原因:现有商品因持续销售不佳(对公司整体贡献度衰退)而必须淘汰者;市场上已推出新的替代商品且厂商也将停止生产;新商品引进失败而成为滞销品;过季商品。

滞销品的处理原则主要有及时原则和果断原则。滞销品的处理方式除了下架淘汰外,还可以对滞销品进行促销。

思考题

1. 什么是新品?成为新品的要件是什么?
2. 新品按不同的标准可分为哪几类?
3. 对零售商来说,引进新品具有什么意义?
4. 新品引进的原则是什么?
5. 初步判断新品的标准有哪些?
6. 描述新品引进的操作流程。

7. 滞销品产生的原因有哪些?

8. 描述滞销品与下架商品的区别。

9. 描述滞销品的淘汰流程。

 实践应用

学生完成以下作业步骤:

1. 考察苹果 ipad 产品的全面情况,包括该产品市场价格、营销方式、目标人群、销售和需求状况等。

2. 考察京东网的经营状况。

3. 分析引入苹果 ipad 系列产品与不引入该系列产品对京东网经营造成的影响,最终形成一篇分析报告。

报告评价标准:

苹果 ipad 系列商品对京东网销售影响考察报告评价表

评价指标	具体评价	得分
报告内容全面		
语言符合专业要求		
逻辑思路		
实践性		
对专业的理解		
合计		

教师对每位学生实训的各项指标进行评价打分,每项指标分值最高为 20 分,最低为 0 分,最后合计为本次实训考察的成绩。

第七章　自有品牌管理

> 1. 掌握自有品牌的概念。
> 2. 了解自有品牌发展概况。
> 3. 理解自有品牌的优势、发展条件。
> 4. 掌握自有品牌供应商选择决策因素。
> 5. 理解自有品牌营销注意事项。

【引导案例】

麦德龙自有品牌的开发

麦德龙中国在 2003 年开始发展自有品牌，至今在全国的所有麦德龙商场的 27 个食品/非食品品类中开发了 3 500 多个自有品牌商品。目前麦德龙共有 6 个核心自有品牌，分别是：宜客（Aka）、荟食（Fine Food）、厨之选（Horeca Select）、H 牌（H-line）、瑞吧（Rioba）和喜迈（Sigma）。除了这几个品牌，还有亭轩（Tarrington House）、Biloxxi、宜信（Fairline）、Authentic 等品牌。

1. 宜客——致力于通过精确定价在竞争中脱颖而出，旗下共有约 400 种食品类和 200 种非食品类基础产品。

2. 荟食——拥有上乘品质，专门面向服务站和独立的食品零售店。

3. 厨之选——提供品质上乘的食品类和非食品类产品，为餐饮客户的专业厨房提供解决方案。

4. H牌——集美食和非食品类产品之大全，为酒店和餐饮行业提供一体化解决方案。其专业化的外观设计及性能能够全方位满足特许经营行业的需求。

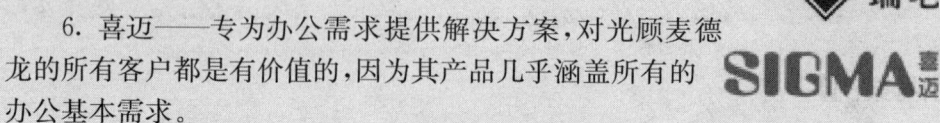

5. 瑞吧——专为酒吧、咖啡馆、酒店及办公大楼提供咖啡、鸡尾酒等相关产品。

6. 喜迈——专为办公需求提供解决方案，对光顾麦德龙的所有客户都是有价值的，因为其产品几乎涵盖所有的办公基本需求。

由于麦德龙作为仓储式超市，其性质决定了其自有品牌的特点和沃尔玛、家乐福等超市的自有品牌有所区别。商对商的批发模式，决定了麦德龙的自有品牌也不是面对个人消费者的需求，而是直接面对商家的。所以，麦德龙推出了针对酒店和餐饮客户准备的H牌，里面涉及了酒店需要的床单，针对厨房工作人员的工作服；针对酒吧客户推出了瑞吧品牌。

资料来源：http://www.linleshop.com.cn/web/archives/2011/181257.shtm。

第一节　自有品牌基础知识

从20世纪60年代末70年代初开始，连锁企业自有品牌比制造商品牌发展得更迅速，自有品牌在全球各个区域都在积极地推动零售商的业务增长，连锁企业对其自有品牌越来越重视，自有品牌的发展也越来越快，几乎所有的零售企业，无论大小，都希望增加自有品牌的市场份额。

一、自有品牌的概念及其发展

1. 品牌和自有品牌

品牌是"一个名称、术语、记号或设计，甚至是它们的组合，为的就是要识别个别卖方或群体卖方的商品与服务，并且在竞争中区分这些商品与服务"。品牌无论作为一种经济现象，还是作为一门科学，都已经远远超越其保证品质和服务，象征身价和财富的范畴，而成为推动经济发展和文化进步的无形力量。品牌的原始含义是指在牲畜身上烙上标记，以起到识别和证明的作用。它非常形象地表达了品牌的真谛——"如何在消费者心中留下烙印"。一个企业是否成为品牌或其是否拥有知名产品和服务品牌，既表明其经济实力和市场地位，也反映其持续发展能力的大小。在经济全球化时代，品牌是一个企业走向国际市场的金钥匙，只有过硬的品牌，才能立足于世界经济之林，在全球化的市场竞争中取得主动权。一个科学的品牌战略规划不是凭空臆造出来的，它必须建立在战略性的品牌分析基础上，首先从分析影响品牌的内外部因素开始。品牌是企业的灵魂，企业是品牌的投资者与塑造人，而品牌最终是属于消费者的，又是市场竞争的结果，它离不开自己生存发展的内外环境。品牌绝对不只是标志企业产品的空洞符号，而是一个有着丰富内涵的概念，甚至可以说它是企业产品立足于市场的个性与形象的集中体现。

零售企业的品牌可以分成好几个不同的"种群"。

（1）零售企业名称品牌：即自有品牌，自有品牌（Private Brand，PB）指企业通过搜集分析消费者的需求信息，提出新产品的开发要求，选择合适的生产企业或自行建厂生产，最终由商业企业使用自己的商标在本企业内销售的商品品牌。比如易初莲花（Lotus）、家乐福（Carrefour）。

（2）零售店次品牌：同时使用零售企业的名称和它的附属店的品牌，比如英国特易购公司（Tesco）的 Finest 系列。

（3）属类品牌：对各种自有品牌产品大体分类，比如特易购公司的经济类品牌产品和 Euroshopper 公司的产品系列。

（4）独占品牌：由零售企业独家分销，以不同名称包装，像 Aldi 公司的 Tandil 洗衣粉。

（5）独占产品：不是真实意义上的自有品牌，但产品由某连锁企业独家分销。例如：Del Monte 公司为瑞士的零售商 Migros 公司提供独占产品。

2. 自有品牌发展概况

目前市场出现了三分制的消费者比例划分。1/3 的消费者是制造商品牌的忠实拥护者，他们不会购买自有品牌的商品；1/3 的消费者是十分信任高性价比的自有品牌商品；而其他的 1/3 消费者就是自有品牌和制造商品牌的争夺对象。

1950年,在国外伴随自助服务业开始兴起,渠道权力开始从制造商向零售商转移。到了1960年,营销渠道由卖方转向买方,日益激烈的竞争使人们更注重制造商品牌。60年代后期,一些大型零售商具有了一定的终端优势:直接面对消费者、掌握重要市场信息、制造商对零售商形成依赖。70年代以后,实力日益强大的零售企业逐渐接管了原本全部由制造商承担的营销职能。这一时期,主要的零售商在规模上甚至超过制造商,零售商的终端控制力更强大,市场信息更牢固地被他们掌握。这时,几乎所有市场都出现了自有品牌。80年代,自有品牌发展更加迅猛。

近年来,那些最早出现自有品牌的国家,自有品牌发展速度在明显减慢,但仍显示出巨大生命力。一些大型零售连锁店仍在积极开发自有品牌,同时自有品牌的经营方式和管理水平也产生了较大进步。在一些自有品牌刚起步的地区,其发展潜力更是巨大。

表7-1是一些欧美国家大型零售商自有品牌占有率和销售额情况。

表7-1 欧美国家大型零售商自有品牌占有率和销售额情况

公司	总销售额(单位:10亿美元)	自有品牌占比(%)	自有品牌销售额(单位:10亿美元)
沃尔玛	316	40	126
家乐福	94	25	24
麦德龙	73	35	26
乐购	71	50	36
好又多	53	10	5
阿尔迪	43	95	41
英特超市	42	34	14

我国零售商自有品牌发展缓慢,除了起步比较晚外,其在发展中存在的一些问题也是限制其发展的原因:

(1) 自有品牌战略认识误区。在对待制造商品牌商品和自有品牌商品上,大多数零售商仍然存在误区,对开发和经营自有品牌商品的战略意义缺乏正确的认识,这是制约超市自有品牌发展的深层次原因。大多零售商还没有意识到开发自有品牌对实现企业差异化经营和增强消费忠诚度的意义,而把经营自有品牌单纯作为一种增加利润的手段,一味把重点放在低价上面,导致了产品的低技术含量和低质量。低价固然是一种竞争手段,有利于吸引消费者的注意,但是很容易让消费者把低价和低质等同起来，无形中就削弱了自有品牌的影响力。

（2）产品品种相对比较少。美国学者尼尔马利亚·库马尔等将零售商自有品牌类型分为四种：原始状态型、跟随型、高端卖场品牌型、价值创新型（见表7-2）。

表7-2 自有品牌类型

	原始状态型	跟随型	高端卖场品牌型	价值创新型
战略	最便宜、无差别产品	更便宜的仿造者	增加价值	最高的性价比
目标	给消费者提供一个低价的选择，扩展客户群	增加与制造商谈判的力量，增加零售商在该类别分得的利润份额	提供高附加值的产品，商场差异化，增加销售量，提高边际利润	提供最大的价值，培养消费者对卖场的忠诚度，产生好口碑
产品	根据制造商落后的技术制造的产品	使用与制造商同样的技术再加工	在最好的产品中使用相近或更好的技术	控制成本的情况下更高效创新
定价	高折扣，比品牌领先者价格低20%～50%	一定的折扣，比品牌领先者低5%～25%	定价接近或高于品牌领先者	高折扣率，比品牌领先者低20%～50%
质量形象	低质量	质量与品牌制造商接近	质量等同或高于品牌领先者，至少在广告上宣称质量更好	基本功能与品牌领先者相同，但是去掉了一些无附加价值的产品特性
消费者购买动机	价格低廉	价格因素依然很重要	价格和质量都很重要	更好的，更为独特的产品

其中原始状态型即提供低价低质、包装简单且没有品牌名称或根据价格标签辨认的商品；跟随型即便宜的仿冒者，质量上接近品牌制造商，并打上零售商店名或特定种类的自有标签的低价商品；高端卖场品牌型即形成差异化的、有高附加值的、定价和质量都等同或领先于品牌制造商的商品；价值创新型即为培养消费者忠诚度、提供最大的价值的产品。我国的零售商自有品牌主要属于前两种类型。目前国内零售企业的自有品牌一般集中在食品、日用品、服装等技术要求不高的产品上，且大多是追随和模仿一般的制造商品牌商品，以至于与其他品牌的产品大同小异，缺少自己的特色，这当然是零售商出于经营风险的考虑，但是这样就很难形成特色优势，产品品种的匮乏也很难给消费者形成一个相对集中的、强有力的正面刺

激,没有特色就不能实现差异化经营,不利于自有品牌的发展。

(3) 缺乏有力的质量管理和监控。自有品牌的质量管理和保证问题已受到了很多学者及社会各界的关注。相比制造商品牌的商品,零售商自有品牌缺乏一系列相应的质量管理和控制的体系,或存在但执行不力的情况,导致自有品牌产品的质量得不到保证。综观目前市场上的自有品牌商品,包装设计普遍走简易化路线,没有自己的独特设计,也没有很明显的产品质量认证标志或质量管理体系认证标志,致使消费者普遍认为自有品牌商品没有质量保障,质量低劣,这也是导致其整体销量不佳的主要原因。

(4) 营销力度相对不足。超市经营的重点主要集中在制造商品牌商品的市场推广和超市整体形象的宣传上,零售商对自有品牌的促销和宣传活动并不积极,自有品牌商品近乎于"陪太子读书"。在促销的时间、场地、资金或人力上,制造商品牌产品都会被优先考虑。同时自有品牌的低价也决定了包装和营销费用的大量裁减,因此自有品牌销售业绩不佳也是必然。

二、连锁企业经营自有品牌商品的优势

自有品牌之所以受到众多连锁企业的追捧,不外乎三个原因:发展自有品牌,一是可以丰富超市商品品类,增加销售收入和利润;二是区别于竞争对手,形成差异化经营,通过消费者对自有品牌产品的忠诚,转化为对卖场的忠诚;三是掌握更多的自主权,提高与制造商讨价还价的能力。

相对于制造商,连锁企业经营自有品牌商品,具有以下优势:

(1) 渠道优势。自有品牌商品多是采用OEM(贴牌加工)方式生产,借助自身的销售网络,省去中间代理环节,可以节省大量的交易费用和流通成本;另外,可以利用终端的卖场优势对自有品牌商品进行灵活而有效的促销和宣传,且能充分利用自身商誉资产,利用消费者对零售企业的忠诚度,促进自有品牌商品的销售,而自有品牌的销售同样能提高顾客对卖场的忠诚度。因此,从这点来说,自有品牌和零售商品牌又能够相得益彰。与制造商相比,还能大大节省广告宣传的费用,使得零售商自有品牌可以采用低价策略,取得价格优势。当然,也存在一损俱损的风险。

(2) 终端优势。由于处于供应链末端,连锁企业与消费者直接接触,能最快和最准确地掌握产品的销售情况和消费者的需求动向,进而调整商品结构和自有品牌商品定位,制定灵活的营销策略。

(3) 卖场优势。卖场优势大致包含了商品陈列优势和促销优势两个方面。商品的陈列对商品的销售有很大的影响,零售商可以根据消费者的购买习惯,灵活调整自有品牌商品的陈列摆放,将自有品牌商品摆放在显眼的位置,或是摆放在知名

品牌旁边，都能有效提高商品关注度，促进自有品牌商品的销售。另外，卖场优势也在促销过程中体现出来，例如对自有品牌商品旁边贴上引人注目的促销标志，并进行适当的人员促销，或同其他的品牌商品进行联动促销等。

连锁企业完全可以根据自己和消费者的需要灵活调整自己的商品陈列和促销活动，促进自有品牌商品的销售。

三、连锁企业创建自有品牌条件

相对的，并不是所有的连锁企业都适合创建自有品牌，连锁企业自身的条件决定了创建自有品牌的能力或者说自有品牌经营成功的可能性。因而，在创建自有品牌前，连锁企业必须先衡量自身是否具备一定的条件。

1. 规模经营能力和销售网络

连锁企业规模经营能力强是发展自有品牌的首要资格条件。与制造商品牌相比，自有品牌的一大特点，是其生产和销售都是在某一零售商的主导下完成的。该连锁企业规模经营能力的强弱，直接决定了其发展自有品牌能否拥有大规模生产和销售的能力。从生产端看，如果连锁企业能够大规模生产，在与自有品牌供应商的谈判中，就具有较强的议价能力，可以降低自有品牌的生产成本。从销售端看，如果连锁企业自身拥有较大的销售规模，就可以为其自有品牌提供更广阔的销售空间，这同样是自有品牌良性发展不可或缺的。近年来，国内超市企业在经营规模上发展很快，2009 年中国连锁百强排名第 5 的华润万家有限公司，2009 年销售额达到 680 亿元，门店总数达到 2 926 个，但其自有品牌销售所占比例还不到 2%，自有品牌业务尚处于起步阶段。这说明经营规模强是连锁企业发展自有品牌的必要条件但不是充分条件，有了规模只是有了发展自有品牌的资格，但能不能成功发展起来还要取决于其他因素。

2. 零售商品牌信誉

零售商品牌与零售商自有品牌是两个不同的概念，零售商品牌是指消费者把零售商作为一个整体而产生的全部联想。而零售商自有品牌是指在零售商那里销售的，与制造商品牌相对应的一种品牌形式。纵观自有品牌战略实施成功的西方零售商，无不是信誉卓著的业内翘楚。原因在于自有品牌与生俱来的另一特殊性：它实质上是零售商品牌信誉的一种延伸。品牌延伸的理论研究表明，消费者对原品牌的认知质量越高，对延伸产品的评价也就越高，反之则越低。

3. 自有品牌商品质量

自有品牌发展到今天，其意义越来越体现在形成连锁企业的差异化特色上。越来越多的零售商认识到，开发富有特色的自有品牌商品可以帮助企业赢得顾客忠诚，在一定程度上形成壁垒，对提高企业的竞争力具有重要意义。要使自有品牌商品真正成为零售商的差异化商品,低质低价就不应该成为零售商发展自有品牌的法宝,在质量争优的基础上再考虑低价才是更符合发展趋势的理念。零售巨头沃尔玛,发展自有品牌的理念,经历了从"价格→品牌→质量"到"质量→品牌→价格"的转变。从一开始强调以低价格吸引消费者,质量中等即可,到现在将质量放在第一位,向消费者提供质量等同于甚至优于全国品牌的自有品牌商品。这种发展策略的转变,使其自有品牌以优惠而超值真正赢得了消费者的心。仅以沃尔玛的奥罗伊狗粮为例,这一品牌从开发至今,共创建了40个系列的自有专卖品牌,发展成为美国最大的狗粮品牌之一,如果不以质量为保障,只靠低价,是不可能做到这种程度的。

对于连锁企业而言,保证自有品牌质量涉及方方面面的环节。首要问题是,生产商的选择问题(下面将专门分析);其次,是建立起售前、售中、售后全面覆盖的自有品牌质量管理制度;第三,是推行自有品牌全员质量控制的理念和做法,让员工认同质量管理不只是品质管理部门经理的事,调动起全体员工参加品质管理的积极性;第四,是在自有品牌质量管理中引入第三方检测机构,第三方检测机构以其专业的能力和相对客观的态度,可以对零售商的自有品牌质量管理发挥独特作用。

4. 生产商的选择和监督机制

连锁企业开发自有品牌的方式主要表现为两种:一是委托生产商生产,二是自设生产基地生产。后一种方式对连锁企业规模和实力的要求较高,前一种方式相对门槛较低。从目前及今后较长一段时间看,委托生产商生产将是我国绝大多数连锁企业开发自有品牌的主要方式。这种开发方式使得连锁企业不可避免地要面对委托生产商可能实施的机会主义行为。由于零售商和生产商利益驱动机制存有差异,生产商出于自利的动机,在双方信息不对称的情况下,做出对自己(生产商)有利但损害对方(零售商)利益的行为。这是自有品牌质量保障的最大威胁。制度经济学的相关理论指出,遏制机会主义必须靠相应的制度作为保障,通过有效的制度安排将机会主义限定在较低水平上。针对生产商的机会主义行为,连锁企业需要建立的制度主要包括生产商的选择机制和监督管理机制。在生产商的选择上,报价最低一度成为零售商最为推崇的选择标准,但事实证明这种做法很容易演变为牺牲质量的短视行为。构建生产商的选择机制,首先,必须明确这种选择标准不是由单方面决定的,而是包括价格、产品质量、交货时间、技术标准等多方面因素在内的综合评价体系。其次,必须明确,如何在这多方面的评价指标中进行权衡,不能靠主观臆断,而是需要引入量化程度高的评价方法。构建监督机制的核心意义在于,通过减少信息不对称,增加监督方(零售商)觉察另一方(生产商)机会主义的能力,促使委托代理双方的合作步入良性轨道。从监督机制的构建重点看,零售商必须就产品标准、交易流程等方面制定严格的交易规范作为监督的依据;还必须特别关注交易规范执行的有效性,零售商需要建立明确的惩罚与奖励措施来提高欺骗的成本,增加合作的收益;必须认识到,在监督机制的构建中,除了契约化的交易规范及其执行措施外,还应当有相对灵活的零售商与生产商的沟通协调机制,以应对交易规范中无法事先预见的情况。

5. 零售管理专门人才

零售商经营自有品牌涉及产品的开发设计、生产方式的选择、价格策略、市场推广、质量监控、生产商管理等多个环节。这些环节必须由具有相应专业技术和技能的人掌控。即使零售商将自有品牌发展的部分业务(如自有品牌开发、生产商审核、质量维护等)交给第三方机构运作,但并不意味着零售商在这些环节上就可以置身事外,必须有专门人才与第三方机构进行沟通并监控其行为,才能保证外包出去的环节不致失去控制。具备质检、销售、品牌管理等方面的专门人才是零售商发展强有力的自有品牌必不可少的条件。但我国目前的情况是,零售商在自有品牌发展所需的专门人才配备上还没有做好充分的准备。无论是专门人才的缺乏,还是专门人才流动的频繁,对于自有品牌这项需要相当高的专业技术和技能的事业而言,都将成为根本性的制约因素。

最后,产品设计开发能力。零售商的自有品牌商品不应当只是制造商品牌商品的复制和模仿,还应该是制造商品牌商品的补充。要想获得消费者的认可,不仅要在价格和质量上取胜,还要有独特性和新颖性,具有差异化的产品才能使自有品牌产品脱颖而出。因此,要求零售商具备一定的产品设计开发能力,形成产品差异化特性,更好地满足消费者需求,增强产品的竞争力。

四、连锁企业自有品牌管理流程

任何一个品牌的管理过程都离不开建立、开发、培育、维护和发展五个阶段,如图 7-1 所示。同样,连锁企业自有品牌的管理过程也是如此。不同的阶段所采取的营销策略是截然不同的。我国零售企业应该结合自身特点和发展阶段选择不同的策略。

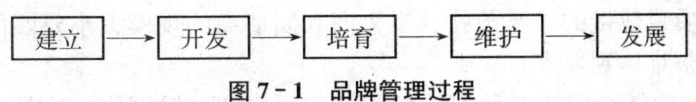

图 7-1 品牌管理过程

1. 自有品牌建立阶段

连锁企业在建立自有品牌初期,首先要考虑的是选择何种商品来做自有品牌。正确选择商品对于自有品牌的建立起着至关重要的作用。不同特性的产品,消费者的消费心理预期不同,成功实施自有品牌战略的可能性也存在较大的差异,因此,不是所有商品都适合连锁企业打造自有品牌的。一般来说,具有以下特点的商品比较适合采用自有品牌战略。

(1) 品牌意识不强的商品。例如,洗衣粉、香皂、卷纸等日常用品或食品之类品牌意识不强的商品,连锁企业采取一些简单的促销手段就很容易达成消费者的购买行为。而对于品牌意识很强的商品,如家电、化妆品等,消费者往往购买其比较认可的名牌商品,连锁企业开发的自有品牌商品很难得到消费者的认可。

(2) 购买频率较高的商品。对大型连锁企业而言,商品的购买频率越高,越容易大批量订货,从而降低成本,确保自有品牌能以较低的价格与其他商品竞争。此外,购买频率高的商品使得店铺和消费者接触频繁,从而所需的商品品牌忠诚度较低,顾客很有可能放弃原有品牌而选择接受新的连锁企业自有品牌。

(3) 价格较低的商品。一般而言,大多数消费者对同一类别不同品牌的商品都会存在一个消费试探的过程。如果自有品牌的商品价格较低,就可以降低消费者的购买风险和机会成本,从而加速消费者对商品的购买和了解,此时如果零售商能切实保证自有品牌商品质优价廉,那么消费者重复购买的可能性就会加大,企业也会增加销售额,占领市场。

(4) 技术含量不高的商品。技术含量不高的大众商品,不需要高级别的生产技术,消费者也容易识别其真假好坏,如食品、饮料、日化用品等;反之,如家用电器等,消费者更多地依赖生产商的知名度、技术实力等间接地对商品进行判断,因此零售商采用自有品牌的意义也不大。选取了适合的商品后,零售商就可以开始实施自有品牌战略,建立起适合其自身的自有品牌。

2. 自有品牌开发阶段

在确立何种商品建立自有品牌后,连锁企业应考虑选择适当的制造商,缔结产销联盟。如今在中国市场经济环境下,存在大量的具有闲置生产能力的中小生产厂家,这无疑为自有品牌的委托生产提供了便利的条件。但如何选择合适的制造商,对实施有效的连锁企业自有品牌战略是非常关键的问题。

连锁企业在评估待选制造商时,应注意从以下几方面考察制造商。

(1) 制造商是否有足够的生产能力和较高的质量管理体系。这两方面是进行生产和保证质量数量的必要条件。零售商和制造商的规模大小要匹配,否则生产厂家的产量很难达到要求。

(2) 制造商能否保持充足的库存和拥有可靠的运输网络。这是保证及时、可靠的交货,减少零售商仓储和物流压力的必要保证。

(3) 制造商能否对短期的市场波动做出灵活反应。其市场反应能力是在当今市场竞争极其激烈的环境下保证生产、减少可能损失的必要素质。在选择了合适的自有品牌委托生产厂家后,零售商应力求建立稳定、共赢的合作关系。在对制造商严格要求的同时,应尽可能给予其帮助,并将节约成本的利益部分转让给制造商,从而确保了长期稳定合作的可能。因此,选择适当的生产厂商并缔结产销联盟,是零售商自有品牌开发的重中之重。

3. 自有品牌培育阶段

连锁企业成功开发出自有品牌后,将进入品牌的培育阶段。此时关键是要实行低价策略导入市场并辅以合适的促销手段。

(1) 自有品牌低价导入市场,凭借成本优势以成本领先战略占领市场。自有品牌的价格策略比较简单,价位一般处于该品类商品的中下游水平。通过低价策略吸引消费者购买,使其首先知晓和接受自有品牌商品。

(2) 自有品牌的促销方式也与制造商品牌的促销方式有所不同。制造商往往综合运用媒体广告、人员推销、公关宣传、营业推广等多种促销方法,以发挥其整体的促销作用。但零售商在经营自有品牌时,则应主要通过店内人员推销来鼓励顾客尝试,进而建立消费者品牌忠诚,比如可采取陈列在店内显著位置和广播联动促销来鼓励人们对自有品牌的试用,通过消费者的亲身体验,增强消费者对自有品牌的接受度。品牌培育往往是个漫长却成效不显著的阶段,零售商可能要忍受自有品牌商品销量小、低利润甚至负利润的过程。但零售商可以通过合适的价格策略和促销手段,尽量使这一时期缩短,从而更快体验到自有品牌带来的较大回报。

4. 自有品牌维护阶段

在品牌维护阶段,连锁企业在维持低价的同时应继续提高产品品质,提高商品性价比,给顾客提供最大让渡价值。从而获取消费者忠诚度,改变自有品牌的低品质形象。为了实现高品质的目标,连锁企业需要从商品生产源头上把好关,严格选择制造商,争取与采用先进生产管理及质量控制技术(如采用六西格玛质量控制方法、引入ISO9000系列标准等)的制造商结成战略联盟,共同致力于商品品质的提升。同时在这一阶段连锁企业可以使用更大力度的促销手段来加深消费者对自有品牌商品的印象,通过持续的品牌传播与应用,将自有品牌植入消费者心中。经过自有品牌维护,连锁企业自有品牌已在消费者心中有了一定的偏好,销售量逐渐增加,已能够给零售商带来一定利润回报。

5. 自有品牌发展阶段

在这一阶段,连锁企业考虑的主要问题将转移到发展品牌个性和提升顾客自有品牌感知上。

(1) 发展自有品牌个性,走出低层次竞争。当连锁企业的自有品牌发展到品牌个性阶段,就可以走出靠拼价格、拼品质的低层次竞争。在这个阶段,我国连锁企业应通过合适的促销策划,提供给顾客多层次、立体式的自有品牌体验来塑造品牌个性。具体地说,连锁企业可以综合运用感官营销、美学营销、情境营销、参与营销及氛围营销等营销策略来塑造品牌个性。品牌个性既是品牌差异化的重要源泉,又是赢取顾客忠诚的法宝,是连锁企业自有品牌发展阶段的首要任务。

(2)通过店铺设计,提升顾客自有品牌感知。对于一个已经处于发展阶段的自有品牌商品而言,连锁企业应利用自身声誉,通过店铺形象设计及优化来提高顾客对其自有品牌感知,这是零售商自有品牌发展的有效途径。

研究证明,零售店铺形象与顾客自有品牌感知呈正相关关系。店铺形象对顾客自有品牌感知有着重要的影响。对于当前国内零售商而言,应该努力在店铺形象的优化方面下工夫,只有消费者感知到一个理想满意的零售店铺形象时,才有可能提高消费者对该店铺出售的自有品牌商品的感知,进而对自有品牌的持续购买行为才有可能发生。这方面最典型的例证是李嘉诚旗下和记黄埔的屈臣氏。其正是通过鲜明的个性化店铺设计成功实现自有品牌战略的。在屈臣氏的店铺里,自有品牌一共分为"健康、美态、欢乐"三个主题。走进屈臣氏任何一家门店,迎接顾客的首先是欢乐的音乐,还有其特有的标志例如"心"、"嘴唇"、"笑脸"等都会出现在公司的货架、收银台和购物袋上,这一切都给消费者欢乐、温馨、有趣的感觉,向消费者传递着积极乐观的生活态度。这些无形中能够增加消费者的品牌感知。我国零售商创立自有品牌目前大部分停留在品牌培育和品牌维护阶段,鲜有能达到自有品牌发展的最高阶段。而且,创立自有品牌是一个非常艰辛的过程,并不是简单的命名、设计包装、定点生产、摆上货架就大功告成,必须遵循品牌的成长规律进行合理规划。零售商推行自有品牌也不是短期的行为,而要与企业的长期发展战略相匹配。

第二节 自有品牌供应商管理

连锁企业对自有品牌商品的品质要求较高,因此对供应商管理提出了很高的要求。尤其是在对商品供应商进行选择时要对其生产能力、交通状况等方方面面的因素都要做出慎重的考虑,品种越多,合作的厂家越多,货源供给、质量监测等问题就越多,风险也越大。

一、自有品牌供应商类型

连锁企业自有品牌商品的供应商类型和自有品牌的生产方式关系密不可分。

连锁企业自有品牌的生产方式主要有:

1. 订购方式:连锁企业不进行产品设计,而是通过了解市场、调查需求,针对市场上已有的产品进行定位,然后直接向经过甄选的制造商订购无品牌产品,使用自有品牌进行销售,同时承担产品质量风险与相关服务。订购方式的利润则由制造商与零售商依协议分享。

2. 委托生产:连锁企业根据市场需求状况的调查分析,由自己的工程技术人员对商品的原料、质量、结构、规格、类型、包装等方面进行设计,然后委托制造商严格按照技术标准和数量要求组织加工,最后使用连锁企业自有品牌推向市场。该方式对于中小型制造商和生产能力闲置的大型制造商较为合适。制造商只获得合理的加工费用,连锁企业则享有生产和流通双重利润。在委托生产中,零售商和制造商的合作能整合各自具有的信息、专门知识、技术等方面的优势,可以实现双赢。但因为它们之间是较为松散的交易关系,质量和信誉成为两者的纽带,这种不稳定性会增加沟通成本及经营风险。

3. 自主开发:连锁企业自行独立完成自有品牌产品生产的全过程,包括自设生产基地。该生产方式稳定性好,连锁企业直接整合了生产过程,使得制造商与零售商的频繁市场交易行为变成内部分工协作关系。但采用该方式的零售商一定得拥有较好的财力、物力以及充足的人力;同时结合外包考虑自主开发是否经济可行。

连锁企业自有品牌的这几种生产方式也就决定了自有品牌商品的供应商一般有四种类型:利用专门技术和过剩产能为零售商生产自有品牌商品的大型制造商;专于某一特定生产线并专门生产自有品牌商品的中小型制造商;拥有自己生产基地的主要零售商和批发商;为特定市场生产自有品牌的地区品牌制造商。

二、自有品牌供应商选择

连锁企业对自有品牌商品的品质要求较高,在对潜在商品供应商进行选择时要对其生产能力、交通状况等方方面面的因素都要作出慎重的考虑。

(1) 价格因素。这里的价格主要指的是自有品牌供应商按照零售商需求生产商品的供给价格。实施自有品牌开发策略的大型零售商,具有较大规模和实力,拥有众多连锁分店,可以进行大批量销售,使生产取得经济效益,从而降低生产成本。在欧美等发达国家中,自有品牌商品比一般同类商品要便宜30%。如果供应商要价太高,由于自有品牌一般只能在自家店铺销售,若再细分到产品类别,所能形成的规模经济进一步减低,因此,价格优势是自有品牌商品的核心竞争优势之一,只有拥有一定比例的毛利,自有品牌发展才能成功。价格因素是零售商选择供应商的重要因素之一。

(2) 质量因素。这是推行自有品牌关键点也是最难点。产品的质量是商家生存之本,也决定了产品的市场竞争力。连锁企业的品牌生产力不仅在于价格优势,更主要在于商品的内在质量和服务水平,要为自有品牌确定更高的质量标准。一般情况下,低价商品容易给人低质的印象,自有品牌某产品系列质量出现的问题,则会导致消费者对整个零售商自有品牌的质疑,甚至会危及零售商品牌形象。零售商要加强对自有品牌供应商的要求,确保生产企业提供优质产品;其次加强品质检查,保证商品定牌生产、定点销售,使商家与厂家联系紧密,保证质量,从根本上杜绝伪劣产品。后来随着自有品牌品种的增加,货源供给、质量监测的问题出现的机会就越多,另外,对较有实力的供应商而言,他们更愿意生产自己的品牌产品,并供应给更多的商店,一般不愿意成为连锁企业单独的供应商,连锁企业多是考虑生产能力过剩、市场开拓能力较弱的供应商。制造商还应同时具备产品质量可靠、设备较为先进、人员素质较高、技术能力较强的条件,才能确保产品的信誉度。此外,商家还应随时检查产品的各项指标,在可能时应派专人验收或深入企业参与管理,保证产品真正符合市场需求。英国马狮百货集团在公司所属的连锁店经营自有品牌商品"圣米高"的同时,集团拥有 350 多名技术人员负责"圣米高"商品的质量检测工作。

(3) 产品开发与生产因素。这包括当前的制造设备和能力、对新技术的应变能力和对零售商需求变化的适应程度。连锁企业直接与消费者打交道,更熟悉消费者需求变化,更能充分地和消费者交流,把握更多的信息,在此基础上推出的自有品牌产品更具有完全需求导向的特点。这也是自有品牌相比较供应商品牌拥有的信息优势。因此,选择自有品牌供应商时,一定得看它的技术研发、创新能力是否能满足零售商的需求。

(4) 交货准时性因素。这是指按照连锁企业所要求的时间和地点,供应商将指定产品准时送到指定地点。在现代企业管理中,JIT 生产力方式被普遍采用,这就对供应商的交货准时性提出了较高的要求,因而,交货准时性也就成为影响供应商选择决策的因子,而且是重要因子。

(5) 交货提前期与交货提前量。是指连锁企业为了避免对特定产品在特定时间和地点完成交易时发生的拖延而对供应商提出的供货要求。交货提前量越大,交货提前期越长,库存波动就越大,企业的风险就越大,对市场的反应就越慢,灵敏度就越低。由此看来,交货提前量和交货提前期也是影响供应商选择决策的重要因子。

三、供应商选择方法

影响供应商选择的因素还包括项目管理能力等,一般供应商的选择是多目标的,不可能所选的企业每一种因素都做到最优,因此就必须综合各种因素考虑。现存很多数学模型、运筹学工具都可用来解决这一难题,这里只列举些方法,就不具体展开了。常用的方法有:

(1) 直观判断法：直观判断法属于定性选择方法，主要根据征询和调查所得的资料并结合个人的分析判断，对供应商进行分析、评价的一种方法。其主要是倾听和采纳有经验的采购人员意见，或者直接由采购人员凭经验做出判断。

(2) 线性权重法：线性权重法是目前供应商定量选择最常使用的方法。其基本原理是给每个影响供应商选择的因素分配一个权重，每个供应商的定量选择结果为该供应商影响因素的得分与相应权重乘积的和。通过对各候选供应商定量选择结果的比较，实现对供应商的选择。

(3) 层次分析法：层次分析法的基本原理是根据具有递阶结构的目标和子目标（影响因素）以及约束条件等对供应商进行评价。首先用两两比较的方法确定判断矩阵，然后把判断矩阵的最大特征与相应的特征向量的分量作为相应的系数，最后综合出每个供应商各自的权重（优先程度），通过对优先程度的比较实现对供应商的选择。

(4) 多目标数学规划法：多目标数学规划法是确定各目标（影响因素）的权重，从而将多目标规划问题转化为单目标规划问题，在各目标权重非负的情况下，所转化的单目标优化问题的最优解是原多目标优化问题的非劣解。

另外，大型连锁企业还可以根据现有市场交易机制如招标机制吸引众多中小企业投标，零售商根据对自有品牌商品要达到的多方面的目标，建立一种机制。招标机制的建立可以是这样的：连锁企业让参与投标企业提供产品各种参数，将产品参数作为函数变量，从而得到这些参数后，将其代入函数方程（可以是上述方法建立起来的模型）中，就可以严格筛选出理想的自有品牌供应商。

四、自有品牌供应商的关系管理

1. 连锁企业自有品牌发展和制造商品的基本模式

在自有品牌的发展中，连锁企业和制造商的关系有两种模式，一种是控制和依附的关系，另一种是平等合作的关系。

在第一种方式中，连锁企业和制造商之间是一种零和博弈的关系——一方所得是另一方所失。在目前连锁企业力量大于制造商的条件下，这种关系主要表现为交易过程中零售商对制造的控制，以此为自有品牌谋取更大利益。然而，大规模的订货不仅使制造商依赖于零售商，也使零售商依赖于制造商。因为频繁地更换货源，零售商会失去供货效率；中断一个供货商的关系而与另一个供应商重新建立相同水平的综合关系，是一种资源浪费的过程。

另一种方式则是连锁企业和供应商强化价值联盟。自有品牌是商家建立价值联盟的进一步深化，价值联盟是参与一种价值实现过程的所有厂家的联合。现在的竞争,已经不是单个企业的竞争,而是企业所在价值链的竞争,每个企业要实现相对优势,要得到价值链上其他企业的支持,因此,一个企业能够处在相比竞争者更有优势的价值链比企业本身的相对优势更重要。自有品牌零售商应力求建立与供应商实现共赢的稳定合作关系。马狮集团将其与供应商的关系视为同谋共事的伙伴关系,在对供应商严格要求的同时尽可能给供应商以帮助,并将成本节约的利益转让给供应商,从而确保了与供应商的长期稳定合作,奠定了马狮自有品牌事业辉煌成功的重要基础。

2. 与产能过剩的大型制造商的关系管理

选择大型制造商作为自有品牌供应商,产品的质量有保障,消费者有信心,可以弥补零售商在专业形象上的不足。但大型制造商一般不愿意单独为零售商生产自有品牌商品,因为这无疑会为制造商品牌树立对手。通过保护措施,大型制造商还是可以减少这种负面作用的。如为了保护自身品牌,亨氏将其生产的产品分为核心产品和非核心产品。对核心产品只用自己的品牌,但对非核心产品既用自己的品牌也用零售商的品牌。同时,设立两支营销队伍分别管理自己的品牌和零售品牌,签订零售商供货合同,主要是为了利用各工厂剩余的生产能力。连锁企业在改进产品和推出新产品时,应该接受制造商好的产品创意,而且积极与制造商进行合作,共同努力将这类创意转化为产品并推向市场。对于制造商也是可行的,在对某一新产品能否被市场接受尚不十分肯定的情况下,通过使用零售商自有品牌推出新产品,可以降低制造商面临的风险。零售商与产能过剩的大型制造商所建立的价值联盟相对来说不很稳定,但只要在互惠互利的基础上,双方还是可以实现较好的合作。

3. 与中小型制造商的关系管理

连锁企业与中小企业的合作中,连锁企业占据市场优势,但双方处于同一价值链中,连锁企业应充分尊重和尽力使合作厂家的生产能力充分发挥,在互助、坦诚相待和共享技术的基础上进行协作,鼓励开发新的原料、生产方法乃至卫生标准等。自有品牌是价值链深化的体现,以连锁企业为龙头建立价值的联盟,因有一个有实力、有威望、有信誉的企业的领导而比实力相当的企业建立的价值联盟更稳定,因为利益导致的冲突也会相对减少。

另外,连锁企业应尽量培养高素质的质检人员,制定出商品质检标准以利于双方合作。商检工作时矛盾较为突出。连锁企业开发自有品牌时缺乏高素质的质检人员和技术人员是其较为突出的问题,因而往往在从事商品检验工作时,通常由合作厂家进行,而连锁企业只是在检验入库时进行核对性复查,但事实上在进行核对性复查时,其核查人员往往对所检商品百般挑剔,没有一个较稳定的标准而是存在较大的随意性。

第三节 自有品牌营销策略

当今,消费者的需求越来越呈现出多元化的趋势,单一、刻板的营销策略不再能引起消费者的认同。因此,连锁企业应在自有品牌营销方面大胆创新,勇于投入精力和资金,采取体验营销、文化营销、情感营销和网上营销等多种营销方式,满足人们当代"求新求变"消费理念。连锁企业在自己的门店销售自有品牌商品,相比销售的同类制造商产品更有竞争优势,为使优势得到稳定和扩大,可以使用以下营销策略。

一、商品策略

连锁企业自有商品的研发必须考虑市场竞争和自身的情况,具体而言需要注重以下几个方面:自有商品类别选择、商品质量、商品类别、品牌与商标、包装等。

1. 要注重选择自有品牌商品的类别

并非所有商品都适宜采用自有品牌。对不同的商品,消费者的消费心理是不同的。相应地成功实施自有品牌战略的可能性也存在较大的差异。一般来说,具有以下属性的商品比较适合采用自有品牌战略:① 有比较高的保鲜、保质要求的商品。消费者购买此类商品更加注重商家的信誉,零售企业应该密切注意这一点,改变原有的批零方式,充分发挥短渠道的优势为消费者提供此类服务。② 技术含量不高的商品,如服装、食品以及家庭用品等大众消费品,不需要特别的专业知识,消费者容易识别其真假好坏。③ 单价较低的商品。消费者可在第一次购买后通过使用来决定是否再次购买,其风险较小。④ 快速消费类的便利品。这类商品消费者会经常购买和使用,而且一般只花最少的精力和最少的时间去比较品牌、价格。这类商品的典型特点是:单价不高、使用频繁、品牌忠诚度相对弱化。这些特点正好同自有品牌战略所需要达到的价格优势、规模效应相匹配,弱化的品牌忠诚度使得零售企业采用多样化的营业推广手段促进销售变得相对容易,零售企业应该将目光集中在这类商品身上。⑤ 品牌意识不强的商品,如洗衣粉、香皂等日常用品或食品,零售商采取一些促销手段能轻易影响消费者的购买行为。⑥ 供应商资源多的商品。供应商资源多有利于连锁企业降低成本和经营风险。

目前,连锁企业世纪联华的自有品牌单品已经超过 3 000 种。在这些自有品牌商品中,最受欢迎的还是民生用品。在世纪联华自有品牌商品销售榜单上,纸品位列第一。紧跟其后的是食用油、洗衣皂、洗衣液、饮料和一些食品等。世纪联华除大家电、高档白酒、护肤品等个别品种的商品外,其他种类的商品基本上都开发了自有品牌。比如，LH自有品牌的纸品，是找绍兴的唯尔福生产的，却比唯尔福自己的产品便宜两成左右，所以销量非常高，是唯尔福的好几倍。又如，LH洗洁精是找传化生产的，销量也是传化洗洁精的好几倍。大润发自营商品以诉求市场最低价的"大拇指"为主，品项有近2 000种，比领导品牌便宜六成，若和卖场内同等级最低价产品相较，也便宜一成。至于新推出的大润发商品则不打最低价，而是锁定与领导品牌竞争质量，但比领导品牌便宜15%以上。国内部分连锁企业的自有品牌见表7-3。

表7-3 部分国内连锁企业自有品牌明星产品一览表

零售商名称	品牌数量	主要范围	产品举例
欧尚	30多种	化妆品	欧尚系列洗发水，功效和宝洁公司旗下商品相当
乐购	5种	以调味品为主	乐购牌味精，1千克装的10.9元/包，促销价为8.9元/包
华润万家	50种	"润之家"、"润之派"、"赞"牌三个品牌	赞牌洗手液、餐具净、果蔬净，价格低，质量好
世纪联华	900多种	涵盖日用品、食品、文化用品等	联华放心米，10千克包装28.8元，品质一流
好又多	10种	涵盖食品和日用品	好又多花样卷纸，20卷装只卖6.9元
易初莲花	近300种	食品、日化用品、百货类	易初莲花牌精制拉面，350克×3的包装，价位低、质量好、口感佳

2. 商品质量

连锁企业要严格控制产品质量，重视企业质量保证体系的构建，积极参加相关行业的质量认证，防止对连锁企业品牌自身的逆向损害。实施自有品牌战略一个良好初衷是实现无形资产优势的良性循环，但是，如果自有品牌产品因质量问题没有得到高度重视而损害消费者利益的话，就会出现对连锁企业品牌自身的逆向损害，消费者会因为对自有品牌产品的不良印象而重新审视对零售企业原有的良好评价，这对于连锁企业来说是极其得不偿失的。在实施自有品牌战略时，连锁企业必须在产品质量上严格把关，不能有任何马虎，这首先要求选择恰当的合作伙伴。连锁企业要注意到，较有实力的制造商更愿意生产自己的品牌产品，一般不愿意成为连锁企业单纯的供应商，所以考虑生产能力过剩或市场开拓能力较弱的制造商是一种必然，连锁企业在选择时重点要评估以下问题：设备能力是否符合要求、人员素质是否较高、技术能力是否较强、企业原有信誉度如何等。选择好了合作者，连锁企业应该建立严格的产品质量指标体系,严格验收环节,若有可能,应派专人深入企业参与管理,保证产品真正符合市场需求。

连锁企业经营自有品牌必须有高素质的质检人员和技术人员,连锁企业要想提高产品质量,增强自有品牌商品的开发能力,有几个关键点:

一是要配备专门人员从事产品的设计与开发,并加强与制造商的沟通和协调;

二是要制定严格、规范的管理制度和严格的技术标准,实行全面的质量监督与管理,同时一定要通过国家强制认证。

三是要强化服务质量,实行全面质量管理。

3. 品牌与商标

连锁企业在设计品牌时应注意把企业的风格与经营产品的特点有机地结合起来。品牌的确定还应结合目标市场的消费习惯和消费心理,使商品能愉快地被消费者所接受。自有品牌商品是以连锁企业为主体开发的商品,其开发销售的盈亏最终完全由连锁企业本身来承担,这就对企业在产品研发设计能力提出了更高的要求。这些商品要既能满足消费者的需求,也能增强企业差异化竞争优势,更能满足企业的盈利愿望,所以企业必须了解顾客的需求及其变化,充分挖掘现有资源优势,开发出受欢迎的商品。连锁企业自有品牌既可以是零售企业的品牌,或按各产品类别设计品牌,也可以是根据经销产品的特性命名的品牌。连锁企业在此作选择可以借鉴国外连锁企业的经验以及制造型企业的品牌策略思路。连锁企业自有品牌产品类别非常广泛,但是绝大多数的产品都可以用连锁企业的品牌。例如,英国最大的连锁企业集团马狮百货公司,所有的商品都使用自有品牌"圣米高"。再如,杭州联华万家福超市公司自1996年开始创建自有品牌的商品,利用"联华"、"纯一"两个自有品牌推出了千余种商品,还专门创立了西式熟食产品品牌"亨升"和加工产品品牌"生先"两个自有品牌。零售商还要注意完善品牌的保护。只有注册了的商标才是受到法律保护的商标。实施自有品牌商品战略的商家要重视商标的申请注册工作,能够运用法律武器维护本公司自有品牌的合法权益。此外,完善品牌危机管理机制也应该成为自有品牌管理工作中的一个重点,要防范和减少突发事件给企业带来的不良影响和危害。

4. 商品包装

包装具有保护产品、便于计量和装卸、美化产品等方面的作用。连锁企业自有品牌商品种类繁多、涉及面广,部分商品不需要小量包装,如水果、蔬菜、鲜活类产品。在自有品牌商标的使用上一般采用两种做法:一种是独立使用,产品商标完全归零售商所有,不出现制造商的任何说明,即所谓的硬商标;另一种是与制造商的商标联合使用,或详细介绍制造商,即所谓的软商标。使用硬商标的好处是可以借助零售商的知名度,缩短商品的导入期,有利于形成零售上的经营特色,用连锁企业的商誉培育自有品牌的价值内涵。在包装上充分展示零售商的品牌文字或图形,便于消费者识别和记忆,即通过对企业文化的认同产生对自有品牌的忠诚。软品牌的应用比较灵活,可以随时根据产品的销售情况和促销情况进行调整,而且同一种商品既可采用制造商的品牌又可采用零售商的品牌,这样既能宣传商家的形象,也可以提高厂家的知名度,能很好地兼顾到产销双方的利益。对于后者,在包装设计中可根据各自优势突出各自特点,赋予自有品牌与众不同的内涵。给品牌注入文化内涵是一项非常有创意的策略,而且还可以树立产品的独特卖点或品牌的鲜明个性,取得顾客的认同,使品牌得到提升。

连锁企业在包装设计时,除了充分认识自有商品的特征、品质之外,还应该深入研究消费者,摸清消费的结构,找出发展和变化的规律,努力掌握社会各个阶层的消费心理,并利用和影响这种心理。成熟的消费者会主动获得与商品有关的信息并进行分析比较,再作出购买决策。因此,连锁企业应充分引导人们的需求,培养消费者的健康消费理念,进而形成对自有品牌的信任。密切与消费者的联络,还能够帮助商家及时准确地获得消费者的消费评价、最新的国际国内市场需求动向,甚至还能够了解到竞争者的市场行为。理解到包装所扮演的品牌推广角色,归根结底就是零售商要操纵消费者,借助包装设计在消费者心目中塑造出他们所期望的品牌无形价值。

在自有品牌商品中,食品、蔬菜、水产等保鲜、保质类商品占有较大的比重。今天,人们的生活方式和消费意识正在不断变化,从过去的加工食品逐步转向天然、生鲜食品,把营养与口感紧密相结合,特别是把是否生鲜、营养成分的多少作为选购食物的重要指标,贸易的国际化更使这一切成为现实。包装设计行业要适应这种国际发展的趋势,在包装材料上尽可能选用保鲜、环保的健康材料。如气调包装的广泛应用,针对不同的农产品特性在包装中加入不同气体,再结合冷藏技术,便可使农产品的保鲜质量大大提高,还大大延长了农产品的货架寿命。肉类包装则普遍采用真空或充气包装。与真空保鲜包装相比,充气保鲜包装在色泽、渗出液等方面显示出更多的优点。先进的食品保鲜包装技术,对于调剂食品市场需求是极为有利的。随着微波炉的普及,微波食品也越来越多,这促使一些商场自有品牌的包装设计也随之在结构、材料、功能上配合着这种变化。使用方便、可以直接适合微波加热的各种包装材料大量出现,如目前主要采用的透气性的特殊乙烯材料,在食品加热时,蒸汽在包装内压力上升,由于具有透气性而不至于爆裂,深受消费者的喜欢。

二、价格策略

连锁企业自有品牌定价策略至关重要。实现商品的低价格是自有品牌商品最突出的竞争优势。由于各类别的产品利润空间不同,其降价空间也不一样,在具体定价时可根据竞争对手视具体情况而定。在欧美等发达国家中，自有品牌商品比一般同类商品价格低 20%～30%。国内连锁企业自有品牌商品的价格大多低于同类产品的 10%～20%。价格的降低，极大地促进了商品销售量的增长。但商品的品牌、包装、产地的不同以及消费者经济条件、文化程度、审美观的不同带来了自有品牌定价策略的差异性。如当连锁企业的形象与信誉较高时，以信誉与形象为保证，采用高质低价与高质高价相结合的俘虏产品定价策略。俘虏产品定价策略是商家的定价策略，即市场营销学的组合定价策略之一——俘虏产品定价策略，它要求把相关产品的一种商品的价格订得较低或是绝对低廉以吸引顾客，这种商品称之为"引诱品"。而把另一种商品的价格订得较高以赚取利润，这种商品称之为"俘虏品"。"引诱品"通常是销售量大和购买频率高的商品，它的高质低价更能提高顾客对自有品牌的信任度，当顾客走进该企业享受以低价购买的"引诱品"的便宜之余，就愿意以高价来购买"俘虏品"。

三、渠道策略

连锁企业自有品牌商品的销售渠道主要包括两个方面：一是在自己的各连锁店面销售，这是主要的销售渠道。此种渠道需注意发货的时间、距离以及各连锁店面，应根据其所在区域特点选择适销对路的商品种类等问题。二是可以利用有控制的其他渠道进行适量销售。在店面不能覆盖又有顾客需求的区域，可根据各经销点具体情况适量发货，以满足此区域消费者需求或者方便其购买。

四、促销策略

连锁企业选择了正确的自有品牌商品开发对象，并不意味着自有品牌商品的经营一定能成功。自有品牌商品除了低价定位，还需要辅之以适当的营销策略，在商品陈列、促销等方面进行正确的管理。各连锁门店可以考虑将一部分黄金地段和位置用来陈列正在扶持的自有品牌商品，如将自有品牌产品摆放陈列于同类产品的知名品牌旁边，以引起消费者注意。同时，企业一定要加强自有品牌商品的宣传，通过 POP 广告及采用多种促销方式，让消费者在最短的时间里了解企业的自有品牌商品，加深消费者对企业自有品牌商品的印象，刺激消费者购买。如前期可采取捆绑销售或作为赠品以及在营业场所入口和货架悬挂自有品牌商品的介绍，以较快速度让消费者认知。

连锁企业要充分利用和发掘自身的产品开发能力。连锁企业自有品牌商品是以连锁企业这一品牌名称为主体开发出来的，其开发和销售最终完全由连锁企业本身来承担，这就对连锁企业在产品开发及设计能力上提出了更高的要求，必须能了解顾客的需求及其变化，设计出深受消费者喜爱的商品。在实施自有品牌策略的过程中,由熟悉市场的连锁企业提出新产品的开发设计要求,这样的产品设计开发具有产品项目开发周期短、风险小、产品开发成本低等特征。

专栏 7-1
自有品牌制造商协会

自有品牌制造商协会(PLMA)成立于1979年,是自有品牌市场唯一的非营利性组织,拥有来自70多个国家的会员单位3 200多家。每年针对自有品牌市场举办展会、新闻发布会、研讨会、论坛等活动。为协助会员开拓市场,除每年5月份在阿姆斯特丹举办的此展览外,还将于11月份在美国芝加哥举办同类展会。作为PLMA的会员单位,企业可以随时查阅协会关于自有品牌市场的调研数据。每年协会都与"ACNielsen"联合发布国际自有品牌市场年报,包含来自18个国家的3 700多种产品所占市场份额的统计。

自有品牌(贴牌)是指零售企业搜集、整理、分析消费者对某些商品的需求特性的信息后,自设生产基地或选择合适的生产企业进行加工生产,最终由零售企业使用自己的商标对该新产品注册并在企业各销售网点销售的商品品牌。

自有品牌产品兴起于西方发达国家,目前在全球尤其是欧洲、北美地区已经变得越来越畅销。"ACNielsen"在36个国家的超市中调查了80种产品,其中有17%的产品是自有品牌产品。在英国、德国、比利时,自有品牌产品的市场份额已超过40%,在法国、西班牙也超过了30%,在瑞典、挪威、丹麦、冰岛地区市场份额为20%,在中欧和东欧地区为18%,在北美地区,也超过20%。全球其他地区的自有品牌产品所占市场份额也在逐年攀升。数据显示,仅在欧洲,自有品牌产品的销售额达450亿欧元,全球销售额达1 000亿欧元。

自有品牌制造商协会(PLMA)自1980年起,在美国芝加哥开创了于每年11月举办的代工商店自有品牌产品交易会。1986年,又在荷兰阿姆斯特丹创建了国际超市及自有品牌展(国际贴牌展)。经过20多年发展,该系列展会已发展成世界上同类展会中规模最大的两个,每届都汇聚了来自世界各地的制造商和零售商,展位数量达3 000多个。

2010年,PLMA决定将零售自有品牌展的触角伸向中国,与上海跨国采购中心有限公司(ISPC)联合打造全球零售自有品牌产品亚洲展——2010上海(PLF)。PLF是具有近30年历史的国际超市及自有品牌展在亚洲的拓展和延伸,旨在帮助更多的亚洲尤其是中国的零售产品生产企业开拓国内外市场,同时也不断提升中国零售商的自有品牌产品市场份额。全球零售自有品牌产品亚洲展于2010年12月6~7日在上海举行。

本 章 小 结

自有品牌(Private Brand,PB)指商业企业通过搜集分析消费者的需求信息,提出新产品的开发要求,选择合适的生产企业或自行建厂生产,最终由连锁企业使用自己商标在本企业内销售的商品品牌。自有品牌类型分为四种:原始状态型、跟随型、高端卖场品牌型和价值创新型。连锁企业经营自有品牌商品,具有以下优势:① 渠道优势;② 终端优势;③ 卖场优势。零售商必须先衡量自身是否具备一定的条件:① 规模经营能力和销售网络;② 零售商品牌信誉;③ 自有品牌商品质量;④ 生产商的选择和监督机制;⑤ 零售管理专门人才。

自有品牌的管理过程都离不开建立、开发、培育、维护和发展五个阶段。连锁企业自有品牌的生产方式主要有:① 订购方式;② 委托生产;③ 自主开发。零售商对自有品牌商品的品质要求较高,在对潜在商品供应商进行选择时,对其生产能力、交通状况等方方面面的因素都要做出慎重的考虑:① 价格因素;② 质量因素;③ 产品开发与生产因素;④ 交货准时性因素;⑤ 交货提前期与交货提前量。

供应商选择方法包括:① 直观判断法;② 线性权重法;③ 层次分析法;④ 多目标数学规划法。

自有品牌营销策略可以使用以下营销策略:① 商品策略;② 价格策略;③ 渠道策略;④ 促销策略。

1. 什么是自有品牌?简述其发展。
2. 简述自有品牌发展概况。
3. 自有品牌发展的优势和发展前提是什么?
4. 连锁企业应该从哪几个方面考察自有品牌供应商?
5. 简述自有品牌营销策略。

屈臣氏自有品牌经营

亚洲区内最大的保健及美容产品专业店——屈臣氏个人用品护理店的自有品牌运作极为成功。自有品牌,又称中间商品牌,即中间商自行生产或向制造商大批购进并只在本企业内销售的商品品牌。屈臣氏自有品牌自产品设计、生产到经销都拥有明显的竞争优势。

(1) 定位优势。屈臣氏将目标市场锁定在18～35岁时尚女性。这个年龄段的女性最富挑战精神,追求时尚。屈臣氏将其产品集中在健与美的产品领域。店铺的产品组合分为"健康、美态、欢乐"三个主题。其中"健康"类产品从处方药到各种保健品、维生素等,占总数的18%;"美态"类产品从各种化妆品到各类日常护理用品,占总数的65%;而"欢乐"类产品包括各种服装、饰物、精品、礼品、糖果、贺卡和玩具等,占总数的17%。

(2) 渠道优势。屈臣氏作为全球首屈一指的个人护理用品、美容、护肤业巨头在全球拥有超过5 000家连锁店,销售额逾百亿港元,业务遍及亚、欧等40多个国家。2006年10月又决定近几年不接受任何形式加盟。其渠道控制范围及强度可见一斑。屈臣氏自有品牌在中国迅速增长,在个人护理产品销售市场中占21%的份额。香港和记黄埔旗下的屈臣氏集团在内地已拥有100多家店铺,其中自有品牌已由最初200多个产品类别迅速增长到1 000多个。自有品牌商品直接进入网点销售,还能轻易取得上佳陈列位置,屈臣氏的终端影响力成为商品销售的决定性因素。

(3) 成本优势。能充分运用屈臣氏本身知名度、美誉度及既有销售渠道,实现向生产领域渗透,降低交易成本及营销成本。获得更大利润空间。2004年,中国区屈臣氏个人护理店首次大规模在华南和华东区启动1 200种产品低价让利活动,价格平均低于市场价格5%左右。拥有大批自有品牌产品是其大举进行低价策略的主要优势,自有品牌产品占减价商品的15%,价格比同类品牌低20%～40%。物美价廉的产品加上时尚的包装设计,一直深受消费者追捧。

屈臣氏凭借独特的自有品牌优势,加上自有品牌经营理念的积淀,使其经营时得心应手。如下图所示。

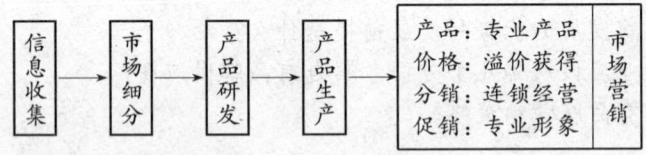

经过详细的市场信息收集及市场细分,依据超强研发能力选择最有利生产商进行生产加工,最后在其渠道控制优势下进行市场推广。其中,信息收集是基础,市场细分是关键,产品研发与产品生产是经营的保证,市场营销组合是手段。屈臣氏正是从这几个环节着手,有时匠心独具,有时稳抓稳打,逐步确立了其自有品牌的成功地位。

(1) 信息收集。屈臣氏的产品都经过市场调研,根据商品销售情况及消费者倾向预测市场趋势,信息收集多采用问卷形式完成,得到第一手数据,随时掌握市场动向。

(2) 市场细分。屈臣氏针对不同的细分市场推出不同的自有品牌产品。如对地理位置细分,在广东地区因其特有的清热养生观念和人文环境,推出 MJ 清润系列饮料;根据对消费心理细分,依年轻人追求时尚心理,推出了屈臣氏蒸馏水:流线型瓶身、简洁时尚的绿色包装及独有的双重瓶盖设计,把单纯的"水"变成了一款独具时尚品位尽显个人风格的产品。

(3) 产品研发。屈臣氏自有品牌的成功,与其产品研发能力有很大关系,包括合理选择研发对象及对产品大胆创新。

一是对研发对象合理选择。屈臣氏选择那些适合发展自有品牌的产品大类作为研发对象。产品属性不同,成功实施自有品牌战略的可能性也存在较大差异。并非所有产品都适合打造自有品牌,屈臣氏利用这一规律将以下五种产品作为研发对象:技术含量不高的商品;单价较低的商品;购买频率较高的商品;保质期短、保鲜程度高的商品;品牌意识弱的产品。这类产品即使没有名气只要能进入强势终端(屈臣氏个人护理店)就很容易得到消费者肯定,因为消费者已完全信任屈臣氏个人护理店销售的产品。

二是对产品研发大胆创新。例如饮用水产品,屈臣氏紧跟顾客需求,在各个方面都表现出杰出的创新能力:20 世纪 50 年代率先为商业用户提供玻璃桶装水;1994 年首创屈臣氏饮水机"防漏密封系统";1996 年首创 12 升家庭饮用水;1998 年首创内置手柄、流线型的"易提"水桶;而目前的双层瓶盖和水滴凹纹等独具匠心的设计更方便消费者使用。以顾客需求为根本出发点,不断带给消费者新鲜理念,为屈臣氏自有品牌的实施带来成功。

(4) 产品生产。屈臣氏根据不同的自有品牌选择不同的生产方式并实行全面质量管理来控制生产成本和保证产品质量。

如下表所列,一般品类产品由于不需要进行再设计,可比照已有产品加工,多采用订购的方式;而特殊品类产品需要进行再设计,按照再设计后的标准进行严格生产加工。多采用委托生产。

生产方式	产品分类	是否需要设计	生产特点
订购生产	一般品类	不需要	比照已有产品加工
委托生产	特殊品类	需要	按照严格标准加工

选择好生产方式,下一步是选择合适的生产商。屈臣氏总是充分评估制造商

生产能力、交货能力、应变能力及信誉后再选择合适的生产商。屈臣氏会考虑生产能力过剩而市场开拓能力较弱的制造商,向厂家提出产品性能、规格、质量、包装等要求。屈臣氏将通过贴牌加工方式生产的产品购进后以自己品牌上架销售。这样,一方面,与制造商直接联手省去许多中间环节,节约了交易费用和流通成本;另一方面,有效利用了自己的强势终端,节约了营销成本。

在生产商生产加工过程中,屈臣氏还随时检查产品各项指标,派专人验收或深入企业参与管理,保证产品真正达到顾客要求。屈臣氏还实行了全面质量管理,以顾客所需要的质量为导向来指导生产,进行管理。其全面质量管理中不仅包括屈臣氏及其生产商,还包含原料供应商和产品分销商等。

(5) 市场营销。屈臣氏依据产品、价格、分销、促销四方面对自有品牌实行全方位营销组合策略。前已介绍产品、价格、渠道,这里仅介绍促销。屈臣氏自有品牌仅在个人护理店内部销售,其广告宣传主要借助屈臣氏商誉,通过一些醒目标识和简单的推广手段,如店内广播和促销电视即可达到宣传效果,省去了巨额广告宣传费。比采用大众媒体广告,成本大大降低。屈臣氏店内 25% 空间留给自有品牌,包括所有一般品类及特殊品类,摆放在屈臣氏自有品牌区域显眼位置。屈臣氏深谙"公关营销"之道,通过一系列爱心活动充分体现屈臣氏社会责任感,赢得良好口碑。

讨论题:

简述屈臣氏自有品牌经营对我国零售商自有品牌的启示。

第八章　商品陈列

1. 了解商品陈列的基础知识。
2. 掌握商品陈列的要求和原则。
3. 了解商品陈列的基本类型。
4. 掌握商品陈列的方法。
5. 掌握商品陈列技术。
6. 了解商品陈列表现手法。
7. 掌握商品陈列的位置设计。

【引导案例】

可口可乐的市场生动化

可口可乐公司自1886年诞生,至今已有110多年的历史,但它产品的销量依然在增加,而且在众多的饮料品牌中,消费者对可口可乐仍青睐有加,这要归功于可口可乐的产品质量和形象的质量。可口可乐的产品质量,大家有目共睹,而形象质量,就是通过市场生动化将产品最好的形象展示给消费者。在可口可乐公司的市场策略中,生动化是其中最主要、最重要的部分之一。可口可乐公司强调,公司的成功与否,往往可以从市场上可口可乐产品的生动化工作做得好坏中看出来。可口可乐公司的市场生动化(即终端建设),非常强调科学化、标准化,其经验值得其他企业借鉴。

所谓生动化是在售点上进行的一切能够影响消费者购买可口可乐产品的活动。生动化原则的内容包括三个方面:产品及售点广告的位置、产品及售点广告的展示方式、产品陈列及存货管理。

生动化工作的目标包括以下四个方面:① 强化售点广告,增加可见度;

② 吸引消费者对可口可乐产品的注意力；③ 提醒消费者购买可口可乐的产品；④ 使消费者容易见到可口可乐的产品。

要达到这些目标，业务员在做生动化工作时必须要考虑四个方面的内容——位置、外观、价格牌、产品的次序和比例。① 位置。可口可乐强调产品要摆放在消费者流量最大、最先见到的位置上。为此，业务员要根据商店的布局及货架的布置，根据人流规律，选择展示可口可乐产品的最佳位置。如放在消费者一进商店就能看见的地方、收银台旁边等，这些地方可见度大，销售机会多。② 外观。货架及其上边的产品应清洁、干净。③ 价格牌。应有明显的价格牌。所有陈列产品均要有价格标示，所有产品在不同的陈列设备中的价格均需一致。④ 产品次序和比例。陈列在货架上的产品应严格按照可口可乐、雪碧、芬达的次序排列，同时可口可乐品牌的产品应至少占50%的排面。产品在货架上应唾手可得。包装相同的产品必须位于同层货架上，同时要平行，包装轻的放上面，重的在下面。要注意上下货架不同包装的品牌对应，如上层是易拉罐的可口可乐，则下层的对应陈列就是塑料瓶的可口可乐。这就是所谓的品牌垂直。

当商店无足够的产品陈列空间时，可口可乐公司向客户提供活动货架，以争取陈列存货空间，用于陈列销售量大、周转快的品牌和包装。对活动货架的管理，可口可乐也提出了详细的要求：

(1) 存货。可口可乐应占公司产品陈列的50%（垂直陈列），其他品牌则依销售量比例陈列。一般而言，以不超过一种包装、4～5个品牌为原则，陈列于活动货架上。

(2) 位置。在超市或自选商场（便利店）的主要饮料区之前；在主要陈列区末端；在竞争者产品之前；靠近相关产品（如小吃区域等）。

(3) 包装。塑料瓶包装最适合陈列于活动货架上（除非活动货架是专为易拉罐或利乐包所设计的）；而易拉罐则比较适合进行"落地陈列"。

(4) 展示。每一个品牌/包装陈列时，必须清楚标明"品牌"、"包装"、"价格"及特价等促销信息，并确保店内所有价格一致。

(5) 落地陈列。落地陈列是为了促销产品，强调某一促销活动（产品/包装）、假日特卖，或者提供高周转产品有更多的存货量所做的陈列。

(6) 陈列方式。端型落地陈列，消费者可从三个方面拿取产品。岛型落地陈列应摆放于较宽通道的中央，通常是店里主要位置，消费者从岛型落地陈列的四面可以拿取产品。

第一节　商品陈列基础

一、商品陈列的定义

所谓商品陈列,是指通过运用一定的技术和方法摆布商品,展示商品,创造理想购物空间,从而达到吸引顾客进店和激发购买欲望的一项工作。

顾客的购买动机、购买目的等是随着商品陈列而影响的。所以,不同的陈列手法、不同的陈列侧重点,对商品的整体销售以及不同产品销售的主次等都会有着较大的影响。

二、商品陈列的意义

商场做好商品陈列对连锁企业和市场有着非常重要的意义:

(1) 好的商品陈列能让消费者在最短的时间内找到他,从而选购自己喜欢的商品。

(2) 好的商品陈列能够吸引消费者的注意,从而让消费者产生购买欲。

(3) 好的商品陈列能提高连锁企业整体形象,提升品牌知名度。

(4) 好的商品陈列不但能提高产品的销售额,还能吸引客流。

(5) 好的商品陈列可以给消费者一个良好的印象,即使这次不购买,也能让其留下深刻印象。

(6) 好的商品陈列可以减少商场的库存成本。商品陈列井然有序,可以减少过多的库存,减少不必要的补货,从而降低库存成本。

三、商品陈列的目的

(1) 增加销售量:一个有创意的陈列可以让消费者产生购买冲动,从而提高销售量。

(2) 改善商品的库存量:通过对商品陈列空间的调整,改善商品库存量。

(3) 争取最大陈列面:争取最大最好的陈列面,让商品有更多的展示机会。

(4) 方便消费者拿取:有组织有系统的陈列,进而鼓励消费者最大限度的购买。

(5) 保护商品品质:先进先出的原则,避免过期,保持其外观可看性。

第二节 商品陈列的要求和原则

一、商品陈列的基本要求

（1）商品分类要明确。相同类别的商品陈列在一起，方便顾客的一次性购买。

（2）充分利用有效陈列范围。顾客在自然站立时，伸手可及的范围，约从地板开始60～180厘米的范围，这个空间就为有效陈列范围。因此，在此空间陈列重点商品是增加销售额的秘诀。反之，60厘米以下、180厘米以上，是顾客难以接触的空间，大多进行非重点商品的陈列。

（3）要有合理的陈列位置。在小规模商店，端架是最佳的陈列位置；在大型连锁超市，中央通道、通道前后端与邻近冰箱的陈列架是最好的动线。

（4）把互有影响的商品分开设置。例如，将异味商品、食品、需试音或试像的商品单独隔离成相对封闭的售货单元。

二、商品陈列的基本原则

1. "先进先出"的陈列原则

当货架上陈列在前排的商品被顾客拿空后，补货人员应该先将后排的商品推到前排，然后将生产日期新鲜的新品补到后排；当商品第一次在货架上陈列后，随着时间的推移，商品就不断被销售出去。这时就需要进行商品的补充陈列。补充陈列就是要遵循先进先出的原则来进行。

首先，要将原先的陈列商品取下来，用干净的抹布擦干净货架。然后，将新补充的商品放在货架的后排，原先的商品放在前排面。因为商品的销售是从前排开始的，为了保证销售商品的有效期，补充新商品必须从后排开始。

其次，当某一商品即将销售完毕时，暂未补充新商品，这时就必须将后面的商品移至前排面陈列（销售），绝不允许出现前排面空缺的现象，这就是前进陈列的原则。如果不按照先进先出陈列的原则，那么后排面的商品将会永远卖不出去。商品，尤其是食品都有保质期限。因此，采用先进先出的方法来进行商品补充陈列，可以在一定程度上保证顾客购买商品的新鲜度，这也是保护消费者利益的一个重要方面。

2. 可获利原则

陈列必须确实有助于增加店面的销售。努力争取将店铺最好的陈列位置用于主推产品的销售。要注意记录能增加销量的特定的陈列方式和陈列物。不停地提醒门店商品陈列对获利的帮助。

3. 陈列点原则

好的陈列点：迎着主人流方向墙面与视线等高的货架位置（以及以此视点为中心的辐射两侧各 65 度角所覆盖的陈列面）、主通道的展台、收银台旁的展台等都是较好的陈列点。

促销陈列点：迎门的展台、长墙面陈列的尾部区域、两个主通道之间的展台等。

不好的陈列点：仓库（或工作间）出入口、照明不好的角落、深型店铺的底部死角、间隔太多店铺的深部小间隔等。

4. 吸引力原则

充分将现有商品集中摆放以凸显气势。陈列时将本品牌产品的风格和利益点充分展示出来。配合空间陈列，充分利用广告宣传品吸引顾客的注意。对特惠推广品可以运用不规则的陈列法，可以加强特价优待的意味。

5. 商品搭配原则

商品陈列在于帮助销售，所以陈列时要充分考虑商品之间的搭配。

在做搭配时应充分运用关联销售，注意商品的组合优化。相关商品陈列在一起，既能方便顾客购买，又能刺激顾客的购买欲望。很多商品在顾客心目中是有关联性的，当顾客购买某一样商品时他会需要与之相关的商品来配套，或者经过卖场人员的精心安排他会发现买了甲商品再加件乙商品会是个不错的搭配，这样关联的商品陈列就显得很有必要（如牙膏与牙刷、茶具与茶叶、垃圾篓与垃圾袋等）。

要注意相关性商品应陈列在同一通道、同一方向、同一侧的不同货架上，而不应陈列在同一组双面货架的两侧。比如服装连锁门店在商品陈列时可以考虑衬衣与领带的组合陈列，裤子与鞋的组合陈列等；电脑专卖连锁门店在商品陈列时可以考虑电脑与摄像头与手写板的组合陈列等。

为了配合顾客追求新意的习惯，在搭配设计时要制造出让顾客常看常新的效果，也就是说应当定期对组合陈列作出适当的调整，体现新意。

6. 易见易取的陈列原则

首先，商品陈列要"显而易见"。这里所谓的"显而易见"指的是"标签朝正面，且不被其他商品挡住"，陈列的商品要使顾客容易看见，遵循前低后高的原则。由商品自身来向顾客最充分地展示、促销自己。商品陈设是最直接的销售手段，要做到让商品在货架上达到最佳的销售。要使商品陈列让顾客显而易见，必须做到以下几点：

（1）商品要正面或稍微倾斜面向顾客，使顾客能看清楚。商品品名和贴有价格标签的商品正面要面向顾客，陈列器具、装饰品以及商品 POP 不要影响店内购物顾客的视线，也不要影响店内照明光线。

（2）商品陈列位置符合顾客的购买习惯，对推销区和特价区的商品陈列要显著、醒目，使顾客明白商品所表达的意思。

(3) 商品不应摆在棚架里,而应向前整齐陈列着,并且中段以上商品采用直摆方式,下段商品则采用横摆、标签向上的方式。

(4) 商品价目牌应与商品相对应,位置正确。

实践证明,商品价格标签位置对顾客挑选商品时,会产生积极的影响。因此,规范打贴价格标签的位置,就显得十分重要。同时,价格标签位置的规范化,对收银员提高收银速度创造了条件。具体到打贴价格标签的位置时,应注意以下几点:① 商品价格标签的打贴位置应在商品正面的右上角,如遇右上角有商品说明文字,可打贴在右下角。② 罐头商品价格标签打贴在右上角,绝不允许打贴在罐盖上方,因为,罐盖上方容易积灰尘,不便理货员整理清洁商品,尤其是不畅销的商品(罐装、盒装商品)。③ 瓶装商品价格标签打贴在商品正面的右上角,如酱油、酒瓶等。④ 商品因季节、时令价格调整时,必须将原价格标签撕掉,重新打贴价格标签,绝不允许同一种商品出现两种价格,以免减少不必要的麻烦,减少收银员的操作差错。

其次,商品陈列要方便顾客取放。顾客购物时都会先确认商品后再予购买,因此容易取和容易买一样重要。所以必须特别留意提醒身高较高的男性员工,不能将商品陈列过高,以致大半女性都拿不到商品。另外,不能将带有盖子的箱子陈列在货架上,还要考虑陈列的高度,以方便顾客的随手可取。

7. 商品陈列的卫生、整洁原则

卫生整洁是顾客对商品陈列乃至整个卖场环境的一个基本要求。卖场人员在陈列商品的同时要及时清理商品及货架或堆码位置的卫生,将商品上的灰尘及时擦拭干净,体现商品的新鲜度。

8. 商品陈列的放满原则

商品做到放满陈列,可以给顾客一个商品丰富、品种齐全的直观印象。同时,也可以提高货架的销售能力和储存功能,还相应地减少了连锁企业的库存量,加速商品周转速度。琳琅满目的商品陈列对销售的促进作用无须质疑。有资料表明,放满陈列可平均提高25%的销售额。

商品放满陈列要做到以下几点:

(1) 货架每一格至少陈列三个品种(目前,国内货架长度一般是1~1.2米),畅销商品的陈列可少于三个品种,保证其量感;一般商品可多于三个品种,保证品种数量。

(2) 按每平方米计算,平均要达到11~12个品种的陈列量。

三、商品陈列 AIDCA 的原则

合理的陈列商品可以起到展示商品、刺激销售、方便购买、节约空间、美化购物环境的各种重要作用。据统计,店面如能正确运用商品的配置和陈列技术,销售额可以在原有基础上提高10%。所谓商品的 AIDCA 原则系由5项原则组合而成:

(1)引起注意,(A);(2)产生兴趣,(I);(3)使其感到欲望,(D);(4)使其确信,(C);(5)使其行动(下定决心购买),(A),如图 8-1 所示。

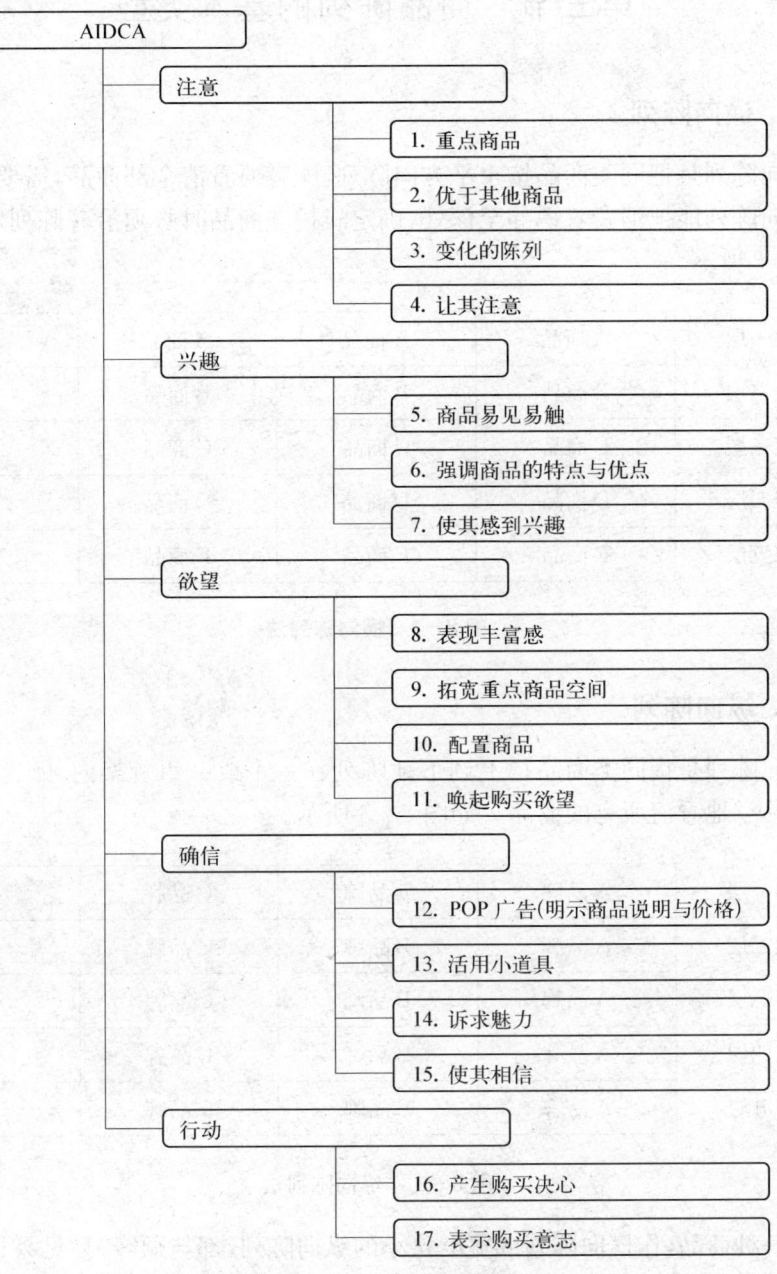

图 8-1　AIDCA 原则的要点

第三节　商品陈列的基本类型

一、横向陈列

横向陈列是把同类商品按水平方向陈列,顾客要看清全部商品,需要往返好几次。横向陈列能把消费者诱导至深处,确定式挑选商品时必须沿着陈列左右移动。如图 8-2 所示。

货架一层	A 商品	A 商品	A 商品	……
货架二层	B 商品	B 商品	B 商品	……
货架三层	C 商品	C 商品	C 商品	……
货架四层	D 商品	D 商品	D 商品	……
货架五层	E 商品	E 商品	E 商品	……

图 8-2　横向陈列法

二、纵向陈列

纵向陈列是指同类商品从上到下地陈列在一个或一组货架内,顾客一次性就能轻而易举地看清所有的商品。如图 8-3 所示。

货架一层	A 品牌	B 品牌	C 品牌	……
货架二层	A 品牌	B 品牌	C 品牌	……
货架三层	A 品牌	B 品牌	C 品牌	……
货架四层	A 品牌	B 品牌	C 品牌	……
货架五层	A 品牌	B 品牌	C 品牌	……

图 8-3　纵向陈列法

同一种商品,作横向陈列或宽度狭小的纵向陈列,都与顾客"易见易选"有密切的关系。

横向陈列容易发挥诱导顾客入店的魅力,但此时黄金带(80～120厘米高度)以外的商品会降低销售率。横向陈列法能把消费者诱到深处,确定挑选商品时必须沿着陈列左右移动。

纵向陈列将同一种类商品综合陈列,使顾客只要站立,视线上下移动,便能比较、选择商品。纵向陈列能以静止的状态选择商品,但也有宽度狭小就缺乏丰富感、容易分心等缺点。因此,采用纵向陈列时,要慎重检讨同一种商品的陈列宽度,最小的宽度也要确保在90厘米。依顾客的视线与商品的距离来决定宽度是其秘诀。

纵向陈列能使顾客产生冲动购买并增加购买的方便性。高价位或新推出的产品应放置上层,以吸引注意力;每类产品至少有两个陈列面,且占有两层的陈列货架;纵向陈列的好处是:第一,同类商品如果要横式陈列,顾客在挑选同类商品的不同品种时会感到不方便,因为人的视线上下垂直移动方便,而横向移动要较前者差。横向陈列会使得陈列系统较乱,而垂直陈列会使同类商品成一个直线式的系列,体现商品的丰富感,会起到很强的促销效果。第二,同类商品垂直陈列,会使得同类商品平均享受到货架上各个不同段位(为上段、中段、下段)的销售利益,而不至于产生由于同类商品的横向陈列使商品都处于一个段位,以至带来销售要么很好,要么很差的现象。同时也不会出现由于同类商品的横向陈列所造成的降低其他类别的商品所应享受的货架段位的平均销售利益。

系列产品应该呈纵向陈列。如果它们横向陈列,顾客在挑选某个商品时,就会感到非常不便。因为人的视觉规律上下垂直移动方便,其视线是上下夹角25°。顾客在离货架30～50厘米距离间挑选商品,就能清楚地看到1～5层货架上陈列的商品。而人视觉横向移动时,就要比前者差得多,人的视线左右夹角是50°,当顾客距货架30～50厘米距离挑选商品时,只能看到横向1米左右距离内陈列的商品,这样就会非常不便。实践证明,两种陈列所带来的效果的确是不一样的。纵向陈列能使系列商品体现出直线式的系列化,使顾客一目了然。系列商品纵向陈列会使20%～80%的商品销售量提高。另外,纵向陈列还有助于给每一个品牌的商品一个公平合理的竞争机会。

但产品线很长的品牌应区别对待。如果将这一品牌的商品纵向陈列,虽然从整体上看陈列得非常整齐,但往往会使某些品牌占据卖场货架的主要段位,为了便于进行商品的实际销售能力的考核,现在有些门店会在纵向陈列与产品的类别上做一个选择,将一些产品线比较长的产品分成若干个部分,这样就会增强商品之间的竞争意识,并且便于顾客比较商品的价差,从而提高门店的日常销售。

第四节 商品陈列的方法

商场商品陈列的方法有很多,常见的陈列方法有以下几种。

一、磁石点陈列方法

1. 顾客动线

所谓顾客动线是指顾客进入商场的流动曲线。商场商品陈列围绕顾客流动曲线布局,可以起到方便顾客选购,延长顾客购物时间,扩大关联产品销售的作用。商场顾客动线的关注点主要是连锁店主通道和副通道的设置,照明带、色彩的渐变、各柜台、专柜间距设置、随机购买商品和大件商品陈列点选择。顾客动线的顾客流动量测算可以采取两种方法,一种方法是数学方法,即根据商场的平面布局和楼层分布,划分各类通道的类别,从而确定不同商品的陈列点,这种方法在门店开业前商品陈列点的选择较为常用。但是,数学测算往往忽视了人们的行为习惯,导致测算误差较大的情况发生。另一种方法是实测法,即详细记录统计各类通道的时点人流,从而确定商品、赠品陈列点,这种方法在商场日常经营过程中陈列点的选择最为有效。

2. 磁石点

所谓磁石,就是指商场的卖场中最能吸引顾客注意力的地方,磁石点就是顾客的注意点,要创造这种吸引力就必须依靠商品的配置技巧来实现。商品陈列中的磁石理论运用的意义就在于在卖场中最能吸引顾客注意力的地方配置合适的商品以促进销售,并且这种配置能引导顾客走遍整个卖场,最大限度地增加顾客购买率。如图 8-4 所示。

商品陈列布局是否合理,是一个连锁企业最终能否得到消费者认可、是否能赢得市场的重要因素。商场的平面往往是一个矩形。最有号召力的商品应放在这个矩形的周边,也即商场的三条边线。卖场内必须处处有卖点,以增加消费者在场内的滞留时间,增加商场的销售收入。具有卖点的商品一般购买频率高、时髦、季节性强,或者是主推产品、定制报效产品、高利润品、特价品、清仓换季产品等。以连锁超市为例,卖场布局的磁石点有 5 个,不同的磁石点应该配置相应的商品。如表 8-1所示。

(1) 第一磁石点是位于卖场主通道两侧的地方。

(2) 第二磁石点位于主通道顶端,穿插在第一磁石点中间。第二磁石点陈设的应是能诱导顾客走进卖场各个角落的商品,一般首先应放置日配性的商品,因为

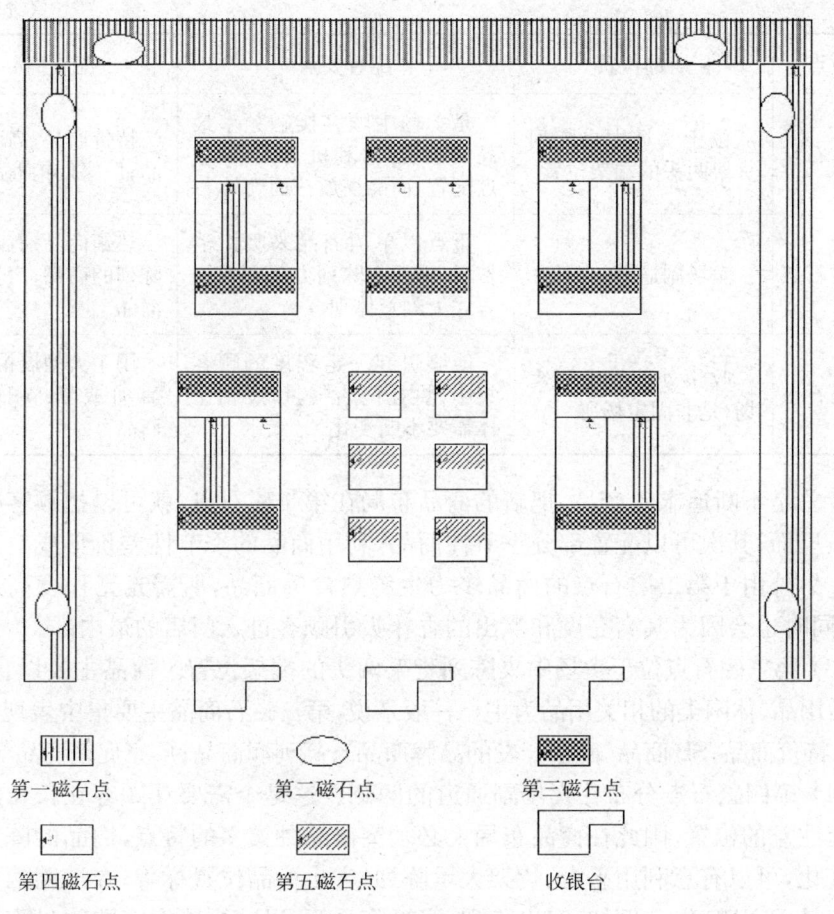

图 8-4 卖场的磁石点

表 8-1 卖场不同磁石点的商品配置

磁石点	店铺位置	配置要点	配置商品
第一磁石点	位于卖场主通道两侧,是顾客的必经之地,是商品销售最主要的位置	由于特殊的位置优势,不必刻意装饰体现即可达到很好的销售效果	主力商品;购买频率高的商品;采购力强的商品
第二磁石点	穿插在第一磁石点中间	有引导顾客走进卖场各个角落的任务,需要突出照明度及陈列设施	流行商品;色泽鲜艳、容易抓住人们眼球的商品;季节性很强的商品

（续表）

磁石点	店铺位置	配置要点	配置商品
第三磁石点	位于卖场中央陈列货架两头的端架位置	是卖场中顾客接触频率最高的位置，盈利机会大，应重点配置，商品摆放三面朝外	特价商品；高利润商品；厂家促销商品
第四磁石点	卖场副通道的两侧	重点以单项商品来吸引消费者，需要在陈列方法和促销方式上刻意体现	热销商品；有意大量陈列的商品；广告宣传商品
第五磁石点	收银处前的中间卖场，是非固定场所	能够引起一定程度的顾客集中，烘托门店气氛，展销主体需要不断变化	用于大型展销、特卖活动或者节日促销商品

消费者总是不断追求新产品，把新的商品布局在第二磁石点，就可以把顾客吸引到卖场最里面；其次可以配置部分季节性商品，利用商品的季节性差价形成对顾客的吸引。另外由于第二磁石点的商品多为生鲜熟食等商品，所需光亮程度高过其他区域，同时也会因为其高亮度和飘出的香味吸引顾客进入门店的最内部。

（3）第三磁石点位于卖场中央陈列货架两头的端架位置。商品主要以食品、日常生活用品、休闲类的相关用品为主。一般来说，第三磁石商品主要集中表现为以下特征：特价商品；SB商品（商家开发的品牌商品）；高利润商品；厂家促销商品等。

（4）第四磁石点分布在卖场副通道的两侧。这是个需要让顾客在长长的陈列中引起注意的位置，因此在商品布局上必须突出品种繁多的特点，商品的陈列更加注重变化，可以有意利用平台、货架大量陈列；突出商品位置标牌；在道路两侧设置特价商品POP广告。例如，突出陈列、窄缝陈列等，以减少顾客在购物过程中的厌烦心理，有利于引起顾客的注意。对于面积较小、陈列线较短的卖场来说，第四磁石商品的效果并不明显。在大型超市中，第四磁石商品主要是服装、杂货、家庭日用品等。

（5）第五磁石位于收银处前的中间卖场，是非固定场所。该磁石点主要用于大型展销、特卖活动，或节假日促销活动，目的是烘托门店气氛，吸引顾客光顾卖场。

连锁卖场的磁石原理是基于顾客心理、经过实践检验证明比较行之有效的理论，对商品陈列有很强的现实指导意义。

二、分类陈列法

凡是陈列在陈列台、展示柜、吊架、平台、橱柜的商品都属于分类陈列，因此在陈列时特别要注意显示商品的丰富感与特殊性。

分类陈列占了连锁商店卖场的最大比例,其主要目的是使商品陈列一目了然,方便顾客选择,不断促进商品销售。

三、主题陈列方法

新闻报道上有大主题、中主题、小主题等让人容易了解的编辑方式,同样的,在卖场上也开展主题陈列,也称展示陈列,即在商品陈列时借助商店的展示橱窗或卖场内的特别展示区,运用各种艺术手法、宣传手段以及陈列器具,配备适当的且有效果的照明、色彩或声响,来突出某一重点商品。

主题陈列的种类有大主题陈列、中主题陈列、小主题陈列。

1. 大主题陈列

大主题陈列多数展示在店面的橱窗、店内架台或柱子周围。在橱窗内介绍商店的代表商品,架台或柱子周围则陈列各专柜具魅力的代表商品,作为"在这里,有某某商品"来诱导顾客。大主题陈列中要特别注重表现技巧。

2. 中主题陈列

中主题陈列展示在陈列柜、壁面或推车上,能具体地了解在哪里有某某商品。此外,中主题陈列必须表现出店内的立体感,与顾客所期待的气氛,因此,应筹划商店中央的空间或壁面的利用方法,展现出商品的丰富感。

3. 小主题陈列

对大主题陈列更感兴趣、受中主题陈列诱导的顾客,很容易了解自己所喜爱的商品的陈列场所,这就是"小标题陈列"的目的。因此,严格来说,小主题陈列必须按照各品目陈列,并用POP广告也很重要。

四、盘式陈列法

盘式陈列法即把非透明包装商品(如整箱的饮料、啤酒、调味品等)的包装箱的上部切除(可用斜切方式),将包装箱的底部切下来作为商品陈列的托盘,以显示商品包装的促销效果的陈列法。

五、岛式陈列法

在连锁企业的进口处,运用陈列柜、平台、货柜等陈列工具,展示陈列商品。这种陈列能强调季节感、时鲜和丰富感。

在运用岛式陈列法时要注意以下事项:

(1)陈列工具应与商品特征相配合。

(2)陈列工具一般适宜于放置在卖场的前部和中部,这样就能向顾客充分展示岛型陈列的商品,如果陈列在后部往往会被货架挡住视线。

(3) 陈列工具不宜太高,以免影响顾客的视线。
(4) 陈列工具最好装有滑轮和搁板,以便根据需要而调整。
(5) 陈列工具要牢固、安全。

六、突出陈列法

突出陈列法即将商品放在篮子、车子、箱子、存物筐或突出延伸板(货架底部可自由抽动的隔板)内,陈列在相关商品的旁边销售,是超过提出的陈列线,面向通道突出的方法。

在运用突出陈列法时要注意以下事项:

(1) 突出陈列的高度要适宜,既要能引起顾客的注意,又不能太高,以免影响货架上商品的销售效果。

(2) 突出陈列不宜太少,以免影响顾客正常的路线。

(3) 不宜在窄小的通道内做突出陈列,即使比较宽敞的通道,也不要配置占地面积较大的突出陈列商品,以免影响通道顺畅。

七、黄金段位陈列法

提高门店日常销售最关键的是货架上黄金段位的销售能力。实际上目前普遍使用的陈列货架一般高 165～180 厘米,长 90～120 厘米,在这种货架上最佳的陈列段位不是上段,而是处于上段和中段之间的段位,这种段位称之为陈列的黄金线。以高度为 165 厘米的货架为例,将商品的陈列段位进行划分:黄金陈列线的高度一般在 85～120 厘米之间,它是货架的第二、第三层,是眼睛最容易看到、手最容易拿到商品的陈列位置,所以是最佳陈列位置。此位置一般用来陈列高利润商品、自有品牌商品、独家代理或经销的商品。

其他两段位的陈列中,最上层通常陈列需要推荐的商品;下层通常是销售周期进入衰退期的商品。

根据一项调查显示,商品在陈列中的位置进行上、中、下三个位置的调换,商品的销售额会发生如下变化:从下往上挪的销售一律上涨,从上往下挪的一律下跌。当产品从最底层调到倒数第二层,销量可以直接提升 30%,当从第二层调到黄金地段,销量可以直接提升 60%。可见,商品陈列的高度对销量的影响非常巨大。如图 8-5 所示。

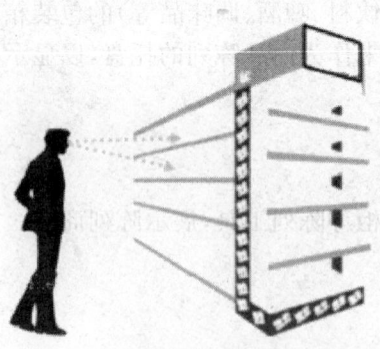

图 8-5 畅销或推荐商品应陈列于视线平行高度约 1.6～1.8 米处(包括底座)

八、端头陈列法

端头即货架两端，这是销售力极强的位置。端头陈列可以是单一品项，也可以是组合品项，以后者效果为最佳。

端头组合陈列应注意：品项不宜太多，一般以 5 个为限；品项之间要有关联性，绝对不可将无关联的商品陈列在同一端架内；在几个组合品项中可选择一个品项作为牺牲品，以低廉价格出售，目的是带动其他品项的销售。

九、量感陈列法

量感陈列一般是指商品陈列数量的多寡。目前这种观念正在逐渐发生变化，从只强调商品数量改变为注重陈列的技巧，从而使顾客在视觉上感到商品很多。譬如，所要陈列的商品是 50 件，那么通过量感陈列会让人觉得不止 50 件。所以，量感陈列一方面是指"实际很少"，另一方面则是指"看起来很多"。量感陈列一般适用于食品杂货，以亲切、丰满、价格低廉、易挑选等来吸引顾客。量感陈列的具体手法有店内吊篮、店内岛、壁面敞开、铺面、平台、售货车及整箱大量陈列等。其中整箱大量陈列是大中型连锁卖场常用的一种陈列手法，即在卖场辟出一个空间或拆除端架，将单一商品或 2～3 个品项的商品作量感陈列，一般在下列情况下使用：低价促销；季节性促销；节庆促销；新产品促销；媒体大力宣传；顾客大量购买等。

第五节　商品的陈列技术

一、关联商品的陈列

所谓关联商品陈列是指把分类不同但有较强互补作用的商品或是按照目标顾客的购物习惯将商品组合陈列在一起，便于顾客相互比较，促进连带销售，使连锁企业卖场整体的陈列活性化，同时也增加顾客购买商品的卖点数。例如，牙膏和牙刷、面包及果酱、玩具区悬挂儿童食品等。

在陈列关联商品时应注意如下事项：

(1) 陈列的商品必须是互补商品。如顾客使用录音机也必须使用录音带。运用关联陈列时，要打破商品种类间的区别，尽可能体现消费者在生活的原型，也就是一定要贴近百姓生活。如浴衣属于服装类，但可以与洗澡的用具和用品陈列在一起，因为这正是消费者的日常生活。

(2) 要注意相关性商品应陈列在同一通道、同一方向、同一侧的不同货架上，而不应陈列在同一组双面货架的两侧。

（3）在运用商品的关联陈列的同时结合现代化的管理手段,将原本看似没有关联关系的商品陈列在一起,从而促进门店的日常销售。

（4）商品的关联关系有时还会因为地域的不同或者季节的不同而有所不同,所以对于商品关联陈列的运用一定要恰当。

人是经验性动物,当他们看到某种事物时,会根据自己的经验、知识进行联想。比如,看到皮鞋想到鞋油,看到礼物想到包装纸。如果将这部分用途相关和目标消费者一致的产品或品类摆放在一起或相邻陈列,很容易刺激冲动性购买和连带销售,使顾客在购买商品甲的同时顺便购买商品乙或丙,从而实现附加销售,使几种相关产品的销售量比单独陈列时更高。

哪些商品之间有相关性,需要陈列在一起呢?你只要站在要买的东西附近问问自己:我在这里还想要点什么?就能推测出应该在毗邻的地方放什么。

运动鞋旁边不是需要一双很匹配的运动袜吗?枕头应该放在哪儿?当然是床上,让顾客在购买床单时很方便地选到合适的枕头。摩托车旁可以放置什么?头盔。鞋柜旁边陈列相应的鞋油,浴衣旁边陈列洗浴用具,录音机旁顺便出售磁带,DVD碟机旁陈列一些影视光碟,剃须刀可与须后水相邻陈列,婴儿纸尿裤和婴儿湿纸巾就近摆放,洗衣粉和柔顺剂陈列在一起。

专栏8-1

BI与商品关联陈列

什么是BI?这项技术的起源还要追溯到零售业的一个著名的故事——"啤酒与尿布":一间超市的老板一段时间发现店内的啤酒和尿布的销售量总是差不了多少,一经分析,原来是做了父亲的年轻人在经常给小孩买尿布的同时,自己也捎带上瓶啤酒,于是这家超市的老板就把啤酒和尿布这两样看起来风马牛不相及的商品摆放在一起。

BI实际就是Business Intelligent的简称,中文的翻译就是商业智能分析系统。

BI是一种运用了数据仓库、在线分析和数据挖掘技术来处理和分析数据的崭新技术。它的用途不仅仅可以用于商品关联关系的分析上,还能够对于门店的销售分析、顾客的分析,以及供应商和门店员工管理的分析上。

商品的关联陈列是众多商品陈列的方法之一,但是由于商品的关联陈列能够有效地刺激顾客随机购买的欲望,增强卖场的灵活性而备受商家所推崇。关联陈列的原则就是将不同种类但是有互补作用的商品陈列在一起。运用商品之间的互补性,可以使顾客在购买A商品的同时顺便也会购买旁边的B或C商品。例如,在鸡翅旁边陈列炸鸡调料，在陈列香皂的旁边陈列皂盒，或者在剃须刀架旁摆放剃须泡沫等。

运用关联陈列的原则是：陈列的商品必须是互补商品。如顾客使用录音机也必须使用录音带。运用关联陈列时，要打破商品种类间的区别，尽可能体现消费者在生活的原型，也就是一定要贴近百姓生活。例如，浴衣属于服装类，但可以与洗澡的用具和用品陈列在一起，因为这正是消费者的日常生活。还有就是在运用商品的关联陈列的同时结合现代化的管理手段，将原本看似没有关联关系的商品陈列在一起，从而促进门店的日常销售。例如，啤酒与尿布看似没有关系，但是经过一系列的数据抽取、清洗、聚类、挖掘等分析之后，便会发现这样的生活习惯。

商品的关联关系有时还会因为地域的不同或者季节的不同而有所不同，所以对于商品关联陈列的运用一定要恰当。在中国，如果将啤酒和尿布陈列在一起，可能就会影响到两种商品原本的销售，或因为顾客的误会而影响到顾客的购物情绪。故关联商品的陈列是要结合现代的商业 BI 手段，寻找出商品中真正的关系，才能起到使其发挥其原有的魅力。

二、季节性商品的陈列

冬去春来，寒暑更替，一年四季的变化循环往复。随着季节的变化，人们吃穿用的商品也相应变化。商店在出售商品时，也应按季节的变化随时调整商品的陈列。

季节性商品的陈列应在季前开始，商店应了解顾客的潜在需要，根据天气的变化来改变商品的陈列，否则将丧失适时销售的良机。

（1）在尚未春暖花开的早春时节，商店应走在季节变换的前头，及时将适合春季销售的商品，如时装、鞋帽等早早摆上柜台，将冬季商品撤换掉。春季商品陈列时，可以以绿色为主调，透出一股春天的气息。

（2）夏季商品陈列时，应注意如下事项：一般提前在 4～5 月份里，将夏季商品摆出来；夏季气候炎热，陈列商品的背景可选用蓝、紫、白等冷色调为主；夏季商品陈列要考虑通风，最好将商品挂起来；夏季是饮料消费的高峰期，要特别注意布置冷饮类商品的陈列；夏季商品陈列的位置可以向外发展，在门厅或门前处较适宜。

（3）秋季商品应该在 9 月份开始陈列，夏天的时装以及夏凉用品都应撤下，摆上适合秋季消费的商品。这是陈列与售货位置应从室外移向室内。秋天天高气爽，是收获的季节，商品陈列应以秋天的色调、景物作为背景，衬托出商品的用途。

（4）冬天天寒地冻，商店布置要使顾客感到温暖，背景最好以暖色调的红、粉、黄为主，突出应季商品。

三、相邻商品的陈列

在现代零售业中,商品分类指标通常是站在商品(或者供应商)的角度来划分,给卖场布局带来的影响就是各个区域的分布也是以商品为出发点,如小家电区、果蔬区、纸制品区等。

那么,零售商应如何规划好商品的相邻陈列呢?

1. 购物者最重要

其实,对于一件商品,重要的不是零售商认为它属于哪一类商品,而是消费者认为它属于哪一类商品。消费者希望便于比较和选择,考虑问题时,首先看它究竟和哪些商品比较像,潜在的思路是这些商品之间具有直接的替代性(产生选择)。

例如,多半购物者习惯于到酒类区购买啤酒,如果将啤酒排入饮料品类,其表现多半不如可乐、果汁等。在做商品绩效评估时,它们很可能被列入待删除单品名单。

2. 同一品类的陈列

其实无论按照什么来设计陈列,都必须围绕购物者的购物便利来进行。考虑消费者是按照什么样的程序来选择商品的,这才是最重要的。

例如,购物者在购买婴儿纸尿裤时,会根据自己孩子年龄的大小,优先考虑是买大号的、中号的还是小号的,然后才会考虑购买哪一个品牌。所以如果你一开始就按照品牌来陈列,会给消费者选择带来不便,她就需要在不同的品牌区域之间跑来跑去。

在购买产品的过程中,影响购物者做出购物决策有一系列因素。这些因素有优先层次,也就是说购物者的思维过程是有一个序列的。

例如,购买洗发水时,购物者会考虑品牌、功能、价格、发质等因素。但对购物者的调查表明,74%的购物者会优先考虑品牌,后考虑功能;只有26%的购物者会优先考虑功能,后考虑品牌。陈列也应该按这个顺序。

3. 品牌的重要性和所属的品类有很大关系

以洗发水和大米为例,购物者对洗发水品牌的偏好影响了对产品的选择,而购物者对大米品牌不如对大米产地和大米品质的层面更关心,大米的品牌重要性就较低。

第六节 商品陈列的表现手法

一、陈列目的的表现手法

要设法作各种表现,吸引顾客的注意,唤起顾客的购买欲望。以下介绍各种表现技术的特点。

1. 表现"廉价"来提升销售的方法

虽然有多种方法，但活用推车作"投入堆积陈列"效果较大。尤其在拍卖活动期间，顾客较多的时段，企业时段服务，连动有魅力的 POP 广告效果非常大。再者，把平台从店面并列到店内，作为"廉价"的诉求，就有期待诱导顾客入店的效果。

2. 表现"高级感"来提升销售的方法

为了表现高级品的感觉，活用比商品格调高的陈列器具，不仅陈列商品，更要设法表现该商品的使用状态。好不容易用齐了高级商品，却常有高级感诉求技术不够的情形，要动员色彩效果等来提升成果。

3. 表现"丰富感"来提升销售的方法

在卖场上商品数量不足时，要活用空盒子做表面工夫，设法使陈列量看起来较丰富。并且，在陈列柜上部空间或壁面的空白部分，多活用各种 POP 广告，必须表现出热闹的丰富感。

4. 表现"稳重气息"来提升销售的方法

表现基本的稳重气息在于把整体陈列形成井然的态势。例如，像富士山形，左右对照的陈列，适合形成稳重气息。所以，活用色彩，使用同色系色彩亦是基本。

5. 表现"爆炸性"的方法

在表现时，忽视基本的陈列是危险的。若需将井然陈列的一部分加以某程度的变形，应设法利用 POP 广告、模特儿假人、色彩、小道具等。

6. 表现"快乐性"的方法

这种表现利用色彩、动态等方法最具效果。例如，将商品的色彩配置成彩虹般的效果，设法活用活动的 POP 广告。

二、陈列背景色彩的表现手法

商品的色彩、种类各式各样，因此，背景色彩的选择亦很困难，以下说明陈列背景色彩应有的方式。

1. 不要太显目

背景的色彩若比主角商品显目，商品就会变得不起眼。因此，背景色彩必须比商品色明度（明亮度）、彩度（鲜艳度）都低才行。

2. 不使用补色

如果背景的颜色与商品的色彩成补色时，双方色彩各有主张而成为强烈的刺激，因此不要使用补色。

3. 选择商品同系统的色调

为明确地显示商品的色彩，使用与商品同系统，且明度较低的色彩较易配合。

4. 一般使用寒色

在商品色彩多样的情形下,一般选择低明度、彩度的寒色为背景,乳白、象牙白、灰色等,较容易使用。

三、陈列装饰及配色手法

1. 明度顺序与色相(色调)顺序的配色

某商品群若只有白、灰、黑等无色彩时,则依照白色、淡灰色、清灰色、黑色等,按明度顺序排列较好。此外,若是有色彩、各种色相(色调)的商品时,则从红色,依色相环的顺序来陈列,看起来较具美感与亮丽感。

2. 同色配色

不依照色相环的顺序陈列,而仅以蓝色为中心,收集同色的配色情形。这种方法会对喜欢该色的顾客产生相当大的魅力,陈列效果也大。但是,如果仅用相同的颜色则显得太单调,因此,选择其中一两项商品的对照色来陈列,就可带来变化的效果。

3. 类色的配色

色相环上相近的配色,因太相似的色彩组合而缺乏效果,尤其,低明度的商品组合与低彩度的商品组合,会给人庸俗的感觉。反之,高明度的组合会让人感到轻浮而模糊,这点要特别注意。

4. 类似色的配色

类色旁边的颜色(跳过类色的颜色)是类似色,如红与黄、青与紫等类似色的组合,就非常具有平均的配色效果。再者,不仅使用二色类似色,在其中间再加入类色,如"红、橙、黄"、"蓝、紫蓝、紫"等色彩组合,就能清楚地感觉。

5. 异色的配色

例如,"青和紫红"、"红和黄绿"等,在色相环上跳两格的色彩组合称为"异色"。这种配色是让人感到自然,容易接受的色彩组合。尤其"红、黄绿、蓝"或"橙、绿、紫蓝"等三色的组合,还有"黄、青绿、紫"、"黄绿、青、紫红"的三色异色配色法,给人以鲜明的印象。

6. 补色的配色

补色是色相环上相对位置上的色彩,因此色差大,互相强调各自的色彩主张。其中,"红和青绿"的补色让人感受热带的热情,"橙与蓝色"的补色给人以男性化的感受。还有"黄与紫蓝"的补色是给人明朗感觉的配色法。

7. 准补色的配色

"红与绿"、"蓝与黄"等,补色前面的"准备色",其配色成为非常华丽的组合。

8. 无色彩和有色彩的配色

无色彩与有色彩的组合情形最好是以"明度"为中心来进行配色。因此,明度

(明亮度)差距越大,越能有强烈的感受,能强调有色彩具有的感觉。明度相近,纯粹色彩的组合,能强调摩登的感受。

9. 象征季节的色彩

表现四季各种不同的感觉,让顾客进入联想季节效果,其色彩如下。

(1) 春——从"黄绿"联想到嫩草,"粉红"联想到樱花与桃花。

(2) 夏——从"蓝"联想到天空与海洋,"绿"易给人树的印象。

(3) 秋——从"黄色"联想到明月与稻穗,"米黄"联想到枯草,"茶色"联想到土地。

(4) 冬——从"红色"联想到圣诞节,"白色"联想到雪景,"灰色"联想到雪空等。

不仅此例,在"春季",以柔和明媚的色彩表现春天拜访的喜悦、"夏季"炎热的季节,因此对照强烈的配色较为适合,"秋季"是空气澄静、果实成熟的时期,以丰富的色彩表现,"冬季"则以忘却寒冷的"温暖"色调,来表现较为合适。如表8-2所示。

表8-2 表现季节的色彩

季节	颜色	联想	色彩的效果
春	黄绿 粉红 淡黄	嫩叶、嫩草 桃花、樱花	晦暗的冬天过去了,春季来临,融和柔和归媚的感觉来表现较好,此外,最好用明亮柔和的颜色
夏	蓝 水蓝 绿	海洋、云 天空、水 叶、草原	对比强烈的配色比较符合季节,因此,调和明度、彩度皆高的色彩,另也可以寒色系为主
秋	黄 米黄 茶	月 枯草 土地	空气澄静、果实成熟的季节,稳重、丰富感的色彩较好,紫、紫红、鲜绿也不错
冬	红 白 灰	圣诞节 雪 云、雪空	因为是寒冷的季节,所以使用暖色较好,一般来说大多使用彩度低的颜色,为强调重点则使用纯色较具效果

第七节 商品陈列的位置设计

一、商品布局与陈列

有关陈列区商品的区分:

上段:轻、小商品,利益商品,给人看的商品。

中段：差别化商品,高价位商品,高利益商品。

下段：廉价商品,高回转率商品(特别是将特价品放在下段最具效果),大型商品,重的商品。

将特价品放在下段贩卖一定要挂POP,以提示消费者。

二、商品面积分配

要根据不同的目标导向(卖场导向、盈利方向)决定哪些类型商品占有较大陈列面积。以连锁超市为例,一般面积分配如表8-3所示。

表8-3 连锁超市具体面积分配比例

商品部门	面积比例(%)
水果蔬菜	10～15
肉食品	15～20
日配品	15
一般食品	10
糖果饼干	10
调味品与南北货	15
小百货与洗涤用品	15
其他用品	10

三、商品位置配置

位置配置是指连锁企业卖场的不同位置该摆放什么商品,以大型商店为例,一般来说各层货位的布局规则如下：

地下层多设置顾客购买次数较少的商品,如家具、灯具、装潢材料、车辆、五金制品等。

一层的设计原则是保证客流的通畅,宜布置挑选性不强、包装精美的轻便商品,如食品、土特产、化妆品、药品、日用品、箱包、服饰等。

二层、三层的设计原则是气氛庄重,宜布置挑选性强、价格较高而且销售量大的商品,如男女服装、纺织品、家用电器、钟表、珠宝首饰等。

四层、五层可分别设置多种专业性柜台,如床上用品、文具、书籍、眼镜、照相器材等。

六层以上宜设置需要较大存放面积的商品,如电器、乐器、运动器械、工艺美术品等。

商品位置配置好,应该画一张商品配置图,以零售业为例,一层楼只需要一张。这是为了进行输出,以便将来拷贝。如表8-4所示。

表8-4 大型连锁商店各层商品配置

层 数	配 置 原 则	经营商品类别
一层	宜布置购买频率高、选择商品时间相对较短的商品	化妆品、针织品、内衣、灯具、羊毛衫等
二层、三层	宜布置商品选择时间较长、价格稍高一些的商品	服装、鞋帽、纺织品、眼镜、钟表等
四层、五层	运用综合配套陈列方法来布置多种专业性的柜台	床上用品、照相器材、家具、餐具等
六层以上	宜布置购买频率相对较低、存放面积较大的商品	彩电、组合音响、电脑、运动器材等

在连锁企业中,连锁超市的布局又不同于大型连锁商店,通常消费者到连锁超市购物顺序是这样的:

蔬菜水果——→畜产水产类——→冷冻食品类——→调味品类——→糖果饼干——→饮料——→速食品——→面包牛奶——→日用杂品。这种去超市购物上的习惯世界各国几乎都呈一致,因此超市商品位置的配置可按图8-6所示。

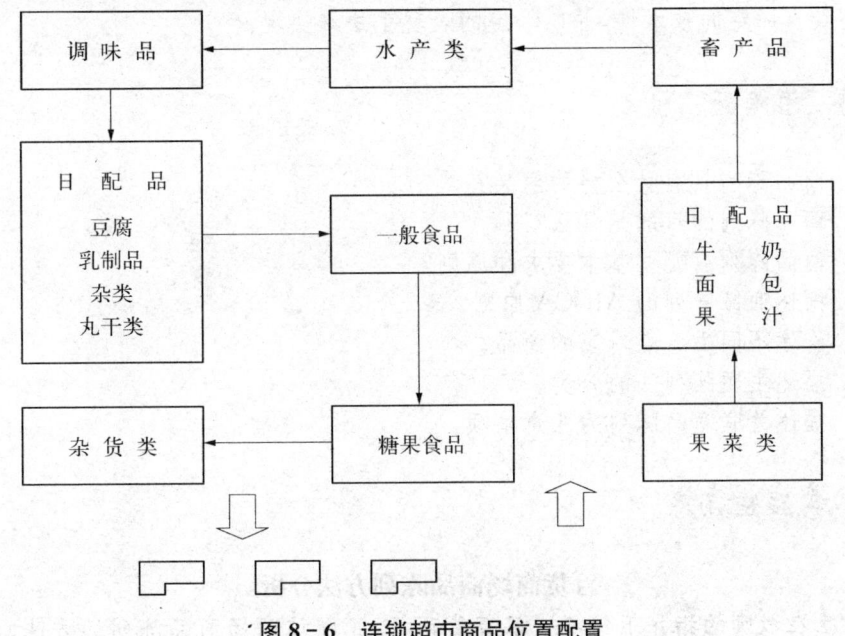

图8-6 连锁超市商品位置配置

本 章 小 结

商品陈列,是指通过运用一定的技术和方法摆布商品,展示商品,创造理想购物空间,从而达到吸引顾客进店和激发购买欲望的一项工作。好的商品陈列能让消费者在最短的时间内找到它,从而选购自己喜欢的商品,不但能提高产品的销售额,还能吸引客流,也能让消费者产生购买欲,能够提升品牌知名度,可以给消费者一个良好的印象,即使这次不购买,也能让其留下深刻印象。商品陈列井然有序,可以减少过多的库存,减少不必要的补货,从而降低库存成本。

商品陈列要求商品分类要明确、充分利用有效陈列范围、要有合理的陈列位置、把互有影响的商品分开设置。同时应遵循以下原则:"先进先出"的陈列原则、可获利原则、陈列点原则、吸引力原则、商品搭配原则、易见易取原则、商品陈列的卫生和整洁原则、商品陈列的放满原则。

商品陈列的基本类型有横向陈列和纵向陈列,横向陈列是把同类商品按水平方向陈列。纵向陈列是指同类商品从上到下地陈列在一个或一组货架内,顾客一次性就能轻而易举地看清所有的商品。

商品陈列的方法包括磁石点陈列方法、分类陈列法、主题陈列法、盘式陈列法、岛式陈列法、突出陈列法、黄金段位陈列法、端头陈列法和量感陈列法。同时,商品陈列还具有一定的技术性,并以一定的表现手法来实现。

思考题

1. 商品陈列具有什么样的意义?
2. 商品陈列的目的是什么?
3. 商品陈列有哪些基本要求和原则?
4. 简述商品陈列的 AIDCA 原则。
5. 论述不同磁石点对应的商品。
6. 描述主题陈列法的分类。
7. 描述关联商品陈列的注意事项。

实践应用

百货商场商品陈列方法分析

学生在教师的指导下锁定一家百货商场,了解该商场商品陈列的方法、特点、优点和缺点,根据本章教学内容,把调查结果写成分析报告。

评价指标	具体评价	得 分
报告内容全面		
语言符合专业要求		
逻辑思路		
实践性		
对专业的理解		
合 计		

教师对不同项目小组实训各项指标进行评价打分,每项指标分值最高为20分,最低为0分,最后合计为本次实训成绩。

第九章　商品促销

1. 了解和掌握促销的概念和类型。
2. 掌握促销商品的选择。
3. 了解促销流程。

【引导案例】

J 超市的品类管理

　　A城J超市，当地最大的连锁零售企业，在该城开店9家，无人可比，为业界翘楚。但是由于长期对单品没有进行严格的管理，造成了门店单品过盛，货架资源严重匮乏，使店面和采购都感受到压力。同时，大量的单品由于滞销，占用大量流动资金，资金链稳定性随时面临着考验。

　　针对此情况，公司自去年初来逐步推进品类管理，优化卖场资源，加强商品管理，实行严格的对各个品类的单品数量进行限额，每月进行末位淘汰，对新品进店实行一进一出制度。一年的时间下来卖场商品的陈列面大了，采购手里的滞销品少了。可是大家突然发现进店客流有所下降，虽然客单价提升了，营业额变动不大。但是毛利率降了很多，也就是说，没有原来赚钱了！

　　有位资深采购对这种情况的分析是，都是品类管理惹的祸！因为，在进行品类管理的过程中为完成品类单品指标，删减了很多低交易额的二三线品牌的商品，这些商品均是高毛利的，而保留下的高交易额的一线品牌商品，毛利少得可怜，甚至平进平出，仅仅依靠年终返利维持。这套洋东西在国内目前的市场状况下有些水土不服，要么不用，用的话也得来点中国特色！采购的理解对吗？J超市何去何从？

第一节 促销概述

商品促销是商品管理中的重要环节。大多数零售商和供应商都将促销活动作为增加销售量的重要手段。据统计,零售业在促销上的花费已达到销售额的15%左右。但是大多数促销活动都没有达到供应商和零售商的预期,不少促销活动甚至是低于成本在运作。大量的低效率促销活动的存在迫使供应商和零售商开始追求促销的质量而不是数量。

一、促销的定义

促销是指企业利用各种有效的方法和手段,使消费者了解和注意企业的产品,激发消费者的购买欲望,并促使其实现最终购买行为的活动。促销的实质是信息沟通。企业为了促进销售,把信息传递的一般原理运用于企业的促销活动中,在企业与中间商和消费者之间建立起稳定有效的信息联系,实现有效的信息沟通。

促销优化是商品管理中非常重要的组成部分。按照ECR的概念,品类管理与促销的关系是:"促销战略与每一个品类的需求和商业目的一致。优化促销是指选择要促销的具体品类,制定促销周计划、实施促销并对促销进行定量分析。"该概念要求零售商和制造商企业内部以及企业之间要信息共享,以充分理解促销成本及作用,使促销的效率最高。

在优化促销方面,主要包括三方面的优化:① 从品类优化的角度选择促销商品;② 从货架优化的角度选择促销终端;③ 以促销优化提高销售效率、减少反应时间。

零售商往往在每个季度会同供应商的品类经理一起对促销活动进行分析和回顾。品类经理会希望供应商提供符合零售商形象和市场地位的促销计划。

商品促销往往通过广告的方式发布给消费者。零售商往往会在不同门店的商圈范围内进行海报的发放,将信息传递给大群消费者。也可以通过不同的媒体进行信息的发布。例如:电视、广播、报纸、杂志、海报和网络。每个不同的广告方式可以将促销的信息有限地传播出去。无论如何,是否真的有效,必须对销售数据进行分析,来决定目标客户群体。一旦选择了目标消费者群体,就可以选择到达目标消费者的广告媒介。例如:网络是一种很好地可以将信息发布给年轻消费群体的媒介。

二、促销的类型

连锁企业(以超市卖场为例)的促销方式通常有如下几种。

1. 优价促销办法

优价促销办法，就是将商品以低于正常的定价出售。其运用方式最常见的是特价拍卖、折扣优惠、淡季促销等。由于办法简单，因此在商场或超市促销活动中，应用得最为广泛，一般最常见的降价优待有下列三种。

（1）节庆大优待。在新店开业、逢年过节或周末，将部分商品或全部商品打折销售，吸引顾客购买。

（2）库存大清仓。换季商品或库存较久的商品、滞销品等，都会以大降价的方式来促销。

（3）设置特价区。在商场超市内设定一个区域或一个陈列台，销售特价商品。特价商品通常是应季大量销售的商品或为过多存货，或为快到保质期，或为外包装有所损伤的商品。这就需要掌握并且不能鱼目混珠，把一些变质损坏的商品卖给消费者，否则，会引起消费者的反感，甚至会受到消费者投诉。

2. 新品上架

新的商品会带来新的市场需求，如何让顾客从不认识到认识，进一步到对此商品产生需要或欲望，到最后顾客花钱购买来满足自己的需要和欲望。这就需要卖场配合一定的活动，新品上架的促销活动较为多样化。

3. 限时特价销售

限时特价销售是指在某一段时间部分商品以一个特别的价格销售。特价的价格一般比正常的价格便宜10%以上，做特价的商品多为顾客日常必需的畅销品。限时特价的目的是要刺激顾客购买更多的商品，进而让顾客感觉本店的商品便宜，维持卖场在顾客心目中的价格形象。选择限时特价的商品应注意以下事项。

（1）选择销售排行前20%的商品的同类商品。此类商品是有潜力进入销售排行20%的商品。商品的品质优良，只是暂时没有得到顾客的认识。在进行适当的促销时此类商品会很容易进入销售排行的前20%。

（2）选择在销售排行前20%的畅销商品。只有这类商品在做限时特价销售时，对顾客的吸引力较大，能够销售出更多的商品，达到促销的目的。

（3）选择毛利率高过同类商品平均毛利率水平的商品，避免做促销时因商品的毛利太低而拖累商场超市的整体毛利率。

（4）不可选择品质有问题的商品做促销，否则会给顾客造成不好的影响，有损商场超市的品牌形象。

4. 竞赛办法

竞赛是融动感性和参与性为一体的促销活动，用比赛来凸显主体或是介绍产品，除了可打响商品的知名度以外，更可以增加销售量，如喝啤酒比赛等。此外，还可举办一些竞赛性质的活动，如歌唱比赛等，除了可热闹卖场之外，也可借此增加消费者的话题,加深消费者对商场超市的印象。

5. 派送赠品

赠品是刺激顾客购买的一个较有效、直接的方法。一般是顾客在卖场购物达到一定金额或数量即可到指定的地点领取一件礼品。此类赠品多为不适合和商品进行捆绑销售的,可以和销售商品没有关联性。此类赠品的派发多在卖场外面进行,顾客凭购物小票领取。选择此类促销商品的注意事项如下。

(1) 此类活动目标顾客群以家庭主妇和儿童较为有效,所以在选择商品时应针对家庭主妇和儿童的需求,在选择赠品同时也应注意对家庭主妇和儿童的吸引力。新上市的商品可以通过派发免费的试用装商品,达到让顾客直接了解商品的目的,以促进销售。

(2) 赠品可配合各项其他活动同时进行,增加促销的效果。

(3) 利润丰厚的商品,利用赠品在不影响毛利的同时仍然可以做到提高销售的目的。

(4) 价格敏感的商品,在不需要调整商品的售价的情况下,利用派送赠品来达到促销的目的。

(5) 由于商品和派发赠品是分开进行的,就需要有其他的广告形式配合,如店内广播、店内POP等,让顾客知道这种商品有派发赠品的活动。

6. 免费品尝、免费试用办法

即在商场超市卖场设专人对进卖场的消费者免费赠送某一种或几种商品,让消费者现场品尝、使用。这种促销方式通常是在连锁店统一推出新产品时或老产品改变包装、品味、性能时使用这种方法。目的是迅速地向顾客介绍和推广产品,争取消费者的认同。例如,许多商场超市设置的美容专柜,免费为愿意试用新品牌化妆品的顾客进行美容。国外连锁店的香水柜台也常常进行免费试用。推销小姐穿着与香水包装的颜色完全一致的服装,无论走近哪一个香水柜台,推销小姐都会让你免费试用,喷在手上或头上并赠送一个香水卡。上面有所售香水的香型、颜色,由顾客选择所喜爱的品种。

7. 返还和优惠券

返还和优惠券的方法一般在节假日期间使用较多。节假日期间顾客在商场超市一次性购物达到某一金额时,即可凭购物小票到服务台领取一定金额的返还现金或购物优惠券。在使用返还和优惠券的促销方法时,应注意:代币券和优惠券应注明有效期限,一般将有效期限都设在节假日内,产生销售的连续增长。优惠券,指商场超市卖场发放的,持券人在指定的地点购买商品时享受折价或其他优惠的凭证;代币券的印刷数量应做记录并且编号,所有发出的代币券及对应的购物小票也应登记编号,供财务人员核对;发放代币券时要有最少两个部门以上的人员在场,避免发放错误和出现漏洞。

(1) 优惠券的促销目标如下:① 提高某一品牌在同类产品中逐步下降的市场占有率;② 扭转产品或服务销售全面下跌的局面,当然,若产品已到滞销期,则优惠券也无力挽救其衰落的趋势;③ 抵制竞争品牌在同一市场的促销手段;④ 提升消费者对滞销的成长类商品品牌的兴趣度;⑤ 协助增强弱势品牌递降的销售利益。

(2) 优惠券促销的优缺点。① 优惠券促销的优点有:刺激消费者试用;扭转消费偏好;较快地显示出促销效果;增大既有顾客购买量;鼓励顾客试用老品牌的新产品;增强推销人员信心。② 优惠券促销的缺点是:活动效果不易预测,因此在确定优惠幅度时难免出现过高或过低的问题;误兑不可避免,从而产生费用过大,影响促销效益的问题;对新产品、知名度低的产品促销效果不佳,消费者不会为了优惠券而买一个不了解的产品;部分优惠券有可能在很长时间后才来兑换,因此影响实施整体促销计划。

(3) 优惠券的兑换过程中应注意以下几点。

一是避免误兑。方法有:优惠券价值不宜过高;优惠券设计应不易仿造;优惠券兑换方法说明应明确清楚;一种商品在商场超市的普及率达50%之后才可使用优惠券促销;使用优惠券时,先在局部测试,然后再在大范围区域内开展优惠券促销活动。

二是统计优惠券兑换率的高低。影响优惠券兑换率的因素主要有:优惠券的设计与表现;优惠券递送方式;优惠券的优惠额度;消费者对商品的需要程度;消费者的品牌认知度和忠诚度;品牌的经销能力;品牌的新旧程度;使用地区范围;竞争品牌的促销活动;商品自身的等级等。

三是优惠券的印刷。最好以四色印刷优惠券,以使仿造者不愿花较高成本去伪造,除非优惠券的价值非常大。

(4) 优惠券的制作设计主要包括优惠额度、文字、格式、功能等方面。

一是优惠额度的设计。在确定优惠券的优惠额度时,要根据多方面的因素综合考虑,主要有:促销产品的种类和单位价格;促销品牌在市场上的知名度和信誉;企业促销目标;目标市场上消费者的收入水平;竞争者产品的价格和促销策略。

二是优惠券文字设计。这主要包括的内容是:促销主题;优惠的额度、范围和时间期限;兑换的地点或经销店;具有说服力的介绍;发券企业、店名、地址和咨询电话。

三是优惠券的格式。要求首先是使传达的信息准确明了,然后再考虑其艺术感。内容要求简单、清楚,切忌用"优惠××元"字样,字体大小要有区别,优惠的钱数或比例应用大号字,说明可用小号字,同时也应明显地注明有效日期。

四是优惠券功能设计。主要有：宣传功能，即把有关商场超市和其商品的信息也印在券面上，起到宣传作用；方便功能，即指不论在何种媒体上登载的优惠券都要能方便、容易地被取下，以提高兑换的可能性。

(5) 优惠券递送方式设计。

一是直接送予消费者。优点是：可以有效地对准目标顾客群，发放范围可大可小；接收率高，重复发放可能性小；兑换率较高。其缺点是：分送成本较高。作为弥补方法，现在很多企业常常采用联合邮寄优惠券的方式，即由数家非竞争性的企业或业务有关联的企业联合邮寄优惠券，邮资由参加者分摊，从而降低分送费用。

二是借助商品发送。这主要是把优惠券放在包装上或包装内，其优点是：不必支付优惠券的发放费用；对商品购买者的促销效果很好；有利于突出卖点的商品形象。其缺点是：利用商品包装散发优惠券，其促销作用仅局限于现有的使用者，而对吸引新的消费者试用却无能为力；包装上印制优惠券，往往不容易摘取；包装内放置优惠券，常被第一次购买者忽略。

三是利用特殊渠道发送优惠券。① 将优惠券印在收银机开出的发票背面、印在商场的购物袋上及冷冻食品的包装袋上等。其优点是：方便灵活、多种多样，便于顾客取得。其缺点是：不便于管理和统计。② 借助媒体散发。可以借助报纸散发，其优点是：花费成本低，选择性大，易针对不同商品和服务选择不同的报纸刊登，送达速度快。缺点是：容易误兑，兑换率低。也可以借助杂志散发，如广告页上优惠券，插页式优惠券。其优点是：发送费用低，容易引起顾客注意，针对性强。缺点是：杂志周期性强，不利于短期性促销拉动，容易受地区性限制，地区性杂志更是如此。

8. 展览和联合展销

商场超市邀请多家同类商品厂家，在所属卖场内共同举办商品展销会，形成一定声势和规模，让消费者有更多的选择机会，也可以组织关照自己商品的展销，如多种节日套餐销售等。在这种活动中，通过各厂商之间相互竞争，促进商品的销售。

9. 集点赠送

想吸引消费者持续购买，并提高品牌忠诚度，集点赠送是一种非常理想的促销活动方式。即设计一些带有连锁超市或企业形象标识的小礼品，如钥匙链、小卡通玩具等，在新店开业或消费者购买一定数量商品时免费赠送。这样相当于做了一次广告宣传。此促销活动的特色是：消费者要连续购买某商品或连续光顾某商店数次后，能累积一定积分的点券，再报以兑换赠品或折价购买。因此，要吸引消费者以集点券，赠品的挑选相当重要，一定要具有吸引力才行。此外，集点的期间是否太长等,都是必须注意的重点。

10. 分红

累积一定的消费额,即可于某特定时间获得该累积消费额的一定比例作为回馈红利。分红方式通常是一个长期的持续性的活动,而非短暂的促销。

11. 以旧换新

商场超市与厂家联合,对本卖场出售的某种商品以旧换新,新旧差价较大的,可由顾客补交一定数额的价款。这种方式不仅刺激了消费,加速了商品的更新换代,而且提高了连锁店和品牌的市场占有率,不失为促销的一种良策。但这种方法的运用有一定的局限性,只有那些与厂家关系密切的商场超市才能使用。

(1) 以旧换新促销的优缺点:① 优点。有助于树立产品的品牌形象;能有效地刺激顾客的购买欲望;有利于商家启动市场,扩大销售额;有利于拓展新的市场。② 缺点。费用相对较高;商品种类限制大。以旧换新促销一般只适用家庭耐用消费品。产品价格比较低,使用寿命又很短的商品,就不适宜搞以旧换新。

(2) 以旧换新促销的形式:① 以任何品牌的旧产品换本企业的新产品,差额补齐。这种形式的主要目标是为了扩大产品的销售额,厂家和商家都可以采用。② 以本商场超市的旧产品换本商场超市的新产品,差额补齐。这种形式的主要目标是为了巩固企业的老顾客,发展新客户,建立顾客对品牌的忠诚度,联络顾客与商场超市的感情,本质上是对老顾客的一种回报。

(3) 以旧换新促销应注意的问题。

一是旧商品的折价标准。现在商场超市卖场所采取的做法,大多是不论品牌、使用年限、新旧程度,一律统一折价,搞"一刀切"。这种折价办法往往在一定程度上挫伤顾客参与活动的积极性,尤其是那些手头旧货尚比较新的顾客。因此,在条件允许的情况下,还是应当确立不同的折价标准,以区别对待新旧程度不同、原有价格不同的旧货。

二是旧商品的折价幅度。要根据企业的目标、促销预算以及商场上竞争产品的情况来科学制定折价幅度,使企业既扩大了商品的销售,又能保证一定的盈利。

三是促销活动的时间性。以旧换新活动在什么时间开展,是长期开展还是定期开展,这些都要精心策划,关键是要根据促销效果来进行交易上的测算,如果得不偿失,就应停止以旧换新促销活动。

12. 消费信贷

以延期收款和分期收款的形式向消费者推销商品。这种方法可以促成支付能力有限又有消费愿望的消费者购买。它适用于库存过多的高、中档商品的推销。

13. 廉价包装

在一定数量的商品中,使用简易包装,标明折价率。这种方法由于降低了包装费用,既可以使商场超市避免损失,又可使消费者得到实惠,同时也利于介绍商品。廉价包装一般要标明具体价格,这样可以防止提价转手,以维护商场超市卖场的正常销售。

14. 示范、表演促销操作标准

对于经销的新产品或重点销售的商品,在商场超市卖场较显眼的地方摆放,或做使用示范表演,激发顾客兴趣,达到促销目的。

(1) 示范要集中在商品的主要优点或顾客主要需求方面,如一些卖手表的专柜,为了向顾客说明手表防水性能好,将表浸放水中,然后交顾客检验。

(2) 示范表演应给人以新颖感,不要总是重复老一套,新颖可以有效地引起顾客注意,刺激顾客购买欲望。

(3) 要在使用中做示范,或让顾客参加示范,效果更加明显。

(4) 要帮助顾客从示范中得出正确的结论。

15. 提供附加服务及积分卡

(1) 提供附加服务。这是指顾客在购买商品的同时享受到该商品所能提供的附加服务,如顾客在商场超市购买猪肉可享受免费绞肉馅的服务。

(2) 积分卡或积点兑换。此类促销可以选择某类商品或一种商品,也可以是全公司的商品。做法是顾客购物额达到某一水准时给予点券或在积分卡中记录,当点券的数量或积分卡的积分达到一定的数量时,可换取奖品、商品或作为购物时的折扣金额。此种方式不直接打折,但对顾客有一定的优惠,可以维护商品的形象和价格。

16. 抽奖活动

抽奖活动是指在商场超市购物达到一定的金额时,凭购物的小票参加抽奖的活动。这种活动可以是商场超市自己组织的,也可以是由供应商组织的针对商品的活动。当抽奖的奖品价值很高时会给商场超市带来巨大社会效应。抽奖活动应注意以下事项。

(1) 高价值的奖品应注明奖品的所有权或使用权等法律问题,如果是使用权应注明使用年限。

(2) 由企业出部分经费,或由厂商赞助,或由赞助团体(如行业协会)提供奖品或费用等配合活动。

(3) 奖项不能太少,让参与活动的大部分顾客都能从活动中体验到乐趣。

(4) 奖品的价值要有吸引力。

(5) 广告宣传要配合,让顾客知道卖场举行的活动内容和细节。

(6) 注意活动中的细节,安排要合理,让顾客有公平的抽奖机会。

17. 现场展示

现场展示是针对一些新上市的商品或顾客不了解的商品,为了让顾客能更直观地认识商品的功能或口味,由促销人员在现场进行功能演示或试吃活动。

(1) 现场演示的优点。方式灵活、针对性强,促销人员和顾客面对面交谈,能随时掌握顾客的反应,及时调整对策,通过促销人员的言词、声音、形象、动作或样品、图片等,达到说服顾客的目的;及时成交,现场展示促销的直接性,大大缩短了从促销到顾客购买的时间间隔;反馈信息,由于促销人员的现场展示是一种双向信息交流的过程,促销人员在与顾客的交往过程中,能够收集所需的市场信息,有助于企业改进产品和市场营销战略、战术。

(2) 现场演示注意事项。现场演示的商品选择应该是顾客不熟悉、不了解的商品。选择时的考虑应该是强调商品的功能或口味很独特的食品;现场演示位置安排后,应注意演示现场的安全性。

18. 商品展销办法

商品展销办法通过商品集中展览陈列,方便消费者选购,吸引消费者购买,促进卖场商品销售。商品展销可以采取下列方法。

(1) 区域性商品展销。由零售企业与有关区域企业协商议定,开展区域性商品展销。

(2) 季节性商品展销。即通过购进应季应节的各式商品,借以吸引顾客,提高企业季节期间的市场占有率。如迎"十一"商品展销、"秋季服装展示会"等。

(3) 以名优商品为龙头的展销。通过购进知名度较高的系列化商品作为骨干商品,辅以企业原有库存商品,开展名优商品展销活动,一方面增加销售额,另一方面可以减缓库存压力。

(4) 商品展销促销法的主要优点:① 提高企业或商品的知名度;② 在展销期间,企业的客流量和商品销售量均有不同程度的增加;③ 通过展销可以"以新带旧"、"以畅带滞",有助于企业缓解或消除商品积压,使企业库存结构趋于合理化。

应当指出,有效的商品展销必须保证展销的商品适销对路,对消费者具有吸引力,否则不会大幅度增加销售量。必须有科学的展销预算,预测支出与收益比率,防止得不偿失。

19. 赠送包装

赠送包装与"派送赠品"不同之处就是它的赠品是和商品捆绑在一起销售的。让顾客很容易发现,在售卖的效果上要比"派送赠品"直接。选择赠送包装的要注意如下事项:

(1) 赠品和商品要有关联性,如洗洁精绑送百洁布、咖啡送咖啡杯等。

(2) 选择赠品时要考虑到所选的赠品是否适合与商品捆绑在一起售卖,捆绑一定要牢固,不会轻易松开。

(3) 有些在包装里面送的赠品应注意几点:首先在外包装上明显的地方要注

明包装里有赠品。

三、促销商品的选择

促销商品的主要目的是建立零售商的平价形象，增强竞争优势，促进销售等。因此在考虑商品组织结构合理性的原则下，品类经理应根据不同的促销时段、促销主题、促销目的，选取需要参加活动的商品。品类分析及品类优化是选择促销商品的依据，根据品类分析的结果，确定参加促销的商品群，根据品类优化的要求，确定促销商品的主次。

顾客的基本需求是能买到价格合适的商品，所以促销商品的品项、价格是否具有吸引力，将影响促销活动的成败。

1. 一般促销商品可选择的种类

(1) 节令性商品：季节性商品或者特定时段的商品。例如，夏季沙滩玩具、充气玩具，冬季滋补食品、火锅食品、调料等。开学前（通常为每年3月、9月）零售商可针对学习文具品类进行主题促销。

(2) 敏感性商品：敏感性商品一般属必需品，市场价格变化大且消费者极易感受到价格的变化，如鸡蛋、大米。选择这类商品作为促销商品，在定价上不妨稍低于市面价格，就能很有效地吸引更多的顾客。

(3) 众知性商品：众知性商品一般是指品牌知名度高、市面上随处可见、容易取代的商品，选择此类商品作为促销商品往往可获得供应商的大力支持，门店的促销活动与大众传播媒介的广泛宣传相结合，如化妆品、保健品、饮料、啤酒、儿童食品等。

(4) 特殊性商品：主要是指超市自行开发、使用自有品牌、市面上无可比较的商品，这类商品的促销活动主要应体现商品的特殊性，价格不宜定得太低，但应注意价格与品质的一致性。

(5) 新商品：新上市的商品，需要一定的促销支持打开市场。通常这类促销会有供应商的促销支持。

(6) 库存较大的商品：存在库存压力的商品需要考虑加入促销清单。

(7) 供应商提供促销支持的商品，如有赠品、买一送一等。

(8) 与其他品类促销可以结合的商品。

(9) 以往促销业绩良好的商品。

2. 商品经理在选择促销商品的时候应考虑的问题

(1) 选择的促销商品是否易于树立企业形象？

(2) 选择的促销商品是否能够吸引人潮，促销价格是否有优势？

(3) 选择的促销商品是否有足够的毛利空间，可以达到公司要求？

（4）如果毛利过低，是否可以结合其他关联性促销商品，弥补毛利损失？

（5）所选促销商品是否库存充足？

（6）所选促销商品是否适宜在门店摆放或者展示（如户外用品太阳伞等）？如果不适合，如何解决？

（7）竞争对手在该品类中选择了哪些促销商品？

通过以上因素的综合考虑，得出最终的促销商品清单，同时可以进行其业绩指标的回顾。

第二节 促销流程

促销是品类管理中最重要的战术之一，也是效率最需要提高的战术之一。提高促销的成功率除了明确促销目标、了解高效促销的评估标准，还需要清楚促销的设计流程和逻辑思维过程，如图 9-1 所示。

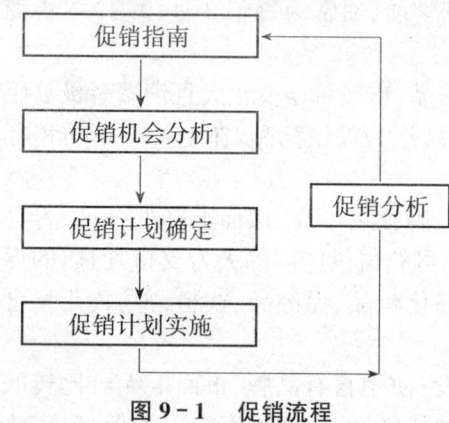

图 9-1 促销流程

一、促销指南

促销指南是指在设计促销前需了解的一些基本信息和原则，包括供应商的促销策略、零售商的促销计划、品类角色和品类策略等。

1. 供应商的促销策略

随着中国零售环境的变化，供应商对不同业态零售商的服务和策略也有所改变，具体表现在对大卖场、超市、现购自运、便利店等会提供不同的产品和促销品。对某些足够大的零售商，供应商甚至会提供客户化的营销方案。但对同一业态的零售商，大部分供应商会采用相同的促销方案。所以，对零售商而言，必须清楚供应商某季度、某月有什么样的促销安排。

2. 零售商的促销计划

每个零售商都有自己的全年促销计划或某时间段的促销计划。家乐福等大型零售商甚至在年初就会和主要供应商分享自己的促销计划并寻求供应商在促销商品上的支持。例如，1月份第一档海报的主题是快乐新年，第二档海报的主题是欢乐派对，2月份第三档的主题是漂亮主妇……供应商根据零售商的促销主题提供促销单品建议，零售商整合所有供应商的建议后形成自己的促销选品方案。

3. 品类角色

品类角色不同,促销的要求也会不同。对目标性的品类,可以选择较多的品种进行促销,以强化目标性品类的形象和其对消费者的吸引力。而目标性品类内部,也需要进行细分,例如头 30% 的单品有更多的促销机会。便利性品类没有必要经常促销,如书籍、CD、鲜花等很少会被零售商选做海报商品。品类角色与促销的关系如表 9-1 所示。

表 9-1 品类角色与促销

目标性	常规性	季节性/偶然性	便利性
高频率	一般频率	按季节/时间需要	较少促销
多种方式	多种方式	多种方式	

4. 品类策略

品类策略不宜经常变动,建议每年回顾一次,每半年进行一次微调。品类策略是目标,促销是实现品类策略的方法之一。所以,在设计促销前,采购人员和相关供应商都应该有一致的目标,即清晰的品类策略,产品的选择和促销方式都应为品类策略服务。例如,洗发护发品类的策略是提高系统性购买,即鼓励消费者买洗发水的同时购买护发素。促销时就应考虑如何实现这一策略,是否在每次促销时都尽量考虑到洗发水和护发素的关联性,是否尽量将洗发水和护发素同时在堆头上陈列等。

二、促销机会分析

促销机会分析是利用以往促销数据,寻找目前和未来的促销机会。促销机会分析包括三个方面:商店的机会、客户的机会和品类的机会,如图 9-2 所示。

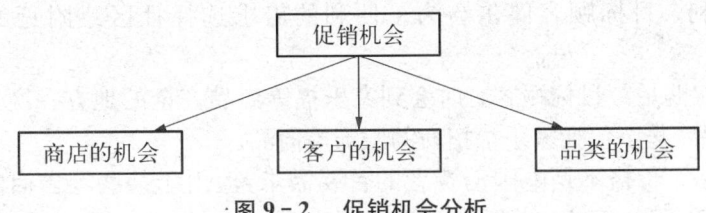

图 9-2 促销机会分析

商店的机会和客户的机会都是零售商总体策略层面的研究,只有品类的机会属于品类层面。对于品类经理,了解商店总体策略是非常必要的。如果他不理解商店的目标,在品类上的各种策略和操作很可能与商店南辕北辙,造成品类间的内耗。

1. 商店的机会

商店的机会是指整个商店目前的目标和发展方向以及商店的强项弱项分析。不同零售商处于不同的发展阶段,其机会点也很可能不同,有些零售商的机会在于增加客流量,有些零售商重点在提升客户忠诚度。而达到目的的方法很多,零售商需要根据自己的优势和劣势来选择自己的营销策略。例如,沃尔玛的优势在于低成本和高效的供应链。为了提升顾客忠诚度,沃尔玛可以采用以天天低成本为基础的天天平价策略。而另一零售商不具备沃尔玛的优势,但在生鲜方面做得非常好,独有的蔬菜生产基地和定点采购系统确保了该零售商生鲜的鲜度与低成本。该零售商便可以通过强化与消费者息息相关的生鲜品类来提升顾客对整个商店的忠诚度。

2. 客户的机会

顾客是上帝,但并非所有的顾客都是上帝。分析客户机会的目的就是找出真正的上帝,即目标顾客。在众多的顾客中,有些是偶然购物者,即他们偶然路过商店或听说商店有吸引自己的某种产品的时候才会来购物,这部分消费者可能每年只会来商店几次。而有些顾客每周或每两周都会来购物一次,将他们的大部分消费花在该商店。这些顾客就是我们要寻找的忠诚顾客群,即目标顾客群。据统计,吸引一个新的顾客要比保持一个旧的顾客多花费 5 倍的投入。因此,明确目标顾客是非常重要的。当确定了促销受众以后,商店的促销才能做到有的放矢、箭无虚发。

在中国,由于市场竞争的激烈和购物者的成熟度不够,商店的忠诚度普遍偏低。据 AC 尼尔森公司调查,80%的中国购物者会选择 3 家以上的零售商购物。零售商的平均忠诚度不到 10%。那么,商店的目标购物群为什么还会选择其他商店购物呢?零售商的促销方法能否强化他们在本店的购物呢?通常来讲,消费者同时会选择其他商店购物的理由有如下几种:便利、一次够足、价格、布局、质量/可信度、服务、情感等。

(1) 便利。目标顾客偶尔会为了便利的需求选择社区或附近的商店进行购物。

(2) 一次购足。目标顾客有时会到家乐福等商品齐全的地方一次性购买一两个星期的商品,甚至包括家乐福招商的服饰等商品。

(3) 价格。价格不是中国消费者的首要需求,但由于某些零售商的周年庆等大型促销活动,目标客户也会前往购物。

(4) 布局。购物在中国同时也被当成一种娱乐、一种放松心情的方法。所以目标顾客有时愿意选择购物环境好的地方,如百佳、伊藤洋华堂等。

(5) 质量/可信度。尽管中国的大卖场、超市越来越多,百货公司的超市仍然有一定的市场。除了顺带购买,其商品的可信度也是一个重要的因素。例如,百货公司超市的奶粉价格往往高于超市,但某些消费者愿意多花费一些钱来换取"放心"。

(6) 服务。消费者对某些商品有购买以外的需求,如免费染发、免费送货上门等。一袋米从大卖场搬回家比较辛苦,而小区内的超市虽贵1~2元钱,但可以免费送到家。这一服务会吸引部分目标顾客偶尔转换购物场所。

(7) 情感。由于生日贺卡或其他某种经历,消费者会对某家商店产生一定的感情。即使不太方便,也会偶尔选择这个商店购物。例如,生活在广州的北京人对开在广州的北京王府井有深厚的感情,为了一包炸酱面的干黄酱会选择某周末去王府井购物。

知道了目标顾客为什么同时还去其他商店购物,零售商就可以采取一定的营销手法来满足他们的需求,从而避免他们转换购物地点。另外,零售商还必须了解造成目标顾客偶尔转换购物商店的因素的比例。虽然客观上不可能要求目标顾客百分之百地只在本商店购物,但是如果转换的比例逐步在升高,零售商就有失去目标顾客的危险,需要引起重视。

3. 品类的机会

通过品类评估可以清楚地知道品类的机会点在哪里,是应该增加消费者拜访次数,还是应该增加消费者每次购买量?是牙膏次品类的销售有问题,还是牙刷次品类低于市场的增长?是牙刷的促销频率太低,还是消费者需要改变对牙刷购买频率的看法?……知道品类的机会后,还需分析促销的机会,即过去的哪些促销活动和操作方法能帮助解决品类的问题。在分析促销机会时,还需要考虑品类的促销敏感性,适合该品类的促销方式,品类中适合做促销的单品。这里主要说明品类的促销敏感性。

不同的品类对促销的反应是不同的。通常来讲,消费量增加机会大的品类促销弹性较高,消费量增加机会小的品类促销弹性较低。例如,食品的敏感性通常比杂货要高。同时,还需考虑品类对消费者的重要性。同是食品,熟食、包点、饮料对消费者的重要性会高于巧克力、薯片和曲奇饼。对消费者越重要的品类,其促销的敏感性会越强。例如,促销饮料所带来的销售增长会高于薯片促销所带来的销售增长。促销品类消费量增加机会高的品类,可以触发消费者的使用从而带来品类消费量的增长,所以销售量增加的空间相对较大。而品类消费量增加机会低的产品的销售量主要来自对竞争对手生意的拦截和消费者因促销而进行的库存囤积。多数促销会带来消费者在品牌间的转换,所以销售量增加的空间相对较小。

三、促销计划确定

目前,很多零售企业的促销很盲目,没有太多的计划性。企业的促销活动有的是根据以往的经验判断,认为应该在某个时间搞促销,有的时候则完全由于对手的一些举措而临时决定。不论是凭经验还是根据对手情况的临时决定,不少促销活动都有盲目的成分。这样盲目的促销活动并不能真实反映促销的效果,而且不能使企业利益最大化。促销必须要有明确的目的和整体安排。

促销是通过提供给购买者正常销售外的附加利益来刺激购买者需求的,所以促销总是要付出一定代价的,促销也必须要求相应的回报,比如企业希望1元钱的促销费用要产生15元的销售收入。不过,不同的促销活动对投入产出的要求不同,也不完全体现在销售收入上,作为促销活动的设计者必须对某次促销目的有清晰的认识,才好确定具体的促销目标。总之,每一次促销活动都要有明确的目的和清晰的目标,这样才能有效地设计促销活动,才能对促销的效果进行评估。

企业的促销活动必须根据年初制定的策略有整体的安排,大约投入多少资源进行促销?大约在哪个时间段进行?要留出多少资源来应对意外的变化?要安排多少资源用以扰乱竞争对手?具体说来,规划促销可从以下几个方面来考虑:

1. 根据产品本身的销售规律,以促销实现淡季和旺季的平衡

不少产品都有淡旺季的区别,比如空调、电扇、杀虫剂等。强烈的淡旺季落差会使企业生产能力、资金调度难以协调,而且销售人员旺季忙死、淡季又闲死,所以需要利用促销来尽量平衡淡旺季。具体的做法可以通过在淡季给予经销商较为优厚的销售政策,吸引经销商帮助分担库存压力和提前打款,也可以进行适度的反季节销售来刺激消费者的购买热情。

另外,我国幅员辽阔,不同区域气候相差极大,淡旺季的时间差也非常明显。企业要学会利用这样的时间差,在销售政策的制定上显示出必要的灵活性。在处于淡季的时候,对于仍处旺季的区域给予特殊的政策和资源支持,提升其占总销量的比例,从而平衡公司的销售节奏。

2. 在重要的时间段造势,帮助提升品牌影响力

在我国,重要的节庆是零售市场的旺季,但并不是每一种商品在节庆日都旺销。这些日子,消费者购买热情高涨,常常会有意识地去搜集各种促销信息。这个时候即使不是本企业产品的旺季,也可以开展一些促销活动来吸引消费者的注意力,为消费者日后选择本企业的产品打下基础。

另外,像企业的纪念日、产品生产总量达到某一数字的日子都是开展促销的时机,这个时候开展促销的目的并不仅仅是提升销量,还是为了让消费者更多地了解企业,相信企业的实力,这个时候往往是"促销之意不在量"了。这个时候与其说是在"促销",不如说是在进行"推广",而且这个时候没有其他企业进行类似的活动,也比较容易吸引消费者的眼球。

3. 配合新品推出的促销活动

不断地推出新品是企业得以长久发展的基础,因为新品最终会替代老品成为

企业收入的主要来源。相当多的企业对于新品上市不太重视，悄无声息地就上市了。有的企业十分重视新品上市，希望通过大力度的促销来帮助消费者尽快认识和接受新品。以这样的指导思想来设计促销，往往局限在买赠、品尝、试用等常规做法。从更深的层次考虑，将新品高调推出除了让消费者尽快购买之外，还包括以推出新品为契机宣示企业的理念、目标和研发实力。企业在新品上市时策划大力度的促销行为，实际上是企业整体推广策略的一部分，这时为迎接新品上市进行的促销活动就不仅仅是增加销量了。所以，这些更深的企图还必须让企业的营销人员理解。促销策划人员也必须善于从更高的眼光来安排促销活动。

4. 根据对手的促销活动，有针对性地安排促销活动给予阻击

有时候，竞争对手采取的促销活动取得良好的效果，形成了好的销售势头，我们必须紧急采取对应行动给予阻止。这种情况会经常发生，有些营销人员只习惯于按照预先的安排行事，对突发的变化不敏感，或者看到对方的活动，但由于事先没有预案，一时拿不出有力的反击，仓促中搞了针对性的活动却效果不明显。在市场竞争中，不是主动就是被动，只有时时掌握主动才能游刃有余，业绩提升。这也要求营销人员熟悉各类不同的促销活动，能够很快拿出应对方案。

另外，企业在进行促销规划的时候，要留有部分预备资源在关键的时候使用。而且企业必须意识到，任何严密的计划都有不足之处，同时也必须设想一旦出现了最不愿意看到的情况该如何应对的预案，只有做好了各种准备，才不会在突如其来的变故前手足无措。

5. 打乱对手的销售节奏，冲击对手的市场

孙子兵法中强调"水无常形，兵无常势"。同样的道理，市场竞争也没有绝对的东西。竞争对手会按照某类产品常规的销售规律来操作市场，我们就可以反其道而行之，把对手搞得别扭。比如，在西南市场上彩虹的电蚊香片一直占有主导地位，2004年华东某品牌突然以大力度促销强行冲击西南市场，彩虹的市场份额很大，如果跟随其采取同样的大力度促销，则要付出极大的代价。在彩虹的举棋不定中，市场份额被大量蚕食，华东某品牌在西南市场的知名度急速提高，2004年在西南市场虽然没有挣钱，却为2005年的销售打下了良好的市场基础。

促销是企业整体营销策划中的重要一环，企业必须全盘规划，使整个促销活动相互衔接，形成整体的力量，避免为了促销而促销，把每次促销搞成单个的互不关联的活动。营销人员必须牢记，整体性和目的性是策划出成功促销活动的两个基本点。

四、促销计划实施

1. 促销计划实施需做的工作

当商品经理经过分析、预测，完成其促销计划后，并不意味着对促销的管理结

束。商品经理要跟踪该促销计划到真正得以实施。这个部分，往往被一些商品经理所忽视，觉得计划完成后，门店自然可以按计划执行，而实际上存在着多重的沟通问题。如何将计划变成消费者真正可以感知的促销信息和促销活动还需要付出很大努力。例如：采取 DM 海报、店内 POP、导购进场、堆头/端头出样等多种方式。但实际上实施的效果却会由于一些细节问题而造成影响。例如：海报如何设计得清晰明了，突出重点，吸引消费者是需要零售商考虑的问题。

要保证促销方案的实施必须做好下列工作：各环节都应明确责任部门及责任人；忠于促销方案实施促销；重视团队协作。

团队协作对计划实施的成功是非常重要的。如果各个部门不相互交流、沟通，不对其行动进行协调，没有任何计划会顺利完成。只有团结协作，才能使购买者和公众看到促销所创造的公司形象的一致性和连贯性。

同样，在促销实施中，会牵涉不同的部门，整体的协同性需要得到相应的提高。除了以上的海报、POP 等制作的细节，还需要考虑到门店促销的空间位置的限制、促销位置的影响、门店促销调整的人员限制、促销期的订货和配送、促销员是否可以按时进场，甚至还会牵涉供应商的付款。所以，品类经理在做完计划后还需要和不同的部门进行良好的沟通，在促销的前期、中期和后期，品类经理都需要定期查看不同的进程和每个部门的沟通反馈。

2. 促销实施时应注意的工作重点

（1）与供应商进行谈判：与供货商确定促销商品的促销价格、促销数量。

（2）促销商品组织：促销商品的订货、进货、仓储、物流配送准备。

（3）货架优化及相关的陈列方法：货架空间的规划、促销商品的上架陈列及搭配商品的选择。

（4）促销宣传品与促销：DM 的设计、制作、发放，POP 的制作、悬挂。

（5）相关人力资源管理：促销人员的准备。

3. 促销事中评估

在促销活动开始后，商品经理还需要协助市场部门进行促销中期评估，通常称为事中评估。事中评估就是在促销活动进行过程中对其效果进行评估。评估方法是消费者调查。调查内容分三个方面：

（1）促销活动进行期间消费者对促销活动的反应，可以通过现场记录来分析消费者参与的数量、购买量、重复购买率、购买量的增幅等。

（2）参与活动的消费者结构，包括新、老消费者比例；新、老消费者的重复购买率，新消费者数量的增幅等。

（3）消费者意见，包括消费者参与动机、态度、要求、评价等。

综合上述几方面的分析，就可大致掌握消费者对促销活动的反应，客观评价促销活动中期的效果。

五、促销分析

每次促销活动结束后,对活动进行回顾和评估分析,可以使商品经理了解活动存在的不足之处。因为商品经理要保证促销活动按计划、高效率地进行,保证促销工作长期开展下去,所以,对每一次促销活动都要进行评估,从而总结经验,寻找不足之处,为改进促销工作提供依据,同时发现促销结果和预测之间的差距,也为企业今后的促销工作提供宝贵的经验。

促销效果评估的基本方法分为三种:前后比较法、市场调查法、观察法。下面列举了三种方法的具体内容。

1. 前后比较法

将开展促销活动之前、之中和之后三段时间的销售额(量)进行比较来测评效果。这是最常用的消费者促销评估方法。促销前、促销期间和促销后商品的销售量变化会呈现出多种不同的情况,说明促销产生了不同的效果。

(1) 初期奏效,但在促销中期销售就逐渐下降,到结束时,已恢复到原来销售水平。这种促销冲击力强,但缺乏实质内容,没能对消费者产生真正的影响。主要原因可能是促销活动缺乏长期性、策划创意缺乏特色、促销管理工作不力。

(2) 促销期间稍有影响,但促销后期销售低于原来水平。这是促销出现后遗症,这说明由于商品本身的问题或外来的其他因素,使该品牌的原有消费者构成发生动摇,而新的顾客又不愿加入,从而在促销期满后,销量没有上升。其中主要原因可能是促销方式选择有误,主管部门干预,媒体协调出现问题,消费者不能接受,竞争者的反攻生效争夺了大量消费者。

(3) 促销期间的销售情况同促销前基本一致,但促销结束后又无多大变化。这说明促销无任何影响,浪费促销费用。这种情况说明该品牌基本上处于销售衰退期。主要原因可能是企业对市场情况不熟悉,促销方式缺乏力度,信息传播方式方法出现问题,商品根本没有市场。

(4) 促销期间销售有明显增加,且促销结束后销势不减或略有减少。这说明促销明显,且对今后有积极影响,这种促销方式对路。促销商品的市场销量上升,增加的原因是由于促销对消费者产生吸引力。在促销活动结束后的一段时期内,称为有货消耗期,消费者因消耗在促销期间积累的存货而没有实施新的购买,从而商品销量在刚结束的时候略有下降,但这段时间过后,商品销量比促销前上升,说明促销取得了良好的效果,使商品的销售增加。

2. 市场调查法

这是一种零售企业组织有关人员进行市场调查分析确定促销效果的方法。这种方法比较适合于评估促销活动的长期效果。它包括确定调查项目和调查法的实施方式两方面内容。

(1) 确定调查项目。调查的项目包括促销活动的知名度、消费者对促销活动的认同度、销势增长(变化)情况、企业形象在前后的变化情况等。

(2) 市场调查法的实施方式。一般来说,采用的方法是寻找一组消费者样本和他们面谈,了解有多少消费者还记得促销活动,他们对促销的印象如何,有多少人从中获得利益,对他们今后的品牌选择有何影响等。通过分析这些问题的答案,就可以了解到促销活动的效果。

3. 观察法

这种方法是通过观察消费者对促销活动的反应,从而得出对促销效果的综合评价。主要是对消费者参加竞赛与抽奖的人员、优惠券的回报率、赠品的偿付情况等加以观察,从中得出结论。这种方法相对而言较为简单,而且费用较低,但结论易受主观影响,不是很精确。

4. 评估促销效果阶段需要注意的事项

(1) 评估周期。效果评估应采取单次评估与中期评估相结合的方式。随着客户消费时的选择日益理性、信息传播的滞后等原因,当月组织实施的促销即使在活动结束之后几个月仍然能够发挥一定的销售促进作用。同时,促销活动的负责人能够在一定程度上控制促销结果,如压货等,非常容易造成销售上升的假象。因此,在实施效果评估时,建议采取短期、中期相结合的方法,这样才能使效果评估更加合理、公平。

(2) 促销费用的计算。① 很多企业在计算促销费用时往往没有计算上级下拨的赠品,如礼品、宣传物品等。这将使促销费用失真,不能反映促销费用的真实效果。② 有部分客户在促销期内购进较大数量的商品,由于滞销或其他私人原因,容易出现退货现象(尽管大部分企业在实施促销时都会注明不允许退货),因此,建议除加强控制外,应根据历史经验预提退货损失,并将其列入促销费用。③ 促销活动的关键在于事前计划、费用预算、事中控制。效果评估只是用于对活动结束后的总结,目的是为以后开展促销活动提供借鉴的经验与教训。

(3) 促销分析。目前促销分析采取的方式是单品分析,即只对一个商品进行促销效果分析,将促销的单品收益与促销费用进行对比,从而评估本次促销是否有效。但是这种方法存在非常大的问题,因为促销常采取降价,甚至低于进价的方式,如果按照单品分析的方法,会形成促销越多,损失越大的情况。

单品促销往往会造成一个品种商品毛利的损失,但是会带来相关商品或企业整体的旺销,促销的整体效益会大大提高,如果采取单品分析的方法,就无法发现这种现象。由于采用单品分析的局限性,必须按照品类管理的要求,重新确定促销分析的标准及指标。根据国外的经验，促销分析的根本，就是要采取综合分析的方法，使促销的结果得到全面的评估。

5. 促销分析方法

（1）对于单品分析，必须采用阶段性的综合分析方法，找出促销及促销频度对于销售的贡献，不应该采取只看某一段时间的销售额、毛利额。

（2）采取品类分析的方法，对于单品进行销售额、毛利、周转率、成本的综合加权分析方法。

（3）对于单品进行"聚客"分析，从而确定促销是否有效，一般建议采用 PI 值的方法。所谓 PI 值，是 purchase index 的简称，即"购买指数"。日本的定义是："某商品的顾客人气度"，也可以说是"聚客指数"。这是一个表示顾客购买数量的销售实绩，不是每个人，而是每千人的销售数量、金额的指数。PI 值有两个指标，一个是购买指标，一个是金额指标。主要用于以下场合：不管店铺规模，而比较单品销售；在同一店铺的不同星期、客人数不同时比较商品单品的实绩；卖价不同而比较商品单品；将某一品类的商品进行个别比较。

（4）进行关联性分析。① 要分析关联商品的支持度及可信度，从而找出商品的关联性。该指标可以清晰地揭示商品是否存在关联关系，以及可信度有多大，限于篇幅，不进行详细阐述。② 在进行相关分析时，要找出商品的搭配关系，一般来说，会存在两种搭配关系，即不同品类的搭配关系，比如"啤酒与尿布"。同一品类的搭配关系，比如"陪衬人"关系。

（5）在进行促销成本分析时，不能采取单品、单批次的分析，必须采取阶段性、综合品类分析的方法，使促销的收益在整体上得到全面评估。

（6）分析促销价格与促销结果的关系，找出"价格—销售量"的曲线及品类对于价格的弹性度，为今后促销价格的制定提供依据。

（7）分析促销与货架的关系，找出最佳促销货架组合。

（8）分析促销手段，与促销的关系，找出最适合某个品类的促销手段。

本 章 小 结

商品促销是品类管理战术中的重要环节。促销是指企业利用各种有效的方法和手段，使消费者了解和注意企业的产品，激发消费者的购买欲望，并促使其实现最终购买行为的活动。促销的实质是信息沟通。连锁企业卖场的促销方式通常有多种。促销商品的主要目的是建立零售商的平价形象，增强竞争优势，促进销售等。品类分析及品类优化是选择促销商品的依据，根据品类分析的结果，确定参加促销的商品群;根据品类优化的要求,确定促销商品的主次。

促销是品类管理中最重要的战术之一,也是效率最需要提高的战术之一。提高促销的成功率除了明确促销目标、了解高效促销的评估标准,还需要清楚促销的设计流程和逻辑思维过程。

1. 优化促销包括哪些方法?
2. 什么是集点赠送?
3. 促销效果评估的基本方法包括哪些?
4. 促销商品有哪些选择?
5. 规划促销可从哪些方面考虑?
6. 促销效果评估有哪些方法?

促销商品设计

学生按教师指导选择达到一定规模的、方便到达的大卖场,对大卖场服装销售区域进行考察。

所有同学一起对大卖场各销售区域所销售的商品进行大致考察,每个同学选择一个主题,以这个主题为核心,选择促销商品,并进行相应的促销方案设计。最终提交一份分析报告。

大卖场服装品类考察分析报告评价表

评价指标	具体评价	得分
报告内容全面		
语言符合专业要求		
逻辑思路		
实践性		
对专业的理解		
合计		

教师对每位学生实训各项指标进行评价打分,每项指标分值最高为20分,最低为0分,最后合计为本次实训成绩。

第十章　商品库存管理

1. 掌握库存以及库存的作用。
2. 理解 ABC 库存管理法。
3. 学会库存盘点的必要性和盘点方法。
4. 了解具有供应链管理思想的 VMI 等库存管理法。
5. 了解连锁企业库存补货策略。

【引导案例】

一个店长的库存管理

当店长理解"库存管理"对企业发展的重要意义的时候，也能更好地承担起库存管理工作，因为这在很大程度上能起到缓解并获取资金的目标。

大多数连锁企业都有连锁店库存管理的要求，考核周转率、周转天数、缺货率等。很多店长其实不明白，为什么要有这个指标？有时因为不是很理解这些，造成很多店长在执行管理要求的时候，没有抓牢或者不够重视。

零售人都清楚，企业的现金流对零售企业至关重要，因为连锁零售业是微利企业，不能再过多承担额外成本，而很多店长可能还不明白：任何资金的使用都是有成本的，而店长承担的库存管理工作在很大程度上起到了缓解并获取资金的目标。

很多连锁企业都要求店长进行库存管理，常用的管理指标是库存周转天数（库存周转天数＝库存金额÷日均销售）。在不影响销售、不影响顾客购物感受的前提下，库存周转天数越小越好，因为库存周转越快，除了能够更多地获取利润外，更重要的是替零售企业换取更多的现金。为什么这么说呢？

采购和供应链签署的供货协议里约定了付款的账期天数,账期天数乘以供应商销售占比的累加数就是连锁店的加权账期,加权账期与连锁店库存天数的差异就是现金流的差异表现。我们举例来算一笔账。

一家店年销售 36 500 万元,毛利 10%,库存周转天数 30 天,加权账期 35 天。

$$加权账期-库存周转天数=35-30=5(天)$$

这个数值如果是正数,比如 5 天,说明连锁店通过管理,占用了供应链 5 天的现金,这些现金是多少呢?

$$5\times(36\ 500\div365)=500(万元)$$

去掉 10% 的毛利,我们占用供应商的资金数值就是 450 万元。这个数值只要连锁店能够保持管理水准,那么就意味着只要连锁店持续经营,这些资金永远不需要还,而且永远是免息的!如果这家企业有 5 家这样的店,按照目前开店成本,那就意味着企业通过店长的努力,能够贡献出免费开一家新店的资金。而如果这些钱是通过银行贷款获取的话,至少有 6% 以上的贷款利息,那么一年的贷款利息就要 150 万元。

这也只是仅仅从开店角度去考虑,如果这个企业有 200 家这样的连锁店,而店长都能够很好地控制库存天数,在加权账期基本稳定的前提下,这 200 家连锁店贡献给企业的免息资金为:

$$450\times200=90\ 000(万元)$$

9 亿元的贷款年利息大概是 5 000 万元以上。如果这个企业把这些通过管理而结余的现金短期融给急需流动资金的一些供应商,再收取合理的回报,那么店长的一个日常工作行为所带给公司的利益是非常巨大的。

一个店长,绝对不只是一个简单操作者,必须要有基本的思考能力,因为店长要管理一家连锁店,要管理一个大小不一的团队,团队的工作需要店长来带领和安排,一些日常事务如果店长不能够充分领会工作的价值和意义,那么这项工作可能会流于形式。当店长理解"库存管理"对企业发展的重要意义的时候,我相信,任何影响库存的因素,包括订货、退换货、商品结构等,都会成为店长极其关注的事情。

在这样理解的基础上,再来谈如何能够做好库存管理,才能更好地说服店长把每一项细小的工作踏踏实实地做好。

第一节　商品库存管理的内容系统

一、库存的概念

库存是指处于储存状态的物品或商品。有关库存的问题并非始自今日，回顾对库存概念的理解会有助于了解库存管理。第一期是"库存为企业的财产"的时期。在这个时期，企业产品种类少，库存易于管理，企业竞争也几乎没有，生产出来的产品也都畅销，产品没有积压，企业管理的瓶颈在于生产的低成本和销售点的配置。第二期是"库存为企业的墓场"的时期。由于库存过剩，库存商品要占用资金、发生库存维持费用，并存在库存积压而产生相关成本，如存货损失成本、缺货成本（延迟订货成本、销售丢失成本），其中缺货成本是一种机会成本，所以说库存为企业的墓场。后来，又出现了"零库存"的概念，这是一种特殊的库存概念。它的含义是以仓库储存形式的某种或某些种物品的储存数量为"零"，即不保持库存。不以库存形式存在就可以免去仓库存货的一系列问题，如仓库建设、管理费用、存货维护、保管、装卸、搬运等费用，存货占用流动资金及库存物的老化、损失、变质等问题。

在传统的采购模式中，采购的目的很简单，就是为了补充库存，即为库存而采购。采购部门并不关心企业的生产过程，不了解生产的进度和产品需求的变化，因此采购过程缺乏主动性，采购部门制定的采购计划很难适应制造需求的变化。

在供应链管理模式下，采购活动追求的"零库存"是以订单驱动方式进行的，制造订单是在客户需求订单的驱动下产生的，然后制造订单驱动采购订单，采购订单再驱动供应商。这种准时化的订单驱动模式，使供应链系统得以准时响应客户的需求，从而降低了库存成本、提高了物流的速度和库存周转率。供应商就能很快地将物资在较短的时间内交给客户。当客户需求发生改变时，制造订单又驱动采购订单发生改变。在这样一种快速的改变过程中，如果没有准时的采购方法，那么，供应链企业将很难适应这种多变的市场需求。因此，准时化采购增加了供应链的柔性和敏捷性，体现了供应链管理的协调性、同步性和集成性，它保证了供应链的整体同步化运作。

二、库存的功能和弊端

（一）库存的功能

连锁企业之所以保持库存，是因为商品的供应与需求在时间上存在着矛盾，在零售企业的经营过程中存在着不确定性因素和连锁企业需要降低经营成本等缘故。如果没有库存，连锁企业将无法从事正常的经营活动。因此，库存在连锁企业的经营过程中具有以下四项功能。

1. 时间性功能

任何商品在到达最终消费者之前都要经过较长的生产和流通过程。从原材料的采购，物品的生产到成品的流通都需要时间。而每一位消费者都不愿意等待如此长的时间。如果企业保持有库存，就可以缩短甚至消除消费者等待的时间，满足消费者的需要。商品的生产周期越长，流通条件越差，库存保持的时间就越长。

2. 分离功能

库存的分离功能是指库存可以把本来相互衔接、相互依赖的各环节分离开来，使每一环节都能以最经济的方式进行。比如，企业的经营过程中，商品的采购环节与各分店的销售是相互连接、相互制约的两个环节。如果没有库存，企业的销售必须按照采购环节的节奏进行，采购环节也必须根据企业的销售节奏进行采购。但是，企业如果保持有商品的库存，就可实现两者的分离，采购环节按照最经济的数量和最合适的时间进行采购，企业销售也可以按照正常的节奏进行。

3. 不确定因素的缓冲功能

在企业的经营过程中，经常会遇到各种意外事件，比如，企业商品的需求量超过了预测的需求量，或订货的前置时间超过了预测的前置时间。在这种情况下，如果企业的配送中心没有保持足够库存，各连锁分店将会发生缺货现象，影响正常经营，造成销售利润和企业信誉的损失。因此，库存具有不确定因素的缓冲功能。

4. 经济性的功能

经济性功能是指库存可使企业利用成本进行方案的选择。库存的存在使得企业能够按照经济数量去进行商品的采购，而不必考虑销售的波动情况。对于波动较大或季节性的商品，库存可使其经营保持均衡，从而降低成本。

但是这些库存的作用是相对的。客观来说，任何企业都不希望存在任何形式的库存，无论原材料、在制品还是成品，企业都想方法降低库存。

(二) 库存的弊端

(1) 占用企业大量资金。

(2) 增加了企业的产品成本与管理成本。库存材料的成本增加直接增加了产品成本，而相关库存设备、管理人员的增加也加大了企业的管理成本。

(3) 掩盖了企业众多管理问题，如计划不周、采购不利、生产不均衡、产品质量不稳定及市场销售不力。用比较形象化的比喻来说，这就好像高海水位掩盖了海水下的礁石，但如果海水退去，这些礁石就暴露出来了，容易造成触礁事故。这可以用图 10-1 把它形象地表示出来。

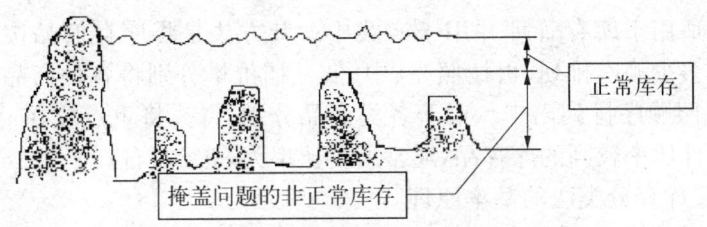

图 10-1 库存掩盖了大量的管理问题

三、库存的分类

库存管理是企业经营管理需要而对计划存储、流通的有关物品进行相应的管理,如对存储的物品进行接收、发放、存储保管等一系列的管理活动。

库存的分类方法有很多种,以下从几种角度来看库存的分类:

(1) 按价值划分,可分为贵重物品和普通物品,如库存 ABC 分类法就属于按价值分类的方法。

(2) 按物品在企业的产品成型状态划分,可分成原材料库存、半成品库存以及产品库存。

(3) 按库存物品的形成原因(或用处)划分,可分成安全库存、储备库存、在途库存和正常周转库存。① 安全库存是为了应付需求、制造与供应的意外情况而设立的一种库存。例如,原材料供应的意外,有时会因为供应商可能发生的生产事故、原材料采购意外等造成材料供应短缺,因而要对一些材料设立安全库存;产品销售的不可预测性,也要存储一定量的成品库存;预防本企业生产发生的意外情况,设立半成品的安全库存量等。② 存储库存一般是企业用于应付季节性市场采购与销售情况,如采购困难、材料涨价、销售旺季等。③ 在途库存是由于材料和产品运输而产生的库存量。④ 正常周期库存是指一般用于生产等企业经营需要而产生的库存,如按生产计划采购的物资等。

(4) 按物品需求的相关性可分为独立需求库存和相关需求库存,独立需求库存是指某一物品的库存量和某些物品有关,存在一定量与时间的对应关系。

企业要针对不同的库存物品类别,采取不同的库存管理策略。

第二节 库存管理技术

一、库存重点分类管理方法

该方法起源于 1897 年的帕累托分析。1951 年,美国通用电器公司的迪基发现该规律也适用于库存管理并用于实践中。其方法是将库存商品按当年的消费（销售）额的多少顺次排列，再按照高、中、低三档价格分别将各种商品累计金额和累计品种按照顺序排列出来。对于各类产品分别对待，将重点放在 A 类货物（即占消费额累计比率较高的库存品，通常所占比率为 80％左右）。

1. ABC 库存分类法的基本原理

ABC 库存分类法的基本原理是：由于各种库存的需求量和单价各不相同，其年耗用金额也各不相同。那些年耗用金额较大的库存，由于其占压连锁企业的资金较大，对企业经营的影响也较大，因此需要进行特别的重视和管理。ABC 库存分类法就是根据库存的年耗用金额的大小，将库存划分为 A、B、C 三类。A 类库存品：其年耗用金额占总库存金额的 75％～80％，其品种数却占库存品种数的 10％～20％；B 类库存品：其年耗用金额占总库存金额的 10％～15％，其品种数占总库存品种数的 20％～25％；C 类库存品：其年耗用金额占总库存金额的 5％～10％，其品种数占总库存品种数的 60％～65％。

2. ABC 库存分类法的实施步骤

连锁企业对其库存实施 ABC 分类的步骤如下：

（1）搜集数据。连锁企业在对库存进行分类之前，首先要搜集有关库存的年总需求量、单价以及重要度的信息。

（2）处理数据。利用搜集的各种库存的年总需求量、单价，计算出各种库存的年耗用总金额。

（3）编制 ABC 分析表。根据已计算出的各种库存品的年耗用总金额，把库存品按照年耗用总金额从大到小进行排列，并计算累计百分比。

（4）确定分类。根据已计算的年耗用总金额的累计百分比，按照 ABC 分类法的基本原理，对库存品进行分类。

（5）绘制 ABC 分析图。将上述的分类结果，在曲线图上表现出来。

3. ABC 库存管理准则

连锁企业在对库存进行 ABC 分类之后，便应根据企业的经营策略对不同级别的库存进行不同的管理，以便有选择性地对库存进行控制，减轻库存管理的压力。

A 类库存：对于这类品种少、价值高的商品，应当投入较大力量精心管理、严格控制，防止缺货或超储，尽量将库存量压缩到最低，并保持最高的服务水平，即最少 98％的库存可得性。按库存模型计算每种商品的订货量，按最优批量、采用定量订购方式订货，严密监视库存量变化情况，当库存量一降到报警点时便马上订货；库存进出库记录填写严格；对需求进行较精确的预测，尽量减少安全库存量。

B 类库存：这类库存品属于一般的品种。按经营方针调节库存水平，保持较高的服务水平，至少 95％的库存可得性。单价较高的库存品采用定量订购方式；其他的采用经济订货方式,可对若干商品进行联合统一订货,采用非强制库存系统较适合;库存检查较频繁,物品进出库记录填写比较严格,并保持较多的安全库存。

C类库存:对连锁企业的经营影响最小,对其的管理也最不严格。集中大量订货,以较高库存来减少订货费用,并保持一般服务水平,即大约90%的库存可得性;库存检查按年度或季度进行;简单填写物品进出库记录,多准备安全库存,减少订购次数,降低订货费用。

ABC的分类可参考表10-1。

表10-1 库存物品的ABC分类

类 别	占库存资金	占库存品种
A	大约80%	大约20%
B	大约15%	大约30%
C	大约5%	大约50%

4. ABC库存分类管理的作用

ABC库存分类管理可以减轻连锁企业库存管理的工作量。它把"重要的少数"与"不重要的多数"区别开来,从而可以取得以下作用:

(1) 压缩总库存量。

(2) 减少资金的占用。

(3) 使库存结构合理化。

(4) 节约管理力量。

5. ABC库存管理的注意事项

不能以耗用金额作为唯一的分类标准,还应考虑单价以及商品的重要程度。对于单价高的A类商品,应严格控制;对于单价较低的A类商品可按照B类商品进行库存管理。如果某项C类或B类商品的缺少会严重地影响连锁企业的市场形象,该项C类或B类商品必须进行严格的管理,强制进入A类。所以,在进行库存分类时不但要依据商品耗用金额,还要考虑库存单价及重要程度等其他因素。

二、库存的盘点

1. 库存盘点的必要性

在连锁企业的实际营运中,经常会出现库存账物不符的情况。如果对这种账物不符的情况缺乏监控,可能造成在经营时出现缺货,服务水平降低,并带来一系列不良的后果,如订单数量和顾客周转率的降低,取消订单情况的增加,库存及其成本的增加,供应渠道中重要库存的不均衡以及作废库存的增加,保险费和运输费用的增加等。

另外，连锁企业还可能严重低估人工成本和经常性成本，影响连锁企业利润报告的正确性，进而影响连锁企业计划的确定、绩效的测定以及市场反应能力的下降。因此，对这种库存账物不符的现象必须加以关注，库存的定期盘点就是解决这个问题的一种很有效的方法。

2. 库存账物不符的原因

产生库存账物不符情况的原因有很多。常见的原因有以下几种：

(1) 记录。例如，员工在进出库记录中出错。

(2) 交易错误。例如，进出库品种和数量错误。

(3) 货物自然损耗。例如，过期、报废等。

(4) 盗窃。盗窃引起的库存损失是很普遍的，可采取雇佣保安、封闭仓库、记录库存交易等方法来减少事件的发生。

(5) 盘点本身出错。

3. 库存盘点的方法

根据盘点的时间来划分，库存盘点的方法主要有定期盘点、不定期盘点和经常盘点三种。定期盘点是每隔一个一定的时段就对库存物资进行一次盘点；不定期盘点是指盘点的时间间隔不固定，根据需要进行盘点的方法；经常盘点是指不规定盘点时间的盘点方法，比较适用于汽车制造业、家电业等库存支出频繁，一次盘点需要时间较长，而其他正常业务又不能终止的情形。

连锁企业由于库存种类繁多，收发都比较频繁，一般用定期盘点的方法，并且应用最多的是定期 ABC 法。这种定期盘点方法的基础是有效的 ABC 分类。因为定期盘点的机制是根据预先确定的周期进行账物盘点，这种方法要求库存控制部门更频繁地盘点高价值或流动快的货物。相对而言，对价格低、流动慢的货物的盘点频率就低一些，定期 ABC 法的一个例子就是 A 类货物每月盘点一次；B 类货物每季度盘点一次；C 类货物每年盘点两次。盘点完成后，盘点清单需要复查。如果出现不符的情况，或者重新盘点库存，或者对库存价值账目进行调整。

由于目前一般连锁企业信息化水平都较高，所以盘点时都通过计算机来辅助盘点。计算机辅助盘点的一般程序如下：

(1) 生成盘点账存表。首先定义盘点品种，选择好盘点范围后按"生成"按钮，系统自动生成盘点账存表。

(2) 打印盘点单。在盘点单中包括的项目有：商品库位、所属部门、类别、商品编码、商品名称、经营方式、实盘数量及盘点日期。

(3) 盘点。盘点人员按照盘点单到指定库位清点商品，并将数量填入盘点单中实盘数量处。

(4) 盘点单录入/审核。

(5) 生成盘点盈亏表。

(6) 盘点记账。盘点记账是整个盘点确认的过程，这里还是针对有盘盈或盘亏的商品进行记账。记账后库存就发生了相应的变化。

三、VMI 库存管理策略

长期以来，流通环节中的零售商、批发商、供应商都保有库存，也各有自己的库存控制策略。由于库存控制策略不同，不可避免地产生需求的扭曲现象，即所谓的需求放大现象，无法使供应商快速地响应用户的需求。在供应链管理环境下，供应链的各个环节的活动都应该是同步进行的，而传统的库存控制方法无法满足这一要求。近年来，国外出现了一种新的供应链库存管理方法——供应商管理用户库存(Vendor Managed Inventory，VMI)，这种库存管理策略打破了传统的各自为政的库存管理模式，体现了供应链的集成化管理思想，适应了市场变化的要求，是一种新的有代表性的库存管理思想。

1. VMI 的基本思想

传统地讲，库存是由库存拥有者管理的。因为无法确切知道用户需求与供应的匹配状态，所以需要库存，库存设置与管理是由同一组织完成的。这种库存管理模式并不总是最优的。例如，一个供应商用库存来应付不可预测的或某一用户不稳定的需求，用户也设立库存来应付不稳定的下游需求或供应链的不确定性。虽然供应链中每一个组织独立地寻求保护其各自在供应链的利益不受意外干扰是可以理解的，但不可取，因为这样做的结果影响了供应链的优化运行。供应链的各个不同组织根据各自的需要独立运作，导致重复建立库存，因而无法达到供应链全局的最低成本，整个供应链系统的库存会随着供应链长度的增加而发生需求扭曲。VMI 库存管理系统就能够突破传统的条块分割的库存管理模式，以系统的、集成的管理思想进行库存管理，使供应链系统能够获得同步化的运作。

关于 VMI 的定义，国外有学者认为："VMI 是一种在用户和供应商之间的合作性策略，以对双方来说都是最低的成本优化产品的可获性，在一个相互同意的目标框架下由供应商管理库存，这样的目标框架被经常性监督和修正，以产生一种连续改进的环境。"

关于 VMI 也有其他的不同定义，但归纳起来，该策略的关键措施主要体现在如下几个原则中：

(1) 合作精神（合作性原则）。在实施该策略时，相互信任与信息透明是很重要的，供应商和用户（零售商）都要有较好的合作精神，才能够相互保持较好的合作。

(2) 使双方成本最小（互惠原则）。VMI 不是关于成本如何分配或谁来支付的问题，而是关于减少成本的问题。通过该策略使双方的成本都获得减少。

(3) 框架协议（目标一致性原则）。双方都明白各自的责任，观念上达成一致的目标。如库存放在哪里，什么时候支付，是否要管理费，要花费多少等问题都要回答，并且体现在框架协议中。

(4) 连续改进原则。使供需双方能共享利益和消除浪费。VMI 的主要思想是供应商在用户的允许下设立库存，确定库存水平和补给策略，拥有库存控制权。

精心设计与开发的 VMI 系统，不仅可以降低供应链的库存水平，降低成本。而且，用户还可获得高水平的服务，改善资金流，与供应商共享需求变化的透明性和获得更高的用户信任度。

2. VMI 的实施方法

实施 VMI 策略，首先要改变订单的处理方式，建立基于标准的托付订单处理模式。首先，供应商和批发商一起确定供应商的订单业务处理过程所需要的信息和库存控制参数，然后建立一种订单的处理标准模式，如 EDI 标准报文，最后把订货、交货和票据处理各个业务功能集成在供应商一边。

库存状态透明性（对供应商）是实施供应商管理用户库存的关键。供应商能够随时跟踪和检查到销售商的库存状态，从而快速地响应市场的需求变化，对企业的生产（供应）状态做出相应的调整。为此需要建立一种能够使供应商和用户（分销、批发商）的库存信息系统透明连接的方法。

供应商库存管理的策略可以分如下几个步骤实施：

第一，建立顾客情报信息系统。要有效地管理销售库存，供应商必须能够获得顾客的有关信息。通过建立顾客的信息库，供应商能够掌握需求变化的有关情况，把由批发商（分销商）进行的需求预测与分析功能集成到供应商的系统中来。

第二，建立销售网络管理系统。供应商要很好地管理库存，必须建立起完善的销售网络管理系统，保证自己的产品需求信息和物流畅通。为此，必须：① 保证自己产品条码的可读性和唯一性；② 解决产品分类、编码的标准化问题；③ 解决商品存储运输过程中的识别问题。目前已有许多企业开始采用 MRPII 或 ERP 系统，这些软件系统都集成了销售管理的功能。通过对这些功能的扩展，可以建立完善的销售网络管理系统。

第三，建立供应商与分销商（批发商）的合作框架协议。供应商和销售商（批发商）一起通过协商，确定处理订单的业务流程以及控制库存的有关参数（如再订货点、最低库存水平等）、库存信息的传递方式（如 EDI 或 Internet）等。

第四，组织机构的变革。这一点也很重要，因为 VMI 策略改变了供应商的组织模式。过去一般由会计经理处理与用户有关的事情，引入 VMI 策略后，在订货部门产生了一个新的职能负责用户库存的控制、库存补给和服务水平。

一般来说,在以下的情况下适合实施 VMI 策略:零售商或批发商没有 IT 系统或基础设施来有效管理他们的库存;制造商实力雄厚并且比零售商市场信息量大;有较高的直接存储交货水平,因而制造商能够有效规划运输。

四、联合库存管理

联合库存管理是一种风险分担的库存管理模式。该模式可以从分销中心的联合库存功能谈起。地区分销中心体现了一种简单的联合库存管理思想。传统的分销模式是分销商根据市场需求直接向工厂订货,比如汽车分销商,根据用户对车型、款式、颜色、价格等的不同需求,向汽车制造厂订的货,需要经过一段较长时间才能达到,因为顾客不想等待这么久的时间,因此各个推销商不得不进行库存备货,这样大量的库存使推销商难以承受,以至于破产。据估计,在美国,通用汽车公司销售 500 万辆轿车和卡车,平均价格是 18 500 美元,推销商维持 60 天的库存,库存费是车价值的 22%,一年总的库存费用达到 3.4 亿美元。而采用地区分销中心,就大大减缓了库存浪费的现象。分销中心就起到了联合库存管理的功能,分销中心既是一个商品的联合库存中心,同时也是需求信息的交流与传递枢纽。

从分销中心的功能我们得到启发,对现有的供应链库存管理模式可以进行新的拓展和重构,即采取联合库存管理的新模式。近年来,在供应链企业之间的合作中,联合库存管理就体现了战略供应商联盟的新型合作关系。

联合库存管理是解决供应链系统中由于各节点企业的相互独立库存运作模式导致的需求放大现象,提高供应链的同步化程度的一种有效方法。联合库存管理和供应商管理的用户库存不同,它强调双方同时参与、共同制定库存计划,使供应链过程中的每个库存管理者(供应商、制造商、分销商)都从相互之间的协调性考虑,保持供应链相邻的两个节点之间的库存管理者对需求的预期保持一致,从而消除了需求变异放大现象。任何相邻节点需求的确定都是供需双方协调的结果,库存管理不再是各自为政的独立运作过程,而是供需连接的纽带和协调中心。

基于协调中心的库存管理和传统的库存管理模式相比,有如下几个方面的优点。

(1) 为实现供应链的同步化运作提供了条件和保证。

(2) 减少了供应链中的需求扭曲现象,降低了库存的不确定性,提高了供应链的稳定性。

(3) 库存作为供需双方的信息交流和协调的纽带,可以暴露供应链管理中的缺陷,为改进供应链管理水平提供依据。

(4) 为实现零库存管理、准时采购以及精细供应链管理创造了条件。

(5) 进一步体现了供应链管理的资源共享和风险分担的原则。

联合库存管理的实施策略如下：

1. 建立供需协调管理机制

为了发挥联合库存管理的作用，供需双方应从合作的精神出发，建立供需协调管理的机制，明确各自目标和责任，建立合作沟通的渠道，为供应链的联合库存管理提供有效的机制。建立供需协调管理机制，要从以下几个方面着手。

(1) 建立共同合作目标。要建立联合库存管理模式，供需双方必须本着互惠互利的原则，建立共同的合作目标。为此，要理解供需双方在市场目标中的共同之处和冲突点，通过协商形成共同的目标，如用户满意度、利润的共同增长和风险的减少等。

(2) 建立联合库存的协调控制方法。联合库存管理中心担负着协调供需双方利益的角色，起协调控制器的作用。因此，需要对库存优化的方法进行明确确定。这些内容包括库存如何在多个需求商之间调节与分配，库存的最大量和最低库存水平、安全库存的确定，需求的预测等。

(3) 建立一种信息沟通的渠道或系统信息共享是供应链管理的特色之一。为了提高整个供应链的需求信息的一致性和稳定性，减少由于多重预测导致的需求信息扭曲，应增加供应链各方对需求信息获得的及时性和透明性。为此应建立一种信息沟通的渠道或系统，以保证需求信息在供应链中的畅通和准确性。要将条码技术、扫描技术、POS 系统和 EDI 集成起来，并且要充分利用因特网的优势，在供需双方之间建立一个畅通的信息沟通桥梁和联系纽带。

(4) 建立利益的分配、激励机制。要有效运用基于协调中心的库存管理，必须建立一种公平的利益分配制度，并对参与协调库存管理中心的各个企业（供应商、制造商、分销商或批发商）进行有效的激励，防止机会主义行为，增加协作性和协调性。

2. 发挥两种资源计划系统的作用

为了发挥联合库存管理的作用，在供应链库存管理中应充分利用目前比较成熟的两种资源管理系统：MRPII 和 DRP。原材料库存协调管理中心应采用制造资源计划系统 MRPII，而在产品联合库存协调管理中心则应采用物资资源配送计划 DRP。这样在供应链系统中把两种资源计划系统很好地结合起来。

3. 建立快速响应系统

快速响应系统是在 20 世纪 80 年代末由美国服装行业发展起来的一种供应链管理策略，目的在于减少供应链中从原材料到用户过程的时间和库存，最大限度地提高供应链的运作效率。

快速响应系统在美国等西方国家经历了三个发展阶段。第一阶段为商品条码化,通过对商品的标准化识别处理加快订单的传输速度;第二阶段是内部业务处理的自动化,采用自动补库与EDI数据交换系统提高业务自动化水平;第三阶段是采用更有效的企业间的合作,消除供应链组织之间的障碍,提高供应链的整体效率,如通过供需双方合作,确定库存水平和销售策略等。

美国的Kurt Salmon协会调查分析认为,实施快速响应系统后供应链效率大有提高:缺货大大减少,通过供应商与零售商的联合协作保证24小时供货;库存周转速度提高1~2倍;通过敏捷制造技术,企业的产品中有20%~30%是根据用户的需求而制造的。快速响应系统需要供需双方的密切合作,因此协调库存管理中心的建立为快速响应系统发挥更大的作用创造了有利的条件。

第三节 商品库存补货策略

商品库存补货策略是根据客户对库存的要求,订购的特点,预测、计划和执行一种补充库存的行为,并对这种行为进行控制,重点在于确定如何订货,订购多少,何时送货。由于连锁企业的库存是快速周转的,所以连锁企业的库存管理具有很强的动态管理特征,连锁企业需要不断对发出的库存进行补充,以便随时保证顾客对库存的需要。但大多数连锁企业都处在一个顾客需求不确定性很大的经济环境中,这就要求连锁企业深入研究库存需求变化规律,并使用一些专门的技术手段,制定合适的补货策略,以便在不断寻求降低库存持有成本的同时充分满足顾客需求。

一、连锁企业商品库存补货的基本功能

连锁企业补货一般应具有以下三个主要功能:

1. 当库存量降低到警戒线时,系统能发出补货信号

也就是说,连锁企业补货系统首先要能够及时发现需要补充订货的库存种类。警戒线库存是指补货系统预先设置的一个库存水平,当库存降至该库存水平时,连锁企业就需要进行再订货了,连锁企业可以通过人工巡视发现需要再订货的库存种类,也可以通过计算机统计以及一些信息收集工具提示哪些库存应该进行再订货了。

2. 系统能提供订货数量的建议值

这是连锁企业补货系统所具有的库存管理决策职能,也是补货系统的核心职能。为了能够提供订货数量的建议值,补货系统需要考察库存的耗用规律,预测未来的需求,并结合库存成本进行综合分析。通常,连锁企业会应用比较复杂的预测

模型以及通过计算机模块的帮助来发现订货数量的建议值,但对于一些需求规律变化不大的库存种类,连锁企业也可以采取一些简化的经验方法来确定这个值。

3. 能按照要求完成订购和补货作业,使库存保持最优水平

连锁企业确定了需要补充库存的货物种类、订购数量后,还要根据该货物的耗用规律,确定具体订购的时间,发出采购订单,保证货物及时入库,以确保供应。

另外,由于一些货物不断发出,存在拣货区的库存将不断减少,这时连锁企业还需要将货物不断由保管区移到拣货区,以保证拣货区的供应和配货工作的顺利进行。这就是连锁企业补货系统的最后一项功能——补货作业。

二、连锁企业商品库存补货的一般工作程序

当顾客需求开始消耗现有库存时,补货系统需要根据以往的经验,或者相关的统计技术方法,或者计算机系统的帮助确定最优库存水平和最优订购量,并根据所确定的指标,适时地发出库存再订购指令。连锁企业补货系统的目标就是保持库存中的每一种产品都在目标服务水平下达到最优库存水平。

1. 确定现有库存水平

对现有库存水平的检测是连锁企业补货工作的起点。因为只有准确地知道现有库存的水平,才能确定需要补充多少库存。

现有库存的检测方法主要有两种:定期和连续的检测方法。定期检测是按照一定的周期对库存进行检查的方法,周期的具体确定可以依据实际情况而定,可以是几天、几周或一个月检测一次。连续检测要求库存管理者要连续记录库存的进出,每次库存处理后都要检测各产品的数量。

2. 确定订购点

订购点是补货系统的启动机制。在订购点补货系统中,只要现有库存水平低于指定的订购点,就立即发出补货指令。在定期检测补货系统中,将现有库存水平与目标库存水平进行比较,如果现有库存水平低于目标库存水平,则需要进行补货。

订购点的确定要考虑前置期库存需求以及安全库存的需要。订购点库存水平 OP 一般由下面公式确定:

$$OP = 前置期内预计需求 + 安全库存$$

例如,如果某种产品的平均历史耗用(销售)是每星期 100 单位,补货的前置期是 2 周。安全库存是 50 单位,那么:

$$OP = 100(耗用) \times 2(周) + 50(安全库存) = 250 \text{ 单位}$$

换言之,订购点库存水平 OP 由两部分相加组成,一是在等待库存补充订购到

达(前置期)期间满足预计顾客需求(耗用量)所需的足够库存,二是应付供需变化的保守库存(安全库存)数量。

一般来讲,前置期内的预计需求可以通过对以往的需求数据进行简单平均来估计,这也是连锁企业最常用的预测方法。但应该注意的是现实生活中需求往往具有很大的不确定性,历史数据往往只能反映现在的部分需求规律,要得出眼下需求的更为准确的估计值,需要采用一些专门预测技术对历史数据进行处理。

另外,安全库存主要是为了应对前置期内需求的不确定性而设置的。由于顾客需求往往具有很大的不确定性,如果预测时估计不足,就很可能会产生缺货。在这样的背景下,通过建立适当的安全库存,可以减小缺货的可能性,从而在一定程度上降低库存短缺成本。但安全库存的加大会使库存持有成本增加,因而,必须在缺货成本和库存成本两者之间进行权衡。

安全库存量的大小与顾客服务水平(或订货满足率)存在很大关系。所谓顾客服务水平,就是指对顾客需求情况的满足程度,用公式表示如下:

$$顾客服务水平 = 年缺货次数 \div 年订货次数 \times 100\%$$

顾客服务水平(订货满足率)越高,说明缺货发生的情况越少,从而缺货成本就较小。但因增加了安全库存量,导致库存的持有成本上升;而顾客服务水平较低,说明缺货发生的情况较多,缺货成本较高,安全库存量水平较低,库存持有成本较小,因而我们必须综合考虑顾客服务水平、缺货成本和库存持有成本三者之间的关系,最后确定一个合理的安全库存量。需要注意的是,合理的安全库存量并不能保证完全不缺货。

3. 确定订货数量

订购点确定下来以后,补货系统还要决定订购的数量。订购数量的确定有多种方法,可以根据以往经验确定或按经济订货批量模型(EOQ)得出。经济订货批量模型的原理是通过数学方法,对各种库存成本进行全面均衡,得出库存总成本最小时的订货批量,并将这个数量作为补货数量。

4. 发出采购订单和进行补货作业

订购点和订货数量确定下来以后,补货系统下一个程序就是对需要补充库存的库存种类发出采购订单,进行补充库存的订货。

另外,还要根据拣货作业的要求,对于拣货区需要补充的库存进行补充,也就是将存放在储存区的库存转移到拣货区。

三、独立需求的库存控制

独立需求物品是指物品的需求量之间没有直接的联系,也就是说没有量的传递关系。这类库存物品的控制主要是确定订货点、订货量、订货周期等。独立需求物品的库存管理模型一般按核定量库存管理模型或定期库存控制模型来控制,下面分别描述这两种模型。

1. 定量库存控制模型

定量库存控制模型控制库存物品的数量。当库存数量下降到某个库存值时,立即采取补充库存的方法来保证库存的供应。这种控制方法必须连续不断地检查库存物品的库存数量,所以有时又称为连续库存检查控制法。假设每次订货点的订货批量是相同的,采购的前提也是固定的,并且物料的消耗也是稳定的,那么它的模型如图10-2所示。

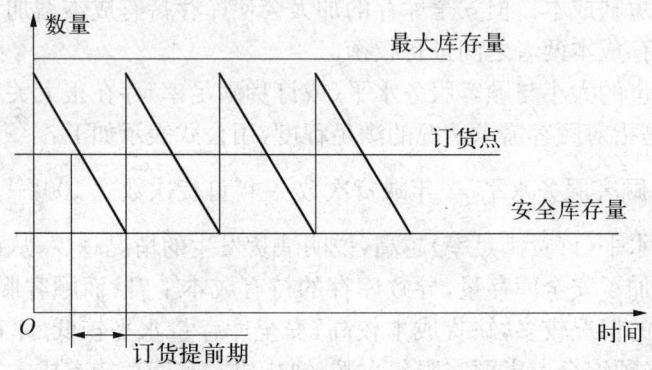

图10-2 定量库存控制模型

从这种控制模型中可以看出,它必须确定两个参数:补充库存的库存订货点与订货的批量。订货批量按经济订货批量求解。

经济订货批量(Economic Order Quuality,EOQ)的原理是要求总费用(库存费用+采购库存)最小。由于库存的费用随着库存量的增加而增加,但采购成本却随着采购批量的加大而减少(采购批量加大,库存也就增加),因此这是一对矛盾,不能一味地减少库存,也不能一味地增加采购批量。这就要找到一个合理的订货批量,使总成本(库存成本与采购成本之和)最小,如图10-3所示。经济订货批量就是对这个合理订货批量的求解。

以下是该库存模型的参数计算方法。

$$订货点:R = Lr + A$$

式中 R——订货点;

Lr——订单周期内物料的消耗量;

A——安全库存量。

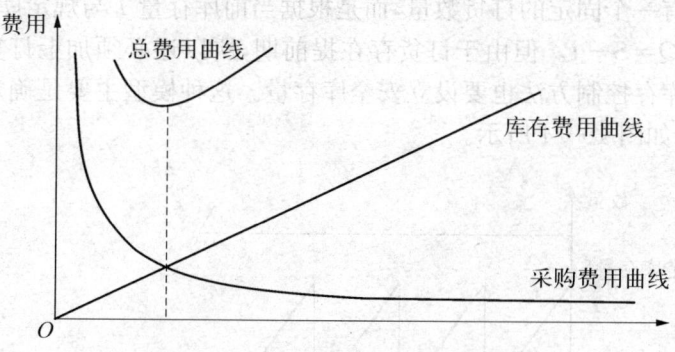

图 10-3　经济订货批量的确定模型

经济订货量：

$$Q = \sqrt{\frac{2CD}{H}} = \sqrt{\frac{2CD}{FP}}$$

式中　C——单位订货费用(元/次)；
　　　D——库存物料的年需求率(件/年)；
　　　H——单位库存保管费(元/件·年)；
　　　F——单位库存保管费与单位库存购买费之比。

例如，某连锁企业的 X 型彩电年消耗量 10 000 台，订货费用为每台 10 元/次，每台彩电平均年库存保管费用为 4 元/台，订货提前期为 7 天，价格 580 元/台，安全库存为 100 台。按经济订货批量原则，求解最佳库存模型。

解：根据题意
$C=10$ 元/次，$D=10\,000$ 台/年，$H=4$ 元/台，$A=100$ 台
$Lr = 10\,000 \times 7 \div 365 = 191.78$(台)
订货点 $R = Lr + A = 191.78 + 100 = 291.78$(台)，取整数 292 台。
经济订货批量为

$$Q = \sqrt{\frac{2CD}{H}} = \sqrt{\frac{2 \times 10 \times 1\,000}{4}} = 223.6(台)$$

取整数为 224 台。

2. **库存控制模型**

定期库存控制模型按一定的周期 T 检查库存，并随时进行库存补充，补充到规定库存 S。这种库存控制方法不存在固定的订货点，但有固定的订货周期。每

次订货也没有一个固定的订货数量,而是根据当前库存量 I 与规定库存量 S 比较,补充的量为 $Q=S-I$。但由于订货存在提前期,所以还必须加上订货提前期的消耗量。这种库存控制方法也要设立安全库存量。这种模型主要是确定订货周期与库存补充量,如图 10-4 所示。

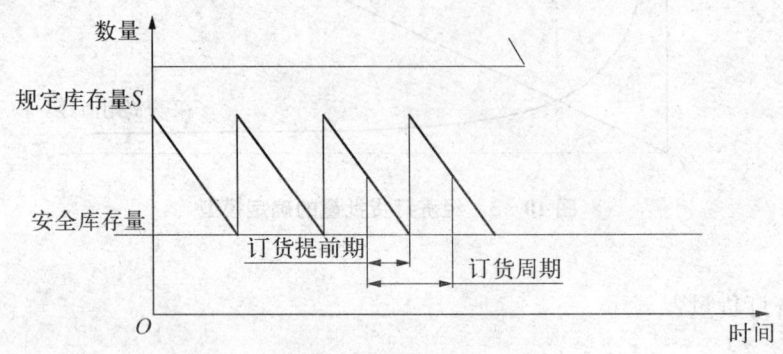

图 10-4 经济订货周期模型

订货周期按经济订货周期(Economic Order Interval,EOI)的模型确定。计算方法如下:

经济订货周期:

$$T = \sqrt{\frac{2C}{DFP}} = \sqrt{\frac{2C}{DH}}$$

订货量:$Q = (T+L)D \div 365$

最大库存量:$S = D \div T$

L——订货提前量;

C——单位订货费用(元/次);

D——库存物料的年需求率(件/年);

P——物料价格(元/件)。

例如,某连锁企业的 X 型彩电年销售量 10 000 台,订货费用为每台 10 元/次,每台彩电平均年库存保管费用为 4 元/台,订货提前期为 7 天,每台价格为 580 元/台,安全库存为 100 台。按经济订货原则,求解最佳库存模型。

解:根据题意

$C=10$ 元/次,$D=10\ 000$ 台/年,$H=4$ 元/台,$A=100$ 台,$L=7$ 天

经济订货周期:

$$T = \sqrt{\frac{2C}{DFP}} = \sqrt{\frac{2 \times 10}{1\,000 \times 4}} = 8.16(天)$$

取整数为 8 天。

订货量：

$$Q = (T+L)D \div 365 = (8+7) \times 1\,000 \div 365 = 411(台)$$

定期库存控制方法可以简化库存控制工作量，但由于库存消耗的不稳定性，有缺货风险存在，因此一般只能用于稳定性消耗及非重要性的独立需求物品的库存控制。由于该模型是用订货的周期来检查库存并补充库存的，因此还必须确定订货的操作时间初始点，一般可以设置在库存量到达安全库存前的订货提前期的时间位置，参见图 10-4 所示。

四、连锁企业商品库存的补货策略

库存补货策略要解决的问题是：多少时间补充一次，每次补充的数量是多少。决定多少时间补充一次以及每次补充数量的策略称为存储策略。存储策略一般分成以下几种。

1. 连续性检查的固定订货点、固定订货量策略

该策略也称 (R, Q) 策略，其基本思想是：对库存进行连续性检查，当库存降低到订货点水平 R 时，即发出一个订货，每次的订货量保持不变，都为固定值 Q。该策略适用于需求量大、缺货费用较高、需求波动性很大的情形。

2. 基本库存策略

假设采用 $Q=1$ 的 (R, Q) 固定订货点策略。当订货时，因订购费相比其他因素较小，可以忽略不计，例如，当每单位货物价值昂贵，存储费和缺货费远远超过订购费，这种策略是有意义的。还有，对于需求量很小的产品，采用大批量订货是不经济的。此外，供需双方也会有共同的自然单位（例如，1 卡车等），这时采用 $Q=1$ 也是有意义的。

因为 $Q=1$，只有一个变量 R，定义 $S=$ 基本库存水平 $=R+1$，称该策略为基本库存策略。开始时库存达到最大库存 S，每发生 1 个单位需求使库存降低到 R，立即产生 1 次订货，订货量是 1 个单位，这样库存总保持在 S，为方便标记，将基本库存策略记作 $(S-1, S)$ 策略。

3. 连续性检查的固定订货点、最大库存策略

该策略也称 (R, S) 策略，与 (R, Q) 策略一样，都是连续性检查类型的策略，也就是要随时检查库存状态，当发现库存降低到订货点水平 R 时开始订货，订货后使最大库存保持不变，即为常量 S，若发出订单时库存量为 I，则其订货量为 $(S-I)$。

该策略和(R,Q)策略的不同之处在于其订货量是按实际库存而定,因而订货量是可变的。

4. 周期性检查策略

该策略也称(t,S)策略,它要求每隔一定时期检查一次库存,并发出一次订货,把现有库存补充到最大库存水平S,如果检查时库存量为I,则订货量为$S-I$。经过固定的检查期t,发出订货,这样周期性检查库存,不断补给。该策略不设订货点,只设固定检查周期和最大库存量。该策略适用于一些不是很重要的或使用量不大的物资。

5. 综合库存策略

该策略也称(t,R,S)策略,是策略(t,S)和策略(R,S)的综合。它有一个固定的检查周期、最大库存量S、固定订货点水平R。当经过一定的检查周期后,若库存低于订货点,则发出订货,订货量的大小等于最大库存量减去检查时的库存量,否则,不订货。

本章小结

库存是指处于储存状态的物品或商品。库存的作用包括:① 时间性功能;② 分离功能;③ 不确定因素的缓冲功能;④ 经济性的功能。库存的分类方法有很多种,以下从几种角度来看库存的分类:① 按价值划分;② 按物品在企业的产品成型状态划分;③ 按库存物品的形成原因(或用处)划分;④ 按物品需求的相关性划分。

ABC库存分类法的基本原理是:由于各种库存的需求量和单价各不相同,其年耗用金额也各不相同。那些年耗用金额较大的库存,由于其占压连锁企业的资金较大,对企业经营的影响也较大,因此需要进行特别的重视和管理。ABC库存分类法的实施步骤为:① 搜集数据;② 处理数据;③ 编制ABC分析表;④ 确定分类;⑤ 绘制ABC分析图。库存盘点的方法主要有定期盘点、不定期盘点和经常盘点三种。

VMI是一种在用户和供应商之间的合作性策略,以对双方来说都是最低的成本优化产品的可获性,在一个相互同意的目标框架下由供应商管理库存,这样的目标框架被经常性监督和修正,以产生一种连续改进的环境供应商管理库存的策略,它可以分如下几个步骤实施:第一,建立顾客情报信息系统。第二,建立销售网络管理系统。第三,建立供应商与分销商(批发商)的合作框架协议。第四,组织机构的变革。联合库存管理是解决供应链系统中由于各节点企业的相互独立库存运作模式导致的需求放大现象,提高供应链的同步化程度的一种有效方法。联合库存管理的实施策略如下：① 建立供需协调管理机制；② 发挥两种资源计划系统的作用；③ 建立快速响应系统。

商品库存补货策略是根据客户对库存的要求,订购的特点,预测、计划和执行一种补充库存的行为,并对这种行为进行控制,重点在于确定如何订货、订购多少、何时送货。连锁企业补货一般应具有以下三个主要功能：① 当库存量降低到警戒线时,系统能发出补货信号；② 系统能提供订货数量的建议值；③ 能按照要求完成订购和补货作业,使库存保持最优水平。

连锁企业商品库存补货的一般工作程序有：① 确定现有库存水平；② 确定订购点；③ 确定订货数量；④ 发出采购订单和进行补货作业。

独立需求物品是指物品的需求量之间没有直接的联系,也就是说没有量的传递关系。这类库存物品的控制主要是确定订货点、订货量、订货周期等。独立需求物品的库存管理模型一般按核定量库存管理模型或定期库存控制模型来控制,库存补货策略要解决的问题是：多少时间补充一次,每次补充的数量是多少。决定多少时间补充一次以及每次补充数量的策略称为存储策略。

1. 什么是库存？它的功能是什么？
2. 简述 ABC 库存管理原理。
3. 什么是 VMI？它的基本原则是什么？
4. 试述连锁企业商品库存的补货策略。
5. 简述供应商管理用户库存法。

学习沃尔玛

在沃尔玛发展的早期阶段,由于其商店分布在各个小镇上,而且必须保证这些商店的货品供应,他们不得不在配送方面和时间比赛。那时候他们还没有意识到,效率和规模效益将会成为他们最大的竞争优势之一,这一点在今天已经被沃尔玛强大的配送系统所实现。

20世纪70年代美国的配送渠道和技术限制了沃尔玛有效地满足消费者需求的能力。从商店发出订单到收到货物,这段时间往往要长达30天之久,而这在当时十分普遍——多数供应商也只能做到这一步而已。那时与一般的商店相比,沃尔玛确实处于劣势。因为沃尔玛的商店分布在乡村,远离传统的配送商的经营范围——大城市,没有人为他们把货品送到各地的商店去。这就是说,在沃尔玛发展的早期,就算想采用最基本的模式——管理者从供应商那里采购货品,然后到某一天从某一地驶来一辆大卡车把货品运来,也不可能。

他们也考虑过请第三方的运输公司帮着运送货物,但是这样首先就牺牲了效率,而且价格很高。库存水平往往和消费者的需求不一致,要么缺货造成了销售的损失,要么积压不得不削价处理。

而正是在那个时候,他们开始放弃一般的直接运送货品到商店的方式,转向新的配送理念:集中管理的配送中心。

一个典型的例子就是"货品集合",即把所有的商店的货品需求集中成一个购买订单然后统一在配送中心进行组合或者处理。另一个新的配送方法叫做"中转货仓",即在库房这边接受各种预定的集中订单,然后迅速地进行处理,将货物送到相关的商店。

今天,沃尔玛有30家为美国本土商店服务的配送中心,为国际商店服务的有12家。在沃尔玛的商店里存储了超过80 000种商品,其库房可以在非常短的时间内补充商店85%的库存。这样,当沃尔玛的商店用计算机发出订单,到它的商品补充完毕,这个过程平均只需2天。

资料来源:锦程物流网。

讨论题:

1. 沃尔玛的库存管理策略有何特色?
2. 库存以及库存管理对于企业的意义何在?

参 考 文 献

[1] 赵旭升,马军海. VMI 在零售业应用中的发展模式——供应商品类管理[J]. 佳木斯大学学报(自然科学版),2005,23(5).
[2] 毛平. 商品的品类管理[J]. 中国商贸,2001,(24).
[3] 程莉,郑越. 品类管理实战[M]. 北京:电子工业出版社,2009.
[4] 夏维朝. 现代商业的品类管理与品类核算[J]. 商业研究,2005,(18).
[5] 中国连锁经营协会编. 品类管理理论与实战[M]. 北京:中国商业出版社,2009.
[6] 张卫星、徐珉钰. 基于品类管理的制造商与零售商组织合作研究[J]. 北京财贸职业学院学报,2009,(3).
[7] 吕贵兴. 零售企业品类战术之高效定价分析[J]. 现代商贸工业,2007,19(6).
[8] 王正萍. 品类管理的基本要素及执行重点[J]. 信息与电脑,2003,(7).
[9] 万融. 商品学概论[M]. 北京:中国人民大学出版社,2010.
[10] 赵苏. 商品学[M]. 北京:清华大学出版社,2006.
[11] 王小平. 商品流通学[M]. 北京:中国人民大学出版社,2011.
[12] 《零售业经营管理与培训》系列丛书编委会. 零售业经营管理与培训[M]. 北京:中国时代经济出版社,2006.
[13] 高彩凤. 店铺商品管理进、销、存[M]. 北京:中国发展出版社,2009.
[14] 黄静,潘文富. 大卖场商品管理实务手册[M]. 北京:清华大学出版社,2009.
[15] 马大力,王秀才. 商品为王:稳赢市场的商品管理[M]. 北京:中国纺织出版社,2006.
[16] 洪秀华. 企业自有品牌发展研究[J]. 科技和产业,2010,(10).
[17] 彭江. 中外零售商自有品牌比较及启示[J]. 天津商业大学学报,2008,(9).
[18] 江敏华,郑亚苏. 零售商自有品牌商品购买倾向影响因素的分析[J]. 价格理论与实践,2007,(12).
[19] 阳红曼. 中国零售业主要业态现状分析[J]. 商业研究,2003,(3):132-134.
[20] 朱瑞庭,尹卫华. 上海市连锁商业自有品牌发展战略研究[J]. 华东经济管

理,2010,24(2).
- [21] 郭洪仙,曾瑾. 商品学[M]. 上海：复旦大学出版社,2008.
- [22] 巴里·伯曼,乔尔·R·埃文斯. 零售管理[M]. 北京：中国人民大学出版社,2001.
- [23] 吴健安. 市场营销学[M]. 3版. 北京：高等教育出版社,2007.
- [24] 王利平. 连锁店经营与发展[M]. 北京：中国人民大学出版社,1999.
- [25] 孙晓燕. 现代零售管理[M]. 北京：科学出版社,2006.
- [26] 马士华,林勇. 供应链管理[M]. 北京：高等教育出版社,2003.
- [27] 迈克尔·维利,俞利军. 零售管理[M]. 北京：人民邮电出版社,2004.
- [28] 王槐林. 采购管理与库存控制[M]. 北京：中国物资出版社,2004.
- [29] 李田保. 采购实战精要[M]. 广州：广东经济出版社.2002.
- [30] 白继洲. 采购管理实务[M]. 广州：广东经济出版社.2003.
- [31] 刘永中,金才兵. 职业培训师手册[M]. 海口：南海出版公司,2004.
- [32] 王槐林. 采购管理与库存控制[M]. 北京：中国物资出版社,2004.
- [33] LYSONS K,GILLINGHAM M. 采购与供应链管理[M]. 鞠磊,莫佳,胡克文,等,译. 北京：电子工业出版社,2004.